O ESPETÁCULO MAIS
TRISTE DA TERRA

MAURO VENTURA

O espetáculo mais triste da Terra
O incêndio do Gran Circo Norte-Americano

2ª reimpressão

COMPANHIA DAS LETRAS

Copyright © 2011 by Mauro Ventura

Grafia atualizada segundo o Acordo Ortográfico da Língua Portuguesa de 1990, que entrou em vigor no Brasil em 2009.

Capa
Victor Burton

Foto de capa
© Randy Faris/ CORBIS/ Corbis (DC)/ LatinStock

Preparação
Lígia Azevedo

Índice onomástico
Luciano Marchiori

Revisão
Renata Del Nero
Luciana Baraldi

Dados Internacionais de Catalogação na Publicação (CIP)
(Câmara Brasileira do Livro, SP, Brasil)

Ventura, Mauro
    O espetáculo mais triste da Terra : o incêndio do Gran Circo Norte-Americano / Mauro Ventura. — 1ª ed. — São Paulo : Companhia das Letras, 2011.

    ISBN 978-85-359-1991-2

    1. Gran Circo Norte-Americano – Niterói (RJ) – 1961 – História 2. Incêndio criminoso – 1961 – Niterói (RJ) 3. Reportagens investigativas 4. Repórteres e reportagens I. Título.

11-11765   CDD-070.43

Índice para catálogo sistemático:
1. Incêndio do Gran Circo Norte-Americano :
Jornalismo investigativo 070.43

[2021]
Todos os direitos desta edição reservados à
EDITORA SCHWARCZ LTDA.
Rua Bandeira Paulista, 702, cj. 32
04532-002 — São Paulo — SP
Telefone (11) 3707-3500
www.companhiadasletras.com.br
www.blogdacompanhia.com.br
facebook.com/companhiadasletras
instagram.com/companhiadasletras
twitter.com/cialetras

A Ana, Alice e Eric
A meus pais

Sumário

Introdução — O ano que chocou o Brasil 9

1. Domingo 15
2. A fuga 22
3. Dias antes 40
4. Barrados na festa 51
5. Respeitável público 56
6. O jogo dos bichos 60
7. O resgate 64
8. Tem início a investigação 70
9. A imprensa e o estranho Papai Noel 82
10. O choro solitário de Jango 88
11. "Cadê minha metralhadora?" 93
12. No front 101
13. Pitanguy 110
14. Médicos experientes fraquejam 115

15. O batismo de fogo dos recém-formados 129
16. Uma vela para Luiz Churrasquinho 138
17. Marlene não passa de hoje 145
18. O bicho-papão de branco que salvou Lenir 152
19. Zezé e o presente de Natal que não veio 168
20. Uma Pérola em meio à dor 172
21. Tomaz já estava subindo para o céu 188
22. O fim de José Datrino e o começo do profeta 192
23. Irreconhecíveis 200
24. Iguais na dor 212
25. Montanhas de folhas de bananeira 216
26. Explicações divinas 229
27. A investigação continua 233
28. A mesma pena de Eichmann 252
29. Um juiz esmagado pela responsabilidade 254
30. A absolvição pública 264
31. Esqueceram-se de Niterói 273
32. O destino de alguns personagens 278

Posfácio 288
Notas 295
Agradecimentos 298
Bibliografia 306
Créditos 309
Índice onomástico 311

Introdução
O ano que chocou o Brasil

Em 1961, o Brasil chegou às manchetes internacionais pelo menos duas vezes: por causa da renúncia de um presidente e por conta de um incêndio num circo em Niterói.

Desde o começo, aquele ano prometia. Logo no dia 31 de janeiro, Jânio Quadros assumia o poder, aos 44 anos, inaugurando o que parecia uma nova fase do país, que seria marcada pelo progresso, pela moralização da vida pública, pelo fim da inflação e pela redução da dívida externa. Nos Estados Unidos, 1961 também estreara com indícios de que não seria um ano banal. No dia 20 de janeiro, tomava posse na presidência, aos 43 anos, John Kennedy. Ele e a primeira-dama, Jacqueline Kennedy, formavam o casal mais admirado do mundo.

O otimismo dos americanos sofreu um baque no dia 12 de abril, quando os soviéticos assumiram a ponta na corrida espacial, transformando Yuri Gagarin no primeiro homem a viajar ao espaço. Seu voo foi saudado como a maior façanha de todos os tempos e sua frase "A Terra é azul" se tornaria histórica. Menos de um mês depois, no dia 5 de maio, outro astronauta deixava o planeta:

o piloto de testes da Marinha americana Alan B. Shepard — mas quem se lembra do número dois? Na Terra, também, havia muito o que olhar. Poucos dias após a partida de Gagarin, os Estados Unidos enfrentavam nova frustração, com a fracassada invasão da Baía dos Porcos, em Cuba. No dia 4 de fevereiro, começava a Guerra Colonial portuguesa, com a luta pela independência de Angola. No dia 13 de agosto, o foco se deslocava da África para a Europa, com a construção do Muro de Berlim, que separava a Alemanha em duas.

A crise política atingiu o Brasil em 25 de agosto, quando Jânio Quadros deixou os brasileiros perplexos ao renunciar, atribuindo sua saída a "forças terríveis". No lugar de Jânio, assumiu em 7 de setembro seu vice, João Goulart. Os militares tentaram impedir a posse, que só ocorreu com a adoção de uma solução conciliatória: a instalação de um regime parlamentarista. O país, que no ano anterior havia inaugurado sua nova capital, Brasília, ultrapassava uma das maiores crises de sua história republicana.

Com a aproximação do fim de 1961, vieram as tradicionais mensagens de esperança e balanços de Ano-Novo. O primeiro--ministro, Tancredo Neves, em sua mensagem de Natal na *Voz do Brasil*, garantiu que o país estava superando os grandes obstáculos que vinham travando seu desenvolvimento e reafirmou a esperança de que a inflação, a maior de todas as barreiras, seria vencida também.

Em sua coluna "JB em sociedade", no *Jornal do Brasil*, Pedro Müller destacava o que aconteceu com a protagonista de um segundo lugar que, este sim, ficou guardado na memória do povo: "Marta Rocha Xavier de Lima espera nenê. É uma boa notícia. Que venha menina e seja como a mãe. O Brasil está precisando de gente bonita". Meses antes, a segunda colocada no concurso Miss Universo de 1954 tinha protagonizado com Ronaldo Xavier de Lima o casamento do ano, que atraiu mais de 5 mil pessoas à

Igreja de Nossa Senhora da Candelária, no centro do Rio de Janeiro.

O Brasil podia estar precisando de gente bonita, como acreditava o colunista, mas ele evidentemente não se referia à atriz Tonia Carrero. A convite do *Globo*, Tonia, uma das mulheres mais deslumbrantes do país, fazia seu pedido de Ano-Novo: "Auguro ao governo do meu país um 1962 mais estável politicamente e que consiga o milagre de conter a inflação. Para o teatro nacional, desejo que o governo facilite os meios para que as poucas companhias sérias possam ter sua casa própria de espetáculos. Os aluguéis elevados praticamente sufocam qualquer possibilidade de sobrevivência das empresas nacionais". Seria difícil prever que a estabilidade política e a contenção da inflação estariam resolvidas antes dos problemas do teatro nacional.

A uma semana do Natal, no dia 17 de dezembro, Niterói, capital do Estado do Rio de Janeiro, era palco de um drama sem precedentes, que repercutiu no mundo todo e fez surgir o profeta Gentileza, que ficaria conhecido nacionalmente. O incêndio do Gran Circo Norte-Americano foi o maior da história do Brasil — superior ao que atingiu o edifício Joelma, em São Paulo, em 1974, quando 188 pessoas morreram e 280 ficaram feridas após um curto-circuito num aparelho de ar-condicionado. A catástrofe em Niterói é até hoje a maior tragédia circense da história, à frente do incêndio que deixou 168 mortos no Ringling Brothers Circus, em Hartford, Connecticut, nos Estados Unidos, em 1944. Oficialmente, o prefeito da cidade estabeleceu em 503 o número final de mortos, mas a contabilidade real nunca será conhecida.

O ESPETÁCULO MAIS
TRISTE DA TERRA

1. Domingo

Foi a trapezista Nena quem deu o alerta naquele 17 de dezembro de 1961, em Niterói. Momentos antes, pendurada na barra de ferro, a quase vinte metros do chão, ela balançava-se confiando apenas em sua habilidade. Aos 39 anos, não se valia do sobrenome. Irmã do dono do circo, poderia ocupar função administrativa ou mais segura. Pouco mais cedo, suspenso de cabeça para baixo no trapézio, preso pelas pernas, seu marido e companheiro de número, Santiago Grotto, tinha dado o comando de partida, em inglês:
— *Go*!
Nena, apelido de Antonietta Stevanovich, havia saltado da plataforma e segurado a barra. Após balançar, soltou-se, deu uma volta e meia no ar e foi agarrada pelas pernas por Grotto. Ele lançou-a de novo para o trapézio enquanto outro colega, Vicente Sanches, jogava-se até seus braços. Nena e Sanches se cruzaram no ar. Ele foi amparado por Grotto e ela alcançou a barra. Grotto arremessou Sanches em direção a Nena e os dois voltaram juntos para o alto da plataforma, encerrando o salto *cruce*, clímax do espetáculo.

Os três trapezistas preparavam-se para receber os aplausos de praxe quando Grotto teve sua atenção desviada para uma luz esverdeada na parte de baixo da lona, à sua direita. Não demorou a entender o que estava acontecendo. Fez sinal em direção aos colegas, pedindo pressa, mas eles também já haviam notado o problema. Grotto imediatamente saltou de costas rumo à rede de segurança e desceu para o chão. Nena pulou em seguida. O marido esperou que a rede parasse de balançar, pegou a mulher pela cintura e botou-a no picadeiro. Ela olhou para o alto, viu que Sanches ainda estava na plataforma e hesitou. "Se eu der o alarme agora, ele morre", pensou.

A trapezista esperou então que ele pulasse para gritar:

— Fogo!

Não lhe passou pela cabeça que as chamas se propagariam tão depressa. Os três saíram pela porta dos fundos, escapando ilesos.

Pouco antes, Semba tinha sido aplaudido por mais de 3 mil espectadores. Agora, também saía fugido do picadeiro. Aos 24 anos, sempre tivera um comportamento previsível. Evitava gestos bruscos, pois sabia que a punição lhe doía no couro. Preferia movimentos estudados, porque assim lhe fora ensinado. Como todo mundo no circo, ele havia acabado de ouvir o grito de fogo. O corre-corre do público provocou-lhe inquietação, a gritaria da multidão deixou-o irrequieto, mas somente quando um pedaço de lona queimada o atingiu ele percebeu que chegara a hora de deixar a prudência de lado e debandar. Sua escapada seria comentada anos à frente. Ele seria olhado com um misto de respeito e temor, admiração e cólera. Herói para uns, porque abriu espaço por onde muitos passaram, vilão para outros, porque provocou mortes em seu caminho, Semba acabou se salvando com poucas escoriações. Durante a fuga, moveu-se com uma desenvoltura incomum para suas quatro toneladas, o que poderia causar estranheza, não fosse ele um elefante — ou melhor, uma elefanta.

O fogo teve início a cerca de vinte metros da entrada, do lado esquerdo. Veio de baixo, a menos de três metros do chão, mas lambeu a lona com tamanha rapidez que, ao ser visto, não pôde mais ser contido. As labaredas avançaram com uma fúria inconcebível num espaço que até pouco antes era dominado pela alegria das crianças. A madeira das arquibancadas e a serragem no piso ajudaram a propagar o incêndio e a encher de fumaça o ambiente. Muitos espectadores estranharam o aumento súbito da temperatura, mas atribuíram o desconforto ao calor excessivo do dia. O ar abafado daquele domingo neutralizou as desconfianças e impediu que se suspeitasse de imediato de alguma anormalidade. O incêndio não democratizou as mortes. Suas vítimas foram principalmente os que estavam nos camarotes e nas cadeiras numeradas, mais caros, mais próximos do picadeiro, mais distantes da saída principal e separados das arquibancadas por uma cerca de madeira. Crianças, adultos e velhos foram atropelados e pisoteados quando tentavam escapar. O perigo também vinha do alto. À medida que as chamas avançavam pela cobertura, davam origem a uma chuva de gotas incandescentes, que atingiam corpos e cabeças.

Os artistas e funcionários pouco puderam ajudar. O tratorista do circo, Belmiro Cláudio Nunes, viu quando uma mulher e uma criança correram para o centro do picadeiro. Puxou-as para a saída dos fundos e tentou voltar para ver se salvava mais alguém, mas teve que desistir. O contorcionista Geraldo Alves e o anão Cebolinha assistiram impotentes ao drama dos espectadores. O domador Ramon dos Santos tratou de agir e correu para a jaula da zebra, afastando-a para longe. Os palhaços argentinos Oscar Raul Rodriguez e seu filho, Juan Raul Rodriguez, de doze anos, mais conhecidos como Astillita e Mosquito, estavam no carro-camarim quando ouviram os primeiros gritos da multidão. Com esforço, Juan conseguiu derrubar uma das chapas de zinco que cercavam o terreno do circo e saiu para a rua. Do lado de fora, observou o fogo contornar o pano e subir em direção ao mastro central. Pedaços de lona e madeira desabavam sobre a multidão. No salve-se quem puder, homens pisoteavam mulheres e crianças. Uma senhora, com as roupas em chamas, atirou-se contra as arquibancadas e rolou para apagar o fogo, com o rosto já desfigurado. Um senhor carregava uma mulher carbonizada nos braços. Três elefantes subiam sobre as patas traseiras e soltavam gritos horríveis. O que Juan viu se fixaria em sua memória para sempre.

Em meio ao caos, o domador Osvaldo Stevanovich tomou uma decisão que resultou oposta à que pretendia: soltou as amarras que sustentavam os mastros centrais, imaginando que assim a lona cairia para trás. Sem as oito cordas, as quatro estacas que amparavam o circo perderam o apoio e desabaram. Um estrondo anunciou a queda da última coluna, e a lona arriou por completo, pendendo para a frente, em direção à saída principal, e cobrindo quem ainda não havia escapado do atropelo nem se livrado da fumaça e driblado os pingos flamejantes. O Gran Circo Norte-Americano se transformou num "braseiro", segundo a imprensa. Uma metáfora usada na época dizia que a cobertura aprisionou os espectadores como se fosse uma rede de peixe ardente. Uma comparação pertinente, já que a lona era enredada, isto é, guarnecida internamente por pequenos quadrados de corda.

O incêndio durou menos de dez minutos, o suficiente para que centenas de espectadores fossem queimados, pisoteados ou asfixiassem. Jamais tantos brasileiros morreram em tão pouco tempo e no mesmo lugar como naquele domingo em Niterói, então capital do estado do Rio de Janeiro.

    O aviso de Nena se espalhou instantaneamente do circo para as rádios, das rádios para os ouvintes e alcançou o clínico geral Waldenir Bragança quando retornava com a família da cidade de Araruama, na Região dos Lagos. O médico deixou os parentes em casa e seguiu para o terreno do Gran Circo. Chegou a carregar vítimas de queimaduras para uma ambulância, até perceber que teria mais utilidade atendendo feridos no hospital. Mas, ao contrário do que seria de esperar, não foi para o Hospital Municipal Antonio Pedro (HMAP), o principal da região. O motivo é que ele estava fechado, justamente no momento em que Niterói mais precisava. Tinha sido ocupado quinze dias antes por estudantes de medicina, insatisfeitos com as condições de trabalho. Bragança, que 22 anos depois se tornaria prefeito da cidade, encaminhou-se para o improvisado Hospital Psiquiátrico de Jurujuba.

    A informação chegou a Maria Pérola em meio à festa de encerramento das atividades dos lobinhos, como são chamados os escoteiros de sete a onze anos, de Niterói. Um dos pais, parado junto ao carro no estacionamento da faculdade de arquitetura e engenharia, escutou a notícia e correu para alertá-la. Maria Pérola, que viria a desempenhar papel importante na tragédia, era akelá — chefe dos lobinhos — desde 1951. Ela imediatamente reuniu a chefia e incumbiu dois colegas, com a colaboração dos pais dos meninos, de encerrar a festividade sem criar pânico, ao mesmo tempo que os demais chefes seguiam em direção aos hospitais para doar sangue.

    Nesse momento, Celso Peçanha repassava mentalmente a agenda, no carro oficial que o trazia de volta a Niterói. Ele tinha passado o dia em Santa Maria Madalena, no interior do estado, onde fora cumprir uma programação típica de governador: acompanhar a inauguração de obras no horto florestal da cidade e o início da construção da ponte de Santa Margarida, na estrada Campos-Madalena. Aproveitou a ocasião para fazer as promessas habituais. Anunciou que o serviço de abastecimento de água do município estava em fase de conclusão. Disse que instalaria mais uma escola na cidade, foi paraninfo das professoras da Escola Normal e pediu aos fazendeiros que colaborassem no Natal das crianças pobres e no auxílio ao Asilo da Velhice de Madalena, para que a instituição pudesse "comemorar a data magna da cristandade". De lá, Peçanha seguiu para Conceição de Macabu, onde autorizou a criação de uma Escola Normal, anexa ao Ginásio Macabuense. Na estrada entre Maricá e Rio do Ouro, sua atenção foi despertada pela narração dramática de um locutor de rádio. O governador percebeu a gravidade da situação e pediu ao motorista que acelerasse.

Naquele domingo, o pequeno empresário José Datrino, dono de uma transportadora de cargas em Guadalupe, no Rio de Janeiro, a quase quarenta quilômetros dali, estava com a mulher e os cinco filhos em casa, na rua Manoel Barata, quando escutou o comunicado e se viu tomado por uma sensação estranha, indefinível. Não deu maior atenção até que, seis dias depois, na antevéspera do Natal, aquela impressão vaga ganhou alguma concretude ao ouvir o que interpretou como um aviso divino. Passava pouco do meio-dia e ele entregava mercadorias em Nova Iguaçu quando uma voz astral lhe ordenou que, já no dia seguinte, deixasse seus "afazeres materiais" e representasse Jesus de Nazaré na terra. Eram três chamados espirituais, um seguido do outro: Datrino deveria "perdoar toda a humanidade, ensinar a perdoar uns aos outros e mostrar o caminho da verdade que é o nosso Pai". Seus ajudantes notaram que nesse exato instante o patrão ficou alegre. Seguiu fielmente a convocação. No dia 24 de dezembro, conforme determinado, largou os negócios, abandonou a família e dirigiu-se para Niterói. Começava a surgir aí o profeta Gentileza, que se tornaria no futuro o personagem-símbolo do incêndio.

Nessa altura, o mundo já tomara conhecimento do que a agência de notícias Associated Press classificou de "a maior tragédia circense da história".

2. A fuga

Havia cinco maneiras de escapar daquele inferno em que se transformou o circo. Em tese, parecia suficiente. Mas apenas duas saídas eram oficiais: pela porta da frente e pelos fundos, sendo que apenas a primeira era conhecida do público. As outras três foram improvisadas: por baixo da lona, pelos rasgos abertos por canivetes e por um buraco feito pela elefanta Semba.

PELA PORTA DA FRENTE

A maioria tentou fugir pelo mesmo ponto por onde entrara. Era uma reação instintiva, mas que se revelou péssima ideia. Muitos nem chegaram a alcançar o corredor que conduzia ao lado de fora. No desespero, espectadores rolavam arquibancada abaixo, amontoavam-se uns sobre os outros, tropeçavam nas cadeiras e caíam, sendo cobertos pelos que vinham atrás. Uma sobrevivente comparou a fuga a "um jogo de dominó". Outro sobrevivente, ao estouro de uma boiada.

Quem estava nos camarotes e nas cadeiras enfrentava um problema a mais para atingir a saída da frente: pretendendo evitar invasões, a área nobre do circo ficava separada das arquibancadas por uma cerca de ripas de madeira, que tinha em torno de 1,3 m de altura. Somente quando a barreira foi derrubada pela multidão é que quem estava ali pôde avançar. Mas aqueles que conseguiam se aproximar da porta principal, depois de ter se desembaraçado dos obstáculos materiais e deixado pra trás os demais espectadores, ainda enfrentavam outro empecilho, quase intransponível. Para alcançar o exterior, era preciso passar por um túnel de treze metros de comprimento e 3,6 m de largura. No início do espetáculo, o espaço ficava dividido por dois gradis de ferro, para que os espectadores entrassem um a um por um pequeno portão de setenta centímetros de largura.

Perto do fim, as grades eram removidas para facilitar a saída. Só que não houve tempo de retirar a armação de metal e sobrou menos de um metro de largura para centenas de pessoas escaparem por aquilo que alguém apelidou de "corredor da morte".

O adolescente Eduardo Lages teve a felicidade de ser arrastado para fora pela multidão. Aos catorze anos, ele havia entrado de penetra no circo com mais quatro amigos e estava sentado perto da saída. Além da música, o futuro maestro do cantor Roberto Carlos tinha como paixão a corrida de velocidade. Dois anos antes, havia sido recordista brasileiro dos cinquenta metros rasos na categoria infantil, competindo pelo Pioneiros de Niterói. Recém-transferido para o Flamengo, viria a disputar o campeonato brasileiro juvenil dos cem metros rasos. Se Lages adivinhasse o quanto teria que correr do fogo, não teria feito tanto esforço para driblar a fiscalização e entrar. Ele saiu em disparada pela alameda São Boaventura, percorreu cerca de 1,5 km, avisou à mãe que estava fora de perigo e voltou para ver o que havia restado. Descobriu mais tarde que dois de seus amigos não tinham conseguido escapar.

A exemplo de Lages, Luiz Gomes da Silva foi levado — ou melhor, "cuspido", como ele prefere dizer — em direção ao portão de saída. Dias antes, ele tinha visto a caravana circense percorrer as ruas da cidade, anunciando a atração.

— Tem até tigre — abriu um sorriso, e decidiu na hora levar a noiva, Eneida, e a sobrinha dela, Sandra, de onze anos.

A professora Eneida era filha de Sebastião Maia Souto, um dos patronos da Academia Itatiaiense de História, e completaria 31 anos no dia 20 de dezembro. Luiz só não contava com a disputa para conseguir ingressos. Precisou ir três vezes à bilheteria. Era uma briga, todo mundo parecia querer estar naquela primeira sessão de domingo, às 14h30 — haveria outra, às 18h. Terminou comprando as melhores entradas, de camarote, a cerca de dez metros do picadeiro. Saiu eufórico da fila, antecipando o brilho no olhar das duas.

Mais tarde, durante o espetáculo, com uma vista privilegiada da cena, já se esquecera do sufoco que passara para comprar os ingressos. O importante era que Eneida e Sandra estavam entusiasmadas. Distraído com o número do trapézio, levou um susto com a batida em seu ombro direito:

— Luiz, olha o fogo — disse Eneida, apontando para o alto.

Mal virou o rosto para cima, foi empurrado rumo à porta principal. Agarrou a noiva e a menina, puxou-as, embolou-se com a multidão, perdeu-se delas e acabou jogado para o exterior. Quando chegou do lado de fora, seu primeiro pensamento foi para as duas. Saiu como um louco à cata de Eneida e de Sandra, sem sucesso. Percebeu que deviam estar presas naquela armadilha de fogo e tomou uma decisão temerária. Aos 22 anos, de físico moldado pela natação e com o ânimo fortalecido pelo desespero, resolveu ir na direção contrária à massa desordenada que tentava escapar. Era improvável que desse certo, mas não teve dúvidas. Distribuiu empurrões, aguentou safanões, infiltrou-se entre corpos, recuou um passo, avançou dois, até que finalmente estava de volta.

Sua coragem teve um custo alto. Luiz viu-se cercado pelo fogo e, antes que pudesse avistar as duas, sentiu um forte impacto do lado esquerdo do corpo. Um cabo de aço se soltara e enroscara-o a outras pessoas. Funcionário do estaleiro Ishikawajima do Brasil, Luiz já tinha participado, como todos os empregados da multinacional, de um programa de defesa contra incêndio e lutou ferozmente para se soltar. Quando conseguiu, saiu de novo do circo e rolou pelo chão para apagar as chamas.

Seu empenho para salvar Eneida e Sandra seria em vão — soube mais tarde que a noiva e a sobrinha só foram reconhecidas pela arcada dentária. Um caminhão parou e ele foi jogado na caçamba, sobre outras vítimas. O motorista seguiu para o hospital Antonio Pedro, mas, diante das portas fechadas, alguém corrigiu a rota e indicou a cidade vizinha:

— Aqui, não. Para São Gonçalo.

POR BAIXO DA LONA

Melhor sorte tiveram os que tentaram outras rotas de fuga que não a entrada principal, como sair por baixo da lona, levantando o pano de roda, como é chamado o pedaço do toldo que circunda todo o circo e vai quase até o chão — no caso do Gran Circo, a vinte centímetros do solo. Parecia que era fácil. E era. Mas, numa situação de emergência, a escolha lógica nem sempre prevalece. Seja como for, Ricardo, filho do prefeito de Niterói, Dalmo

Oberlaender, escapou dessa forma. Mais cedo, às 9h, o menino de onze anos vira passar em frente à sua casa o trenzinho com as jaulas dos animais, puxado por um trator. Empolgado com o cortejo, convidou alguns amigos da rua para o camarote principal, destinado à autoridade máxima do município. Para se ter ideia de como a cidade se sentia orgulhosa com a presença do Gran Circo Norte-Americano, basta dizer que antes da sessão Dalmo entregaria a chave da cidade a Papai Noel, e em seguida o dono daria o espetáculo como aberto. Mas uma fadiga repentina após o almoço fez com que ele chamasse Ricardo e avisasse que só iriam à sessão seguinte. A decisão aborreceu o menino, que havia se vangloriado com os colegas e agora não sabia como se justificar. Um deles ironizou:

— Você tira essa onda de que seu pai é prefeito e desiste de ir?

Ricardo apelou para a mãe, que tentou sem sucesso convencer o marido. Dalmo pediu então ao motorista que levasse o filho e apresentasse suas desculpas aos responsáveis pelo circo. O motorista, o sargento-bombeiro Sebastião, acomodou Ricardo e mais dez meninos no carro oficial da prefeitura — um Hudson importado, imenso. No caminho, o filho do prefeito ainda pegou mais quatro amigos. Ninguém reclamava do aperto. Ricardo mal continha sua ansiedade. Passara os últimos três meses de cama, com hepatite. Aquele era o primeiro dia em que saía de casa — e quase foi o último, pelas peripécias que viveu durante a fuga do incêndio. No camarote do prefeito, instalaram-se, além de Sebastião e Ricardo, os três irmãos Vaz Porto: Carlos Alberto (Beto), Fernando e Ricardo Augusto (Guinga). Os outros amigos se distribuíram pelas cadeiras e pelas arquibancadas. Logo que se sentou no camarote, Beto exibiu para Ricardo um recorte de jornal com a propaganda de uma máquina fotográfica Capsa, dizendo que ia pedir ao pai de Natal. Botou o anúncio no bolso esquerdo, junto com a cordinha com que ficaria brincando durante o espetáculo. E mostrou os cinco cruzeiros que levava no bolso direito, guardados para comprar sorvete.

Quando Nena gritou "fogo!", Ricardo pensou que se tratava de uma brincadeira, um truque de mágica. Achou que era a surpresa final do espetáculo. Nem ao ver as chamas desconfiou.

— Vai parar já, já — disse para si mesmo, confiante.

Somente no instante em que o holofote estourou é que percebeu a seriedade da situação. O motorista da prefeitura, que havia notado pouco antes o problema, ordenou:

— Vambora!

Profissional experiente, o sargento-bombeiro Sebastião moveu-se em direção ao picadeiro e saiu pelos fundos, escapando ileso. Mas não conseguiu manter perto de si Ricardo e seus colegas, que ficaram para trás. Já do lado de fora, olhava as chamas consumirem a lona e não escondia o abatimento por ter falhado em salvar o filho do patrão. Deixado sozinho, Ricardo estava caído quando avistou o espaço entre a lona e o chão. Correu para lá, agachou-se e fugiu. Ao sair, reencontrou o motorista. Os dois se abraçaram emocionados. Em seguida, o menino seguiu apressado para o prédio vizinho do Tribunal de Contas. Chegou ao balcão e disse, com autoridade:

— Quero ligar, sou o filho do prefeito, tenho que avisar meu pai.

O funcionário liberou o telefone para o garoto, que discou o número de casa, 22360:

— Mamãe, o circo está pegando fogo!

D. Tuta, que não sabia de nada, abafou um grito e perguntou:

— E como você está?

— Eu estou inteiro, mas tem muita gente morta. Não posso falar mais nada — e desligou.

Horas antes, o convite de Ricardo havia dividido os irmãos Vaz Porto, seus vizinhos. O mais velho, Beto, de catorze anos, estava ansioso para aceitar. Fernando, de doze, preferia ficar jogando bola. E Guinga, de dez, também não mostrava maior entusiasmo. Beto argumentava que seria uma mordomia só. Iriam no carro da prefeitura, entrariam de graça e ficariam no camarote.

— O dinheiro que a gente economiza na entrada gasta em sorvete.

Acabou convencendo os outros dois e, com a permissão da mãe, Lúcia, saíram sozinhos pela primeira vez na vida. No instante em que Sebastião deu o grito de "Vambora!", Fernando pegou o irmão caçula e correu em direção à porta principal, desviando-se das cadeiras, do fogo e do tumulto. Mas um espectador tropeçou e caiu por cima dele. Antes de ser projetado para a frente, conseguiu empurrar Guinga, que tentou puxá-lo pelo braço, sem sucesso. Diante dos pingos chamejantes que despencavam do alto, Fernando disse ao irmão mais novo:

— Me deixa! Corre!

Caído, começou a rezar. Coroinha, ele pedia forças para sair dali. Até que se pôs de pé e sentiu como se tivesse levitado. Quando viu estava do lado de fora, intoxicado, com os dois braços e a cabeça queimados. Entrou em um carro de polícia, que seguiu para o Antonio Pedro. Mas, por causa do fechamento, teve que ir para o Serviço Médico de Urgência Messias de Souza Farias receber os primeiros socorros. De noite, foi para o hospital Santa Cruz, da Beneficência Portuguesa, e entrou em coma. Despertou na véspera de Natal. Ele só teria alta em maio de 1962. Guinga, mesmo queimado no braço, havia voltado para casa, com a ajuda de alguns amigos. Mas à noite teve que fazer companhia ao irmão no Santa Cruz. Beto, que optara por outro itinerário de fuga, não conseguiu escapar.

O reduzido espaço entre o piso e o começo da lona também serviu para que o filho de doze anos e a mulher de Américo José Macedo, de 38 anos, funcionário do Banco de Crédito da Amazônia, se salvassem, ainda que com escoriações e queimaduras generalizadas. Américo, que estava sentado ao lado da filha paraplégica, de sete anos, pegou-a no colo e correu assim que o fogo começou — inutilmente. Eliana morreu carbonizada em seus braços e ele foi levado com queimaduras de terceiro grau para o hospital. Não resistiu.

Em toda a volta do circo, espectadores levantavam a lona e se abaixavam para escapar. Pouco antes, um homem fora avisado do incêndio pelo filho de três anos, que notara uma bola avermelhada se abrindo no alto da cobertura:

— Pai, olha!

Ao perceber o problema, ele pegou o menino e a filha de cinco anos pela mão e evitou sair por trás. Seria correr na direção dos animais, pensou. Resolveu então passar por baixo e se salvou, junto com os filhos. Anos depois, o garotinho, já adulto, iria morar próximo a um cemitério onde estão enterradas vítimas do circo. Um dia, quando andava com o filho em meio aos túmulos, não pôde deixar de imaginar que ele poderia estar sepultado ali. Se não tivesse escapado do incêndio com a ajuda do pai, o comandante-geral da Polícia Militar do Rio de Janeiro Mário Sérgio Duarte não teria se tornado um dos principais nomes da maior operação das forças de segurança da história do estado do Rio, com a tomada da Vila Cruzeiro e do Complexo do Alemão, em novembro de 2010.

PELOS FUNDOS

Tivessem os espectadores corrido para os fundos, como fizeram os trapezistas Nena, Santiago Grotto e Vicente Sanches, o número de mortes seria bem menor. Mas poucos tiveram essa ideia. O que não surpreende, já que a saída, apesar de larga, ficava encoberta por uma cortina e era de uso exclusivo de artistas e empregados. Assim que deixaram o trapézio, os três se dirigiram naturalmente para lá, mas Grotto estancou no meio do percurso, junto à orquestra, pasmo. Olhou ao redor e viu que homens, mulheres e crianças corriam atarantados, chocando-se uns contra os outros. Tentou retornar ao centro do picadeiro para avaliar a extensão do incêndio. Ao perceber a gravidade, decidiu sair e levou com ele duas meninas que recolheu pelo caminho. Tinha acabado de deixar o circo quando ele afundou por inteiro. Atônito, impotente, o trapezista de 36 anos examinou por alguns instantes o fogo consumir o outrora imponente Gran Circo Norte-Americano. Grotto levou perto de dois minutos para conseguir se mover e lembrar-se de apanhar sua máquina fotográfica. Comprara o aparelho nove anos antes, para registrar o dia a dia no circo. Desde então, tirava fotos esparsas dos colegas e dos animais. Dias antes, havia colocado na câmera um rolo de filme para usar num passeio que não chegou a realizar. Gastara apenas duas ou três chapas. Correu para o trailer, pegou a máquina e, sem sequer verificar a velocidade ou a abertura do diafragma, começou a contornar o circo e fotografar a tragédia, usando as chapas restantes.

— Meu objetivo ao comprar a máquina era documentar a vida do circo, e acabei documentando também sua morte — lamentou.

As fotos ocuparam a maior parte da primeira página do *Globo* do dia 20 de dezembro, abaixo da manchete: "Flagrantes do circo em chamas!". O feito foi anunciado como um "furo fotográfico internacional". Grotto tinha pedido anonimato, mas, no dia seguinte, diante da insistência do jornal, acabou revelando a autoria.

Nascido em Buenos Aires, Grotto foi descoberto quando se exercitava como ginasta numa academia. Um artista de circo buscava um acrobata para um número de gangorra e o chamou. Começou a ensaiar, mas meses depois recebeu um novo convite, do trapezista americano Victor Gesmundo. Virou aparador ou portô — nome que se dá ao trapezista mais forte e pesado, que fica dependurado de cabeça para baixo na barra e tem como função aparar com os braços os trapezistas volantes, mais ágeis e leves. Eles foram contratados pelo Gran Circo Norte-Americano, e Nena entrou para a equipe. Surgiam os Flying Victor. A relação profissional desdobrou-se afetivamente e Nena e Grotto acabaram se casando, enquanto Victor juntou-se a uma das irmãs dela, Suzana. Durante alguns anos, os Flying Victor se exibiram pela América Latina, até Victor voltar para os Estados Unidos. Em seu lugar, entrou Vicente Sanches. Nasciam os Flying Santiago, responsáveis pela atração mais importante do Gran Circo, que, nas palavras de Grotto, se transformara num "incinerador".

Uma das poucas famílias que tiveram a mesma iniciativa dos trapezistas de sair pelos fundos acabou se salvando. A decisão se deveu à precaução de um menino de nove anos, também chamado Beto. Sua mãe, Angela, tinha recebido uma graça — uma de suas filhas se recuperara de um problema de saúde — e resolvera celebrar no circo. Aos sete anos, Maria Dulce não tinha ideia do que fosse uma graça, mas percebeu que era algo importante. Afinal, sua mãe levaria sete crianças: ela, o irmão, duas netas de um primeiro casamento do marido, duas primas das meninas e o filho de um vizinho. Não que eventos reunindo tantos parentes fossem raros, mas eles se resumiam a caminhadas à padaria para tomar sorvete, idas à praia e viagens ao sítio nos fins de semana. Nunca algo tão grandioso quanto então. Sentaram-se todos no alto da arquibancada. Beto logo sugeriu uma estratégia de retirada em caso de imprevisto. Em vez da entrada principal, usariam caminhos alternativos. Sairiam por trás ou passariam por baixo da lona. Também foi marcado um ponto de encontro do lado de fora na hipótese de alguém se perder.

A previdência de Beto tinha como base as recomendações do pai, que sempre advertia para a possibilidade de pânico na multidão, e o entusiasmo pelo seriado americano *O menino do circo*, que estreara na TV Excelsior no ano anterior. Entre as aventuras vividas pelo garoto Corky Wallace e seus amigos, o elefante Bimbo, o chimpanzé Bobô, o tigre Sultão e o leão Nuba, estava um incêndio. Quando o Gran Circo Norte-Americano começou a pegar fogo, a família se dispersou, mas todos pareciam ter seguido a orientação de Beto de fugir pelos fundos ou por baixo da cobertura.

Do lado de fora, Angela começou a contar as crianças. Sentiu um arrepio ao somar apenas seis e constatar que faltava justamente seu filho, que dera a sugestão de rotas alternativas de fuga. Mandou que permanecessem onde estavam e saiu atrás dele. Angela, que já havia recebido a graça por uma filha, fazia novas promessas a Deus, agora por Beto. Encontrou-o sentado no para-choque de um carro. Ele também havia escapado pelos fundos e, com o auxílio de algumas pessoas, arrombou a folha de zinco que separava o terreno do circo do exterior. Não encontrou os parentes e resolveu refazer o caminho de volta. Ao dar de cara com a multidão, recuou e decidiu esperar. Finalmente reunida, a família andou pela rua em meio a um cenário de horror. Angela só pensava no marido, que tinha ficado em casa escutando no rádio o jogo do Fluminense contra o São Cristóvão, nas Laranjeiras. Temia que Clovis sofresse um ataque do coração caso a transmissão tivesse sido interrompida pela notícia do incêndio. Foram para a casa de um conhecido e Angela pôde enfim ligar para ele. O toque do telefone tirou o tricolor Clovis de um sono profundo. Seu time vinha jogando mal e ele, contrariado, desligara o rádio, virara-se para o lado e dormira, sem saber que o Fluminense acabaria ganhando de um a zero, com gol contra.

PELA LÂMINA DO CANIVETE

Nunca o canivete salvou tanta gente como naquela tarde de domingo. Dele se beneficiou Jairo Carvalho, que tinha se acomodado no último degrau da arquibancada junto com a filha Martha, de seis anos, e o amigo Luiz Alberto. Deixara em casa a mulher e as filhas Claudia, de quatro anos, que estava febril, e Regina, de dois. Perto do fim do espetáculo, Jairo estranhou a fumaça que começava a aparecer do lado oposto e saltou para o chão, caindo num vão entre os alicerces da arquibancada e a lona.

Luiz Alberto jogou Martha para os braços do pai e pulou em seguida. A essa altura, a correria já começara. Com medo do tumulto e de que a filha se machucasse, Jairo evitou a solução mais óbvia, que seria correr para a saída da frente. Parado diante da lona, ameaçado pelas chamas que se aproximavam e oprimido pela fumaça que tornava o ar irrespirável, lembrou-se de um brinde que ganhara da loja Moreira dos Cofres, na rua Marechal Deodoro. O dono, amigo de seus pais, dera-lhe um pequeno canivete, que levava sempre preso ao chaveiro. Pegou o objeto, fez um rasgo na cobertura e saiu com o amigo e a filha, sendo seguido por dezenas de pessoas.

Em outros pontos do circo, espectadores também cortavam a lona. Um garoto de onze anos havia se sentado com um primo e um amigo na arquibancada. Assustou-se com um clarão e achou estranho quando a trapezista pôs as mãos na cabeça. Ao sentir que o circo se tornava uma fornalha, saltou para o chão, acompanhado dos dois colegas. Os três estavam prontos para correr em direção à entrada principal quando viram a multidão indo para o mesmo lado. O menino hesitou por instantes, até que teve a ideia de tirar do bolso seu canivetinho e fazer uma abertura na lona. Ordenou ao primo e ao amigo que passassem pela brecha, incentivou outros espectadores a fazer o mesmo e escapou enfim das labaredas. Continuou a golpear a lona furiosamente, agora por fora, abrindo novos furos. Foi quando viu uma senhora ainda do lado de dentro, agarrada a uma cerca, com a filha no colo. Voltou com dificuldade, pegou a menina e gritou para que a mãe o acompanhasse. Assim que os três saíram, a cobertura desabou. A mulher levou algum tempo para se recompor. Acariciou o cabelo do garoto, beijou seu rosto e disse, entre lágrimas:

— Deus lhe pague, meu filho.

O canivete foi um instrumento providencial também para o lobinho Francisco Nélson da Costa Ebrenz, de dez anos. Ele estava do lado de fora, mas perto do fim do espetáculo resolveu entrar de penetra no circo. Com sorte, ainda daria tempo de ver alguma atração. Abriu uma cavidade na lona, pôs a cabeça para dentro e sentiu uma quentura no rosto. Imediatamente recuou e passou a desferir golpes desencontrados no toldo, rasgando a cobertura. Contou oito garotos que escapuliram por ali, até cair no choro.

Uma senhora baixa e corpulenta saiu esbaforida por um buraco aberto por outro escoteiro, Victor Bouças. Escapara segurando em cada mão uma criança. Uma delas ainda corria puxando uma terceira. Na hora em que ouviu o estrondo, voltou-se a tempo de ver o desmoronamento do que restava da cobertura. Foi quando se deu conta de que estava com apenas três das quatro crianças que a acompanhavam no passeio e começou a gritar pela que tinha ficado, incapaz de tomar alguma atitude para salvá-la.

Retornar era insensatez, mas alguns fizeram isso. A crônica extraoficial da tragédia registra o caso da diretora de uma escola que dera de presente à filha uma pulseira de ouro com a advertência: "Se perder, vai apanhar".

Acompanhada da babá, a menina tinha ido ao circo e conseguido escapar, quando, já do lado de fora, percebeu que estava sem a joia. Decidida, falou para a empregada:

— Vou voltar, senão mamãe vai bater em mim.

Em vão, a empregada tentou impedir. Ela entrou e não saiu.

Outro caso, o do menino Djalma, mostra como o bom senso e a prudência são postos à prova em situações-limite. Cinco dias antes da matinê de domingo, seu amigo de infância Luiz Carlos Pereira Rodrigues, de treze anos, deixou o colégio, passou em casa, trocou de roupa e desceu o morro de São Lourenço com alguns amigos para ver a montagem do Gran Circo.

Luiz aproveitou para organizar um jogo no pouco que restara do campo de futebol onde se instalara o circo — na verdade, um terreno baldio gramado que servia de palco para animadas peladas. A partida seguia disputada até que a bola de borracha foi parar perto de uma das elefantas. Os garotos se olharam, ninguém queria se arriscar. Luiz tomou coragem e se aproximou cautelosamente. Não adiantou. O animal segurou-o com a tromba e arremessou-o a cerca de dez metros de distância. Como veio a ironizar depois, ele foi a primeira vítima do Gran Circo Norte-Americano.

Levado ao hospital, precisou engessar o braço. Por causa da fratura e por medo de ser alvo da gozação dos colegas, acabou desistindo de ir ao circo. Lamentou não ter a sorte de Djalma, que também estava no futebol, mas, sabiamente, evitou chegar perto da elefanta. Agora Luiz estava em casa com o braço na tipoia, enquanto o amigo vibrava com o espetáculo.

Na hora em que o fogo começou, Djalma mostrou um arrojo que não exibira quando a bola fora jogada para longe. Conseguiu ultrapassar as labaredas e driblar a barreira humana, mas, na fuga, perdeu-se do irmão mais novo, que o acompanhava. Já do lado de fora, vagando aturdido, com queimaduras leves, achou que ele tinha ficado preso no interior do circo. Um primo encontrou Djalma desnorteado.

— Como vou chegar em casa sem meu irmão?

Entrou para resgatá-lo e nunca mais voltou. Seu irmão já tinha saído.

COM AJUDA DA ELEFANTA

Cinco dias depois do incêndio, fazia-se justiça a Semba, o personagem mais insólito dessa história. Uma nota na primeira página do jornal *O São Gonçalo* informava: "O elefante do circo, que abriu um buraco na lona por onde escaparam várias pessoas, tem recebido inúmeras provas de carinho por parte da população".

Maria José, a Zezé, de onze anos, estaria entre os que agradeceriam o animal, se não estivesse hospitalizada. Dos quatro irmãos Vasconcelos, somente ela quis ir ao circo. O excesso de calor, a exigência de almoçar mais cedo e as más condições da estrada Rio Bonito-Niterói desanimaram os outros três. Problema deles, deu de ombros a menina. Com os pais separados, ela embarcou na caminhonete rural do tio José Bernardino, que era viúvo e levou os filhos, Tiago, de onze anos, e Bruno, de nove. Os quatro se instalaram nas arquibancadas, e Zezé estava feliz por ter decidido ir.

Quando o fogo começou, ela correu para o picadeiro, mas em seu caminho surgiu Semba. A menina encostou na lona em chamas para escapar das patas e se assustou com o grito da elefanta ao ser atingida no dorso por um pedaço da cobertura. Era um som gutural e indefinido, que não lhe parecia de bicho, de adulto ou de criança. Em seu desespero, Semba pisoteava os espectadores caídos. Zezé lutava para não tombar e ser esmagada, até que viu o animal fazer um primeiro giro, depois outro e disparar, abrindo um imenso rasgo na lona. Ao ver a fuga de Semba, Zezé não hesitou. Correu atrás dela, saiu pelo buraco e desmaiou, sendo levada para o hospital.

Semba, Jane, Lisa, Yoga e Mary eram irmãs. As cinco elefantas do Gran Circo tinham sido compradas nos Estados Unidos. Eram indianas, raça mais fácil de domesticar que a africana. Faziam tanto sucesso que se exibiam logo antes do número final, o dos trapezistas. Elas jogavam bola, apoiavam-se umas nas outras, levantavam as patas dianteiras, dançavam valsa. Como todos os outros animais, ficavam abrigadas na *menagerie* — tenda situada próxima ao circo. Além de Semba, outra elefanta, talvez Lisa, que tinha especial predileção por crianças, permanecia no interior do circo na hora do incêndio. Com o fogo, um homem pegou Lilian Corrêa, de seis anos, e acomodou-a em cima do animal, ao lado de outras crianças. A elefanta deixou o picadeiro por um buraco na lona. Lilian tinha ido com uma amiga, também de seis anos, o irmão da garota, de onze, e a mãe dos dois. O menino escapulira por baixo da cobertura, mas a mulher havia prendido o pé na armação de ferro da arquibancada e mandou a filha correr. A menina preferiu ficar junto da mãe a subir na elefanta com Lilian. Encurralada, com a filha paralisada ao lado e vendo as chamas começarem a queimar sua saia, a mulher puxou o pé com tanta força que o quebrou, conseguindo se soltar. As duas escaparam.

NÃO SABEM COMO

O desespero para escapar, o trauma provocado pelo incêndio e o tempo decorrido desde então — ou tudo isso somado — fazem com que muitos espectadores não saibam dizer como saíram de dentro do circo. Estevão Silva Pinho, funcionário do estaleiro

Cantareira, e sua mulher, Ivete, dona de casa, descendiam de duas famílias tradicionais do morro Boa Vista. O nome da favela era autoexplicativo. Do alto, a paisagem abarcava boa parte de Niterói, ultrapassava a baía de Guanabara e se estendia ao Rio de Janeiro, em frente. Poucos barracos interrompiam um cenário povoado por pés de goiaba, jaca, carambola, manga, banana e pitanga.

O filho mais velho do casal, Darci, morrera ainda novo. Um ano e meio depois, nascia Eduardo. A escadinha ganhara novos degraus com a chegada de Iraci, Iara e Paulo César. E, em breve, viria mais um, porque Ivete estava grávida pela sexta vez. De lá de cima, via-se com clareza a lona que ia surgindo embaixo. A visão atiçou parte da meninada do morro, que insistiu com os pais para ir ao circo. Mas, por um motivo ou outro, quase todos tiveram que desistir. Não os Silva Pinho.

Estevão pediu dinheiro emprestado a seu Aylton, dono de um armazém na subida do morro, para levar a família. Das quatro crianças, quem mais se mostrou disposta a ir foi Iraci, que havia completado seis anos no mês anterior. E quem mais resistiu foi Iara, de três. Jogou-se no chão, abriu o berreiro, arremessou o sapato, sujou-se inteira, fez pirraça. Tudo inutilmente. O casal ignorou a birra e arrastou a menina para fora de casa.

Os seis se acomodaram nos primeiros degraus da arquibancada, do lado oposto de onde começaria o fogo. Na hora da confusão, cada um tomou um rumo diferente. Paulo César, de um ano e meio, foi recolhido dos braços da mãe por um desconhecido e levado para longe. Acabou encaminhado para o Juizado de Menores, de onde foi retirado três dias depois pelo avô. Quando percebeu, Iara já estava fora do circo. Iraci havia largado a mão dos pais e acabou escapando por um buraco. Vagou sozinha até ser abordada por uma senhora, que se compadeceu daquela menina de ar desamparado e perguntou onde ela morava.

— Perto do armazém do seu Aylton — foi o que soube dizer. A mulher levou-a para sua casa e deu-lhe água com açúcar. Os pais de Iraci, Estevão e Ivete, e seu irmão Eduardo não conseguiram se salvar.

Os arredores do circo estavam tomados de pessoas desorientadas, que não sabiam como tinham saído. Quando deu por si, Vicente de Percia, de dezessete anos, estava em frente ao frigorífico Maveroy, perto dali, sem os sapatos, coberto de hematomas, com um galo na cabeça e cheio de arranhões. Fã do palhaço Carequinha, ele havia acompanhado a montagem do circo desde sua chegada à cidade, na segunda-feira. Depois da aula, costumava passar no local, esperando ser chamado para ajudar. Em troca, sonhava ganhar ingressos. O olhar adolescente de Vicente transformara aquela lona listrada verde e laranja num imponente castelo, que o transportaria para um mundo de conto de fadas, povoado de seres fantásticos. Ele e os amigos tinham combinado de ir à matinê de domingo com o uniforme de educação física da escola: calção azul-marinho e camiseta branca, com o emblema do Colégio Brasil bordado no peito. Antes de se acomodarem nas cadeiras, forraram as mãos de guloseimas compradas na entrada. Mas os números à frente eram tão hipnóticos que os churros permaneciam intactos. Vicente gostara especialmente do homem que se equilibrava sobre uma tábua, com um rolo por baixo, num movimento de gangorra. O encantamento deu lugar a gritos, e ele viu, a uma distância segura, o exato instante em que o toldo caía.

3. Dias antes

Logo depois de tomar conhecimento do incêndio, com suas histórias dramáticas, o primeiro sentimento de Niterói foi de dor por seus mortos e feridos. O segundo foi de revolta. Indignadas, as pessoas queriam descobrir as causas e os culpados. Perguntavam-se como e por que tinha acontecido tudo aquilo. Mas, às vésperas da tragédia, não faltavam motivos de preocupação, embora ninguém se desse conta.

Dias antes da estreia, alguns garotos de uma favela vizinha não estavam gostando do que viam. Homens davam ordens, recebiam instruções, faziam medições, martelavam, fincavam estacas. Aos poucos, uma gigantesca lona de dezessete metros de altura começava a surgir, ocupando indevidamente seu campo de futebol.

Nenhum dos garotos lia jornal. Se lesse, saberia da chegada à cidade do Gran Circo Norte-Americano, que em propaganda enganosa anunciava pela imprensa com estardalhaço: "Cobertura de nylon". Era puro artifício de marketing. A seu favor, diga-se que o dono do circo até quis comprar uma lona de nylon, em São

Paulo. Danilo Stevanovich recuou diante do preço alto e acabou optando por uma cobertura tradicional.

— Pode levar sem susto — assegurou-lhe o vendedor. — Dou garantia de três anos.

Danilo retrucou, profeticamente:

— Sou capaz de apostar que isso não dura três dias.

Intuição ou desconfiança da qualidade do material? Seja como for, ele não desistiu de impressionar o público com os anúncios e as placas publicitárias. Provavelmente ninguém repararia no detalhe.

Por premonição, algumas pessoas deixaram de ir ao espetáculo, sentindo que algo de ruim fosse acontecer. Mas nenhuma autoridade levou em consideração os riscos de um possível incêndio. O toldo, por exemplo, era na verdade de lona de algodão com uma camada de parafina, que impedia a passagem da chuva. Tinha um porém: era altamente inflamável, de rápida combustão. Um espectador que inadvertidamente jogasse uma ponta de cigarro na lona impermeável poderia causar estragos. Essa guimba seria suficiente para provocar um incêndio de tamanha dimensão? Era cedo para garantir, mas não deixava de ser uma possibilidade. Outras surgiriam.

Niterói era servida pela Estrada de Ferro Leopoldina, com três estações na cidade, duas delas de carga e uma de passageiros, a General Dutra, que ficava a menos de quinhentos metros do circo. Na capital fluminense em 1961, locomotivas soltavam faíscas ligando Niterói a municípios como Nova Friburgo, Campos e Vitória, no Espírito Santo. A empresa mantinha ainda um tráfego suburbano de doze trens diários. A pouca distância da estação General Dutra, a Companhia Zimotérmica também trabalhava a pleno vapor, desprendendo fagulhas da queima do lixo. Lançadas dos trens ou da fábrica e levadas pelo vento até a lona do circo, as centelhas eram outra hipótese de origem do fogo.

O Gran Circo Norte-Americano orgulhava-se de seus artistas e de seu "zoológico ambulante" — o Brasil ainda teria que esperar quase cinco décadas até que vários estados proibissem animais em circo, com o argumento de maus tratos. No jornal, o anúncio de sua vinda não economizava nos pontos de exclamação ao ressaltar um feito inédito: "Um sensacional espetáculo jamais apresentado em São Paulo!!!". Era também uma estratégia mercadológica, já que o circo passara dois anos lá — um na capital paulista e outro deslocando-se pelo interior do estado. Mas a preocupação com a publicidade e com o elenco não parecia se estender às instalações elétricas, que eram precárias, conforme constatou uma inspeção posterior. Um curto-circuito não podia ser descartado como causa do incêndio.

O circo percorria o país sempre precedido de alarde. Era anunciado como "o maior e mais completo da América Latina". Recém-chegado da cidade do Rio de Janeiro, provocou tamanho alvoroço em Niterói que mesmo quem não tinha dinheiro tentou entrar como pôde. Foram vendidos 2800 ingressos e distribuídos gratuitamente trezentos convites para a primeira sessão de domingo, mas dezenas de pessoas conseguiram burlar a vigilância e entrar de penetra na festa.[1] A exemplo do espetáculo de estreia, dois dias antes, muita gente se viu obrigada a voltar para casa. Mais tarde, Danilo Stevanovich reclamaria dos "favelados" que teve de botar para fora — os suspeitos de sempre.

Adilson Marcelino Alves, mais conhecido como Dequinha, estava entre os cerca de cem empregados avulsos contratados para a montagem do circo. Trabalhara antes como entregador de padaria e vendedor ambulante de pintinhos. Não durou dois dias no novo serviço. Desleixado, acabou despedido por causa da baixa produtividade. Após a demissão, tentou entrar no circo, mas

foi proibido pelo servente, Maciel Felizardo — dois personagens para não esquecer. Eles trocaram insultos e Dequinha chegou a prometer:
— Você ainda vai ver no que isso vai dar.
Seria o incêndio a concretização dessa ameaça?

Talvez, mas, naqueles dias que antecederam a estreia, a hora não era de desconfianças e especulações. A cidade ainda estava mergulhada no clima alegre criado com a vinda do Gran Circo. O que predominava era a expectativa de muito divertimento, principalmente para a criançada. Seria um presente de Natal antecipado, que chegaria uma semana antes em uma cidade que se orgulhava de ser uma das dez maiores do país, o equivalente hoje a Belém do Pará ou Porto Alegre, e que atualmente é a 39ª em termos populacionais. Niterói tinha uma receita de 900 milhões de cruzeiros (algo como 100 milhões de reais) e uma população que beirava os 300 mil habitantes. Mas conservava o ar provinciano que nem o status de capital de estado era capaz de afastar — um status que ela só perderia catorze anos depois, em 1975, quando da fusão do estado do Rio de Janeiro com o estado da Guanabara, sob o comando da cidade do Rio.

As poucas opções de lazer se resumiam aos cinemas, aos bares e à praia, principalmente a de Icaraí, com seu famoso trampolim. Por coincidência, estava em cartaz naqueles dias o filme *E o circo chegou*, com Esther Williams, conhecida como a Sereia de Hollywood, por causa de seus musicais aquáticos. Na TV, destacavam-se dois comerciais da Nestlé apregoando uma marca de achocolatado. Mais um acaso: o lema era "Nescau, gostoso como uma tarde no circo", e os anúncios traziam elefantes, trapezistas, palhaços e dezenas de crianças sorridentes. Parecia de propósito: na vida real, como nas telas, era tempo de circo. Natural que ninguém quisesse ficar de fora da festa.

    Como fazia toda manhã, Danilo Stevanovich tomou banho, barbeou-se, escolheu uma camisa de seda e pôs o terno. Só aí, impecavelmente vestido, saiu do trailer, já com o chapéu que escondia a careca precoce, um mal que afligia todos os homens da família. O dono do Gran Circo acordara de bom humor e tinha todos os motivos para isso, diante do sucesso das duas primeiras sessões, às 21h de sexta-feira e de sábado. E isso era apenas o aperitivo. A matinê de domingo é que seria a estreia de verdade. Ou alguém, ele pensava, consegue imaginar circo sem a algazarra infantil, os gritinhos histéricos e o sorriso no rosto das crianças? Aos 41 anos, esse gaúcho nascido em Cacequi orgulhava-se de pertencer a uma longa linhagem circense, que remontava ao ano de 1843 e era oriunda do reino que mais tarde se tornaria a Iugoslávia. Danilo descendia de duas tradicionais famílias de circo. A mãe, Maria, única mulher entre sete irmãos, era Buglione. O pai, Dimitri, Stevanovich. Eles se conheceram na França e tiveram que fugir para a Itália, porque os parentes dela eram contrários à união. Da primeira gravidez, nasceram gêmeos, que logo morreram. Em seguida, vieram outros dez filhos: Juan, José, Esteban, Augusto, Emilia, Suzana, Pedro, Julio, Antonietta e Luís. Maria tinha mania de pôr apelidos. Assim, Juan passou a ser conhecido por Bebo. José virou capitão Julio. Augusto era Dilo; Suzana, Stana; Antonietta, Nena; Pedro, Pedrin. E Julio, não se sabe por que, tornou-se Danilo. Da Europa, o casal seguiu para a América do Sul. A ideia dos dois era subir até os Estados Unidos, mas acabaram desistindo e se fixando ali. Maria enviuvou em 1939, e desde então conservava o luto.

    A família inteira se dedicava ao circo. Nena, a trapezista que dera o grito de fogo, era também domadora. Mais alta das irmãs, de costas largas, físico desenvolvido pelo trapézio, a paulista de

Botucatu, de temperamento explosivo, amansava elefantes, ursos e macacos. Numa sessão no sul do país, apresentava-se com ursos-polares quando foi mordida na perna. Chamou pelo sobrinho Osvaldo, também domador, conhecido como capitão Rudy, que entrou na jaula e foi igualmente atacado. Quem salvou a dupla foi um empregado. Seus berros fizeram com que o bicho se afastasse. Nena foi levada para o hospital, mas logo estaria em forma para a temporada no Rio e em Niterói.

Dilo exibia-se de moto no globo da morte. Bebo, o mais velho dos irmãos, nascido em Portugal, era quem mais tinha visão empresarial. Poliglota, gostava de se vestir bem e viajava o mundo atrás de novidades circenses. Buscava artistas e animais, e trouxe para o Brasil atrações como o show de águas dançantes, a pista de gelo e o circo de três picadeiros. Com sua morte, em junho de 1960, Danilo assumiu a administração do Gran Circo.

Quem batizou o circo foi Maria. Quando os Stevanovich chegaram à América do Sul — a família não sabe dizer hoje se pelo porto de Buenos Aires ou de Santos —, a matriarca percebeu que o povo gritava, entusiasmado: "Os americanos chegaram!", pouco importando que o navio viesse da Europa. Na mesma hora, ela viu que Gran Circo Norte-Americano soava muito melhor do que Circo Stevanovich, um nome de difícil pronúncia para os latinos.

A família passou a viver entre o Brasil e a Argentina. O circo de três picadeiros exigia um número muito grande de artistas. Na turnê que chegou a Niterói, ele contava com um só picadeiro. Mas, embora desfalcado de algumas atrações — como o gigante boliviano Camacho, que se dizia ter 2,2 m e entrava no palco ao lado de um anão —, trazia cinco elefantes, número maior que o habitual. Além do faro para os negócios, Danilo tinha estrela, como na vez em que, em Belo Horizonte, alguém sugeriu, num domingo, após o encerramento de uma temporada lotada:

— Vamos fazer na semana que vem também?

Fazia sentido, mas, quem sabe por intuição, ele respondeu:
— Não, vamos desmontar hoje mesmo.

Na quarta-feira seguinte, um temporal derrubou cinco árvores, exatamente no local onde tinha estado o circo.

Agora, junto com sua mulher, a argentina Nora, Danilo organizara uma temporada de sete dias em Niterói e esfregava as mãos, contabilizando mentalmente os lucros. Na sexta-feira à noite, foram tantos os interessados que ele se viu obrigado a fechar a bilheteria meia hora mais cedo. Sábado também teve casa cheia. A aglomeração que se formava à porta do pavilhão para a primeira sessão de domingo era ainda maior. E a apresentação seguinte, às 18h, igualmente prometia ingressos esgotados.

Por causa do tamanho, o circo não coubera no aterro que habitualmente abrigava as lonas em Niterói. Outra opção teria sido montá-lo no estádio Caio Martins, mas Danilo disse ter esbarrado em "dificuldades de ordem burocrática e técnica" e mudou os planos originais. A tenda foi então armada num terreno baldio pertencente à União, na praça do Expedicionário, na avenida Feliciano Sodré, no centro de Niterói. Fazia fronteira, à esquerda, com o prédio do Serviço de Subsistência do Exército. À direita, ficava uma rua e, logo depois, o edifício da Inspetoria Geral de Trânsito Público e o Tribunal de Contas do Estado, primeiro arranha-céu da cidade, construído em 1929, com cinco pavimentos.

Com a troca de local, Danilo ganhou uma compensação: o circo, que deveria apresentar apenas três espetáculos, foi autorizado a estender a programação para dez sessões. Assim que deram início aos trabalhos, os diaristas contratados pelo dono começaram logo a levar a cabo sua primeira tarefa: instalar tapumes de zinco nos fundos e na lateral, para impedir o acesso do público. Quando o caminhão com os animais chegou, já estava tudo cercado. Os espectadores ficariam espalhados por nove arquibancadas de madeira, 800 cadeiras especiais e 25 camarotes, dispostos em torno de um picadeiro de treze metros de diâmetro. A área coberta total do Gran Circo Norte-Americano ocupava um diâmetro de cinquenta metros.

O nome criado por Maria servia como chamariz, já que produto dos Estados Unidos era sinônimo de qualidade. E remetia a um filme que fizera sucesso anos antes e ganhara o Oscar, *O maior espetáculo da Terra*, dirigido por Cecil B. DeMille, com Charlton Heston no papel principal. A suposta procedência americana não era o único atrativo do título. Havia ainda a palavra em espanhol indicando que não se tratava de um cirquinho qualquer, e sim de um grande circo. A propaganda nas rádios, a publicidade nos jornais, os desfiles nas ruas e o boca a boca nas esquinas atraíram gente de todo o estado para a capital. Famílias de cidades como Rio Bonito, Maricá, Itaboraí, Nova Friburgo e São Gonçalo, onde morava o palhaço Carequinha, ídolo das crianças, vestiram suas melhores roupas para a viagem. Se não fosse o calor opressivo e o ar parado, sem brisa, a tarde prometia ser impecável.

Há dias o cortejo circense percorria os bairros da cidade, precedido por alto-falantes e cornetas. Na hora em que a comitiva passou pelo portão de sua casa, Wilson Siqueira só tinha olhos para a girafa. Não que ele fizesse pouco-caso dos leões, camelos, ursos, elefantes, do chipanzé e dos outros bichos que iam nas jaulas ou em cima do caminhão. Eles pareciam a Wilson vigorosos e bem nutridos em comparação aos animais raquíticos e envelhecidos que costumavam visitar a cidade. Também não desdenhava dos "artistas do mundo inteiro", como exagerava a propaganda, já que eram quase todos argentinos, com exceção de uns poucos paulistas. Longe disso. Wilson era apaixonado por circo, e toda vez que subia uma lona em Niterói ele fazia questão de estar presente. Mas aquela girafa tinha algo especial. Logo depois que o alto-falante anunciou "Venham ver a girafa Regina!", ele virou-se para a filha Regina, de três anos e meio:

— Vamos no domingo ao circo ver sua xará — disse, eufórico com a coincidência.

Inexplicavelmente, alguns personagens foram movidos naquele dia por impulsos ou decisões repentinas, nem sempre pela razão ou pela lógica. Apesar da empolgação do marido, Lenir, mulher de Wilson, sentia-se desmotivada. Passara a manhã do domingo apreensiva. Não sabia o porquê, mas estava tensa, esquisita, "abobalhada", como ela mesma se descrevia. Ajudava a sogra em casa, executando mecanicamente os movimentos, até que ouviu:

— Larga, Lenir, vai olhar suas crianças — disse Odete, que nunca vira a nora daquele jeito. — Você está parecendo uma múmia.

O puxão de orelha da sogra e o entusiasmo de Wilson reanimaram Lenir. A família — eles tinham ainda Roberto, que completaria dois anos uma semana depois — caprichara na roupa para ir ao circo. Uma prima de Belo Horizonte mandara um vestido branco para Regina, feito de *laise*, tecido nobre de algodão, com aplicações de bordados. Ela ainda enfeitou a roupa com fitinhas coloridas, para a alegria da menina, que estreava um sapato. O irmão desfilava um conjunto que ganhara da avó. Dias antes, as crianças foram levadas pelos pais para um estúdio fotográfico e posaram com os trajes que iriam ao circo. Uma menina que sempre acompanhava os Ferreira de Queiroz Siqueira nos passeios dominicais, vizinha da família, dessa vez foi cortada. Assim como a sobrinha de Wilson, que só queria a presença da mulher e dos dois filhos naquele programa tão especial.

— Hoje somos só nós quatro. Não vou levar mais ninguém — ele decidiu, inflexível, para desespero das duas garotas, que se esgoelavam no portão, sem entender a razão do veto.

Em menos de quinze minutos de caminhada, eles já haviam cruzado a distância entre sua casa, na rua Saldanha Marinho, no centro, e o circo. De manhã, Lenir tinha levado os filhos à missa das dez na igreja São João. Padre Luiz passou em meio aos fiéis e se deteve ao lado daquelas duas crianças ajoelhadas e de mãos postas. Olhou-as com afeto, achou-as parecidas com dois anjinhos e pousou a mão em suas cabeças, enternecido. Meses mais tarde, Lenir reencontraria o padre, em circunstâncias bem distintas.

Já Marlene Serrano tinha boas razões, não intuições, para querer ficar em casa. Aos 29 anos, penava com os enjoos e com a temperatura. Nunca se dera bem com o calor, e aquele era um verão inclemente. Tinha recebido em setembro uma boa-nova: estava grávida. Ela e o marido, Antônio, tentavam ter um bebê desde que tinham se casado, cinco anos antes. Marlene havia lançado mão de injeções de hormônio, mas os tratamentos não deram resultado e o casal resolvera desistir.

— Quer saber de uma coisa? Deixa para lá — ela se resignou, desconhecendo que sofria de uma doença batizada mais tarde como endometriose, que pode causar infertilidade.

Decidiram recorrer à adoção. Valéria chegou no dia 17 de dezembro de 1959, com três meses de idade. Um ano e oito meses depois, desafiando as probabilidades médicas, Marlene engravidou. Naquele 17 de dezembro de 1961, exatamente dois anos depois da chegada de Valéria, Antônio Serrano voltou para casa após ter visto a parada com os animais do Gran Circo passar em frente à tradicional perfumaria Sorriso, de propriedade do sogro.

— Vamos, vamos! — insistiu com a mulher, imaginando que a menina iria gostar de ver os bichos.

— Vai com sua irmã, Serrano — pediu Marlene, que volta e meia vomitava por conta dos quase quatro meses de gravidez. — Eu não estou bem, fico com a mamãe.

— Então, se você não quer ir, também não vou — resmungou, emburrado.

Diante disso, mesmo enjoada e padecendo com o calor, ela acabou cedendo. A irmã de Antônio, Maria Laura, foi com o marido e as duas filhas. Antônio carregou, além de Marlene e Valéria, a sogra, que também relutou em sair de casa, mas foi convencida pela filha. Os oito se sentaram na mesma fila de cadeiras. Mas só parte da família voltaria a se reunir depois.

4. Barrados na festa

Nem todo mundo deu sorte de estar na matinê do circo — é o que se pensava então. Teve quem não conseguisse mais ingresso e não quisesse recorrer aos cambistas. Teve quem, mesmo com ingresso, desistisse ao ver a fila gigantesca à entrada da tenda. Teve quem desanimasse com o calor, que ardia vários graus acima do suportável. Um deles foi o próprio subcomandante do Corpo de Bombeiros de Niterói, major Hildebrando Porto, que abriu mão de ir com os filhos. O calor esfriou os ânimos ainda de outra família, que alterou o programa de última hora.

— Vai ser muita mão de obra. Não vamos encontrar mais ingresso, só vai ter lugar ruim — falou à mulher o cineasta Nelson Pereira dos Santos, que seis anos antes tinha rodado o filme *Rio, 40 graus* e que, ironia, vivia então em plena Niterói 40 graus. Exausto porque na véspera dera plantão no *Jornal do Brasil*, onde trabalhava como redator, o hoje imortal da Academia Brasileira de Letras comunicou a decisão aos filhos, de sete e onze anos:

— Tem muita gente hoje, vamos domingo que vem.

Os meninos se conformaram e voltaram a jogar futebol.

Teve quem optasse por Botafogo e América no Maracanã, a duas rodadas do fim do campeonato. O jogo estava um a um, mas, no último minuto, Zé Maria fez gol contra — a exemplo do que ocorrera em outra partida da rodada, em que o Fluminense ganhou do São Cristóvão. Era o fim de uma sequência de 38 vitórias do alvinegro. O time levaria o título carioca daquele ano, mas a derrota, escreveu o *Jornal do Brasil*, "diluiu a euforia de ser campeão invicto", adicionou uma "pitada de amargura" à conquista e fez lembrar a velha frase: "Há coisas que só acontecem ao Botafogo". Segundo o repórter, o juiz prejudicou o clube de General Severiano deixando de marcar um pênalti claro de Pompéia em Amarildo e anulando um gol de Garrincha, ao anotar uma falta duvidosa.

Teve quem recuasse diante de razões, digamos, menos racionais. Foi o caso de Esmeralda, que dias antes havia despertado sobressaltada. Sonhara que vagava por um cemitério e via coveiros abrindo sepulturas para abrigar crianças que iriam morrer. Ao acordar, lembrou-se de que estava em Araruama, na casa dos irmãos, de resguardo por conta do nascimento de sua filha Edy, ocorrido um mês antes, no dia 16 de novembro. O marido, Hildo, e o filho mais velho, Edinho, de seis anos, a acompanhavam na viagem. Herivelto, de quatro, ficara de férias em Niterói na casa de sua cunhada, Mariete. Esmeralda passou a semana angustiada. A imagem das covas infantis não lhe saía da cabeça. Na hora em que Mariete lhe disse que ia levar o menino à sessão, não teve dúvidas: o sonho era um aviso. Pediu ao marido que buscasse o filho. Hildo não acreditava em presságios, mas não quis contrariar a mulher e, no próprio domingo, trouxe Herivelto para Araruama.

Se Esmeralda confiou na intuição, os sócios Baltazar e Floriano, ambos casados com mulheres de nome Vilma, desafiaram os maus agouros. As duas famílias foram advertidas a não ir ao circo e, em mais uma coincidência, ignoraram o aviso, com consequências distintas. Vilma de Souza Maranhão estava sentada com a família na primeira fila do circo, assistindo ao número do leão. O animal mostrava-se agitado. O domador estalou seu chicote para amansar a fera, mas o bicho ignorou as ordens do homem, escapou da jaula e pulou para cima dela e dos espectadores vizinhos.

Vilma despertou assustada no domingo e falou do pesadelo ao marido:

— Não quero mais ir ao circo. É um sinal de que alguma coisa ruim vai acontecer.

Baltazar não se importou com o pressentimento da mulher:
— Isso é besteira.

Ele havia comprado ingressos para ele, a mulher, as filhas de seis e sete anos e o filho de três.

Evitando bater de frente com o marido, ela optou por uma tática menos ostensiva. Pela manhã, demorou-se mais do que de costume na praia com as crianças. Fez o almoço sem pressa. Vestiu os filhos com um desvelo ainda maior que o habitual. A operação tartaruga funcionou. Saíram de casa, em Icaraí, mais de uma hora depois do previsto, para impaciência do marido. Pegaram o ônibus na praia em direção ao centro. Saltaram no início da avenida Amaral Peixoto, onde tomariam outra condução.

Antes de embarcar, diante do calor escaldante, os filhos imploraram por um refresco. Vilma acolheu o pedido, que resultaria em mais atraso. De má vontade, Baltazar levou as crianças à lanchonete Arcádia. Enquanto tomavam a bebida, o pai os apressava. Na hora em que a família finalmente ia deixar o estabelecimento, passou uma moça de vestido branco de *laise* com o ombro chamuscado. Ela corria segurando a mão de uma menina.

— O circo pegou fogo! — gritava, histérica.

— É mentira — retrucou Baltazar para a família.

Ele ouvira os berros, mas não reparara na roupa queimada.

Achou que era brincadeira de mau gosto. Ainda assim, parecia haver algo de estranho no ar. Pegaram o ônibus em direção ao circo e, quando chegaram perto, viram o tumulto e a fumaça tomarem conta do lugar.

Baltazar tinha combinado de ir à sessão com Floriano. Mas, diante do atraso, o mais provável era que o sócio não tivesse esperado. Da janela do ônibus, viu a caminhonete do colega estacionada. Não chegaram a saltar e seguiram para a casa de um amigo, em Venda da Cruz. À noite, voltaram para Icaraí. Ao chegar, foram abraçados pelos vizinhos, que entre lágrimas disseram ter achado que a família morrera.

No caso da família de Floriano, o presságio partiu de seu irmão, Edmundo, que era espírita. Ele advertiu Vilma, mas a cunhada alegou que sua filha mais velha, Teresa, de três anos, estava enjoada, e o circo seria uma forma de distraí-la. Na hora do incêndio, Floriano pôs a menina no colo e puxou a mulher pela mão. No caminho, Vilma caiu e ele não conseguiu levantá-la. Deixou Teresa no carro e ainda tentou retornar, sem sucesso. A professora Vilma, de 24 anos, estava grávida do terceiro filho e foi identificada pelo irmão, Valmir, que reconheceu seu calçado novo.

Não o sonho, como no caso de Esmeralda, mas o simples sono salvou pelo menos outra criança. De manhã, Herbert, pai de Hubert, levara-o à praia de Icaraí. A mãe, Dirce, ficara em casa para preparar o almoço. Da areia, junto a outros meninos e meninas, o bebê de um ano e um mês viu o cortejo passar. Os palhaços provocaram alvoroço nos pequenos banhistas. De volta à casa, Herbert ainda levou seu filho para dar uma volta. Ele havia nascido com pé chato e, apesar de muito novo, tinha começado há pouco a usar bota ortopédica. Estava se acostumando e precisava andar. Após o almoço, Dirce, Herbert e Hubert seguiriam para a aguardada sessão do Gran Circo. Mas o cansaço provocado pela praia, pela caminhada e pela refeição fizeram o futuro humorista do grupo Casseta e Planeta aferrar-se ao berço. Sua mãe não teve coragem de acordá-lo.

Já Paulo Rodrigues operou o milagre de garantir a sua sobrevivência e a de sua mãe antes mesmo de nascer. Grávida de oito meses, Ercília Antônia estava pronta para sair quando teve uma contração. Sentiu Paulo se mexer e, por precaução, achou melhor ficar em casa.

Não foi por prevenção e sim por necessidade que o menino Wanderley deixou de ir. Ele havia espiado com desânimo seus pais e seus três irmãos partirem sem ele para o circo. Um sarampo retivera-o de cama, para seu desgosto. Isso lá era hora de ficar doente? Ninguém voltou para casa.

O sagrado e o profano se uniram para salvar vidas. Uma família desistiu de ir porque uma criança disse ao pai que recebera aviso de seu anjo da guarda, enquanto outra acabou recuando por causa de um providencial bolinador. A moça estava na fila com o sogro e um filho quando foi importunada. Deu um grito, como noticiou o colunista José Naegele, de *O Fluminense*, e o molestador fugiu, não sem antes levar um tapa na cara. A vítima e seus parentes, indignados, desistiram de entrar e voltaram para casa. Lá ouviram pelo rádio a notícia do incêndio, o que levou o cronista a concluir com graça que naquela hora deviam estar abençoando a mão boba da Divina Providência: "O Don Juan de porta de circo salvara uma família inteira, fugindo, também, à morte no fogo".

O acaso ainda favoreceu as duas filhas e os seis netos da lavadeira Maria Alves. Na última hora, as mães das crianças optaram por uma festinha infantil no bairro do Icaraí. O único da família que acabou indo à sessão foi o caçula de Maria, tio das crianças, um rapazola de 22 anos chamado Adilson Marcelino Alves, ou Dequinha, aquele que tinha sido visto criando caso e fazendo ameaças na porta do circo ao funcionário Maciel Felizardo.

5. Respeitável público

A sessão teve início às 14h30, com o tradicional "Senhoras e senhores, respeitável público, o espetáculo vai começar". Niterói nunca vira atração igual. Logo depois do anúncio do mestre de cerimônias, a companhia inteira desfilou para o público. Após a apresentação, os quase quarenta artistas foram se retirando um a um de cena, enquanto o domador entrava na jaula, já previamente montada, e recepcionava com seu chicote os leões que chegavam. Assim que ele terminou seu número, os palhaços Astillita e Puxa-Puxa passaram a distrair o público enquanto a jaula era desmontada. Cala e Rosita, duas ursas marrons comediantes, vindas da Alemanha, exibiam-se soltas, de focinheira, dançando de saia. Malabaristas, trapezistas, equilibristas, contorcionistas, acrobatas e palhaços se revezavam no picadeiro, ao mesmo tempo que os músicos da orquestra executavam um dobrado e caprichavam nas rumbas, nos mambos, no cancã e nas músicas brasileiras. Um funcionário movia a chave elétrica para cima e para baixo, simulando uma luz estroboscópica.

O vaivém na plateia era incessante. As crianças pediam pipoca, algodão-doce, picolé e refrigerante. Os pais concordavam ou negavam conforme as finanças pessoais ou a disposição física. Teve gente que saiu para comprar sorvete e não conseguiu voltar, tamanha a lotação. Garotos acenavam uns para os outros, cúmplices, felizes de ver que os amigos também estavam participando do maior espetáculo da Terra.

Na hora em que a girafa Regina foi puxada pelo domador para o centro do palco, ao rufar de tambores, um homem falou para a filha:

— Olha lá sua xará!

Wilson batia palmas diante da menina extasiada. Como uma criança, ele vibrava com cada atração. Prendia a respiração na hora dos trapezistas, aplaudia os domadores e os animais, ria com os palhaços que fingiam jogar água e arremessavam papel picado. Repetia a todo momento que era o melhor circo que já vira.

Lenir observava os três — o marido, Wilson, e os filhos, Roberto e Regina — com uma mistura de orgulho e satisfação. Já não estava mais tensa e apreensiva, como de manhã, quando sua sogra dissera que ela parecia uma múmia. O casal sempre se acomodava na arquibancada, mas dessa vez, por causa das crianças, Wilson preferiu as cadeiras, mais confortáveis, o que deixou a mulher preocupada com a excessiva proximidade dos animais. Eles eram adestrados, mas ainda assim ela temia que saltassem em direção à plateia. Passado algum tempo, Roberto pediu a Lenir para tirar a camisa, e ela ajudou o menino de quase dois anos a se livrar da peça de roupa incômoda.

Fazia mesmo um calor indecoroso. Para onde quer que se olhasse, havia mulheres se abanando com ventarolas, senhores empapados de suor, senhoras secando-se com lenços, pais despindo seus filhos, pessoas à beira da desidratação. Os raios solares se infiltravam pelas frestas e a poeira levantada pela serragem colava na pele molhada. O servente do circo, Maciel Felizardo, chamou outro empregado e, juntos, ergueram um pouco a lona para facilitar a circulação de ar e amenizar a temperatura, que dentro devia estar a mais de quarenta graus.

Pouco antes do encerramento do espetáculo, Marlene Serrano levantou-se e chamou o marido:

— Vamos embora. Já vimos o principal.

Os quase quatro meses de gravidez pesavam. Ela, que só foi ao circo por insistência de Antônio, sentia-se cansada e incomodada com o calor sufocante.

— Espera, só mais um pouquinho, já vai acabar — ele pediu, com a filha Valéria nos braços.

A menina estava adorando o espetáculo, como Antônio havia previsto. Marlene deu um suspiro, sentou-se novamente e aguardou. Foi então, por volta das 16h20, a apenas alguns minutos do fim, que se ouviu aquele grito de fogo, a que se seguiu a correria.

Nessa hora, Marlene virou-se para as arquibancadas e viu um bolo de gente vindo em sua direção. Encaminhou-se então para a saída principal, mas escutou sua mãe gritar. Olhou e até hoje não esquece a expressão de horror em seu rosto. Ameaçou voltar para resgatá-la, mas foi empurrada e caiu de costas por cima de uma pilha de pessoas. Meio sufocada pela fumaça e de olhos fechados, começou a ver cenas de sua vida. Ela já ouvira falar nesse clichê. Fragmentos autobiográficos foram se sucedendo, desde a época em que era criança até aqueles dias. Num dos lampejos, lembrou-se de quando conheceu Antônio, aos dezesseis anos, num baile de carnaval no clube Canto do Rio, em Niterói, dirigido por seu pai. Eram muito jovens e, entre namoro e noivado, transcorreram oito anos. Ele era apenas seis meses mais velho, e o casamento foi o desfecho natural daquele encontro entre duas pessoas com tantos gostos em comum.

— Minha alma gêmea — Marlene gostava de dizer.

Ela o considerava uma mistura de marido, pai, amigo, irmão

e amante. Tinham hábitos parecidos: gostavam de ler, ir à ópera, escutar música clássica, ver peças de teatro, copiar poesias num caderno. Os dois se bastavam.

Em meio às imagens em retrospecto, Marlene recordou-se ainda da morte do pai, dois anos depois de casada, do sacrifício para engravidar, da decisão de adotar uma menina, que veio a ser Valéria, e da necessidade de ter que cuidar, ao lado do marido, da perfumaria Sorriso, que ficou de herança. Sem experiência no comércio, sem nunca ter trabalhado fora, foi passada para trás por amigos, que lhe pediam para ser fiadora e não pagavam.

Com dificuldades para respirar, ela ergueu os braços e orou, clamando a Deus que cuidasse dela. Imaginou que tivesse morrido. Morrer devia ser assim, aquele desassossego extremo, seguido de uma sensação de alívio. Estranhou os berros de "Socorro!" que se multiplicavam pelo ambiente e percebeu que não morrera. Não perdera a consciência em momento algum. Abriu os olhos e o circo já tinha vindo abaixo. Seus dedos estavam queimados, provavelmente por ter escorado um pedaço da cobertura na hora de levantar os braços em oração. Como ela, numerosos outros espectadores tiveram ferimentos nas mãos, num gesto instintivo de cobrir a face e de se proteger da queda da lona, o que atrapalhou mais tarde o trabalho de identificação dos corpos.[2]

A irmã de Antônio, o marido e as duas filhas, que haviam se sentado na mesma fila que eles, passaram por baixo da lona e escaparam sem ferimentos.

6. O jogo dos bichos

De repente, com a mesma rapidez das chamas da tragédia, espalhou-se o boato de que as feras tinham escapado e estavam circulando pelas ruas, devorando crianças. Um homem aproveitava a confusão e aterrorizava os espectadores em fuga:

— O leão está solto! O tigre está solto! — gritava, rindo sarcasticamente de sua própria brincadeira de mau gosto.

Imagine o pânico. Heloisa Richard viu-se perdida do lado de fora, apavorada com essa hipótese, quando foi parada por algumas pessoas solidárias que se ofereceram para levá-la a algum lugar — qualquer lugar. Aos cinco anos, ela só conseguia repetir que morava em Copacabana e que queria encontrar o carro do tio Frank — na verdade, um amigo de sua tia, com quem estava. Uma senhora comoveu-se e caminhou com ela até que, quase por um milagre, encontraram o Aero Willys preto de Frank. A menina sentou-se no capô e aguardou, com a mulher a seu lado. Frank havia se separado de Heloisa durante a confusão. Procurou-a até perder a esperança de encontrá-la. Repreendia-se por ter falhado em proteger a garota e não tinha ideia de onde tiraria coragem

para contar a má notícia à amiga. Foi então pegar seu carro quando alguém acomodado em cima do veículo gritou:
— Tio Frank!
Era Heloisa.

Os gritos de que o leão tinha fugido aumentaram o pavor da família de Vanda Abbudi. Aos onze anos, ela chegara com antecedência ao circo, acompanhada da mãe, da irmã e da amiga Ana. Ainda assim, só encontraram entradas para a segunda sessão. Enquanto aguardava na fila, Vanda viu passar um "paquera" da escola, Humberto, que tinha conseguido ingresso para mais cedo.
— Sortudo, hein? — disse Vanda, sorrindo.
Ele devolveu o sorriso. Vanda maldisse o azar de não estar na mesma sessão do rapaz. Afinal, havia caprichado na roupa — saia plissada xadrez azul, blusa de banlon amarela e sandália com tiras azuis para combinar.
O jeito era fazer hora. Vanda pediu à mãe dinheiro para comprar um picolé de maracujá. Ela esperava sua vez, ainda frustrada por ter se aprontado toda e não estar perto de Humberto, quando viu a multidão indo em sua direção. Correu, mas caiu e foi pisada. Sua amiga Ana ajudou-a a se levantar e as duas foram atrás da mãe e da irmã de Vanda, que vinham no sentido contrário. A informação de que havia feras à solta fez com que as quatro entrassem num ônibus parado a pouca distância. À noite, como de hábito, os moradores do bairro Ponta da Areia puseram as cadeiras na calçada e passaram a conversar sobre o assunto do dia: quem estava e quem não estava no circo, quem havia e quem não havia se salvado. Vanda soube que seu tio Salvador tinha conseguido carregar nos braços a mulher Branca, que morreria treze dias depois. O filho deles, Marcinho, se salvou. Os vizinhos compartilhavam as dores, apontavam os lares desfeitos e listavam as vítimas conheci-

das, como a senhora da quitanda que morreu com a filha ou o casal que perdeu a única herdeira. Vanda só pensava em Humberto. Soube por uma colega de escola que ele estava internado no Antonio Pedro. Dias depois, ouviu pelo rádio que falecera.

Em meio à confusão, policiais tentavam afastar as crianças que iam bisbilhotar, mandando-as de volta para casa:

— Cuidado, tem leão, onça e cobra por aí! — gritavam, acrescentando animais inexistentes à já rica coleção do circo.

Mas a curiosidade era mais forte que o medo, e muitas crianças se escondiam dos guardas para logo em seguida retornar. Se a fuga das feras não passou de boato, a da girafa foi acompanhada por várias testemunhas. Uma menina de oito anos corria em desespero pela rua e, ao se virar, notou que o animal ia atrás. Apavorou-se, imaginando que Regina a perseguia, mas na verdade ela também estava fugindo do fogo. O bicho arrastava um domador. Ele laçara o pescoço de Regina, mas ela puxava o homem pelas ruas. Caído no chão, ele serpenteava pelo asfalto, até que viu um poste: aproveitou para jogar o corpo para o lado e enrolou a corda em volta da coluna de ferro. Regina sentiu um solavanco e teve sua fuga desabalada interrompida.

Dias antes, a girafa atraíra a atenção do menino Ernesto, que ouvira falar da chegada do circo e suplicara à mãe para conhecer de perto o animal. Maria Nazaré tinha dois bons motivos para recusar o pedido — filhos gêmeos, com apenas quatro meses de idade —, mas não resistiu ao apelo do garoto, que tinha completado oito anos três dias antes. Ela deixou os bebês com sua mãe e com seu marido, o comerciário Ernesto Gomes, e foi ao circo com o filho e a babá. Além de ter satisfeito sua vontade de ver a girafa, o menino acabou sendo apresentado a uma fauna capaz de lotar um pequeno jardim zoológico. Era o maior presente de aniversário que recebera, ainda que com atraso. Já tinha assunto para comentar com os amigos durante toda a semana. Mas não havia mais tempo de celebrar as descobertas. Ao perceberem o fogo, ele e a mãe correram em direção à saída. A babá viu quando o menino tropeçou e Maria Nazaré parou para erguê-lo. O pai encontrou os corpos da mulher e do filho a cinco metros da entrada.

7. O resgate

É bem provável que o agente Álvaro Vicente da Costa tenha sido o primeiro a acionar o Corpo de Bombeiros. Do alto da torre da estação General Dutra, ele tinha uma vista privilegiada do circo. Assistiu à movimentação da criançada na entrada, notou, depois, quando o fogo começou e correu para avisar a corporação, ali perto. Àquela hora, apenas uma viatura, pouquíssimo material e meia dúzia de homens compunham o serviço de socorro. A situação de penúria motivaria uma denúncia do jornal *O Fluminense*, uma semana mais tarde: "O nosso Corpo de Bombeiros está completamente desaparelhado, até mesmo para apagar incêndio em casinha de boneca". Mas as deficiências não tiravam a tranquilidade do comandante da unidade, pelo menos não naquele 17 de dezembro. Não havia o que temer quanto ao circo. Na vistoria, os bombeiros asseguraram ter verificado que as normas de segurança contra incêndio haviam sido seguidas. A lona estava guarnecida em toda a extensão por uma rede quadriculada com vãos de aproximadamente 1,5 m, havia escape suficiente e os fios das instalações elétricas estavam afastados da estrutura. Na teoria, não haveria problemas. Na prática, porém, o alarme de incêndio espantou a calmaria no prédio dos Bombeiros.

A viatura deve ter levado apenas pouco mais de cinco minutos para chegar até o circo, distante cerca de um quilômetro dali. Ainda assim, não havia muito a fazer. A lona de algodão parafinado queimou em menos de dez minutos. Os bombeiros foram cautelosos e tiveram o cuidado de não lançar os jatos d'água diretamente sobre as vítimas. Preferiram armar três linhas de água para o alto, com os esguichos regulados como duchas. A chuva fina artificial resfriou o terreno e apagou focos de incêndio.

Da janela do 4º Grupo de Canhões, o GCAN, ao lado do circo, o cabo Haroldo Cristóvão de Lima também tinha visto a intensa fumaça e, junto com três soldados, correra com extintores. O esforço foi inútil. Restou a bombeiros e voluntários a tarefa de vasculhar os escombros. Um grupo quis levantar a lona, mas foi impedido por outros homens que participavam do resgate: a manobra arrancaria a pele das vítimas carbonizadas. Em meio ao trabalho de rescaldo, um bombeiro mexeu em um pequeno corpo e disse:

— Esse aqui está vivo.

Nilson Rodrigues Bispo, de nove anos, foi acomodado no chão de uma ambulância e levado para o pronto-socorro de São Gonçalo.

De toda a cidade partiam voluntários para o local. Atraído pelo tumulto, João Augusto, de cinco anos, que no futuro seria o dono da gravadora independente Deck e da fábrica de vinil Polysom, saiu para o pomar de sua casa. Duas mangueiras e uma caramboleira erguiam-se acima das outras árvores, mas ele preferiu escalar a jabuticabeira, por causa dos galhos mais próximos do chão. Do alto, em meio às folhagens, a 1,4 km da praça do Expedicionário, ele viu a espessa fumaça que cobria o céu e notou que, das casas vizinhas, dezenas de jovens saíam às pressas, muitos sem camisa, formando uma brigada espontânea.

As rádios logo deram o alerta. Aos dezenove anos, o jornalista Mário Dias era colaborador da Rádio Continental e andava de bicicleta na praia quando alguém passou gritando que o circo pegara fogo. Pedalou até o local da tragédia, seguiu para o prédio vizinho do Tribunal de Contas e usou o telefone a manivela do órgão estadual. A ligação insistia em cair, mas o jornalista conseguiu contato com a emissora, que interrompeu o jogo Botafogo e América. Para não alarmar os ouvintes, ele evitou falar em número de mortos. Disse que havia muitas vítimas e que todos os médicos deveriam se dirigir aos hospitais. Depois, já fora do ar, Mário Dias avisou aos colegas:

— Olha, morreram no mínimo de sessenta a oitenta pessoas.

O locutor se assustou:

— Tá maluco? Isso tudo, garoto?

— Estou dizendo pelo que já vi sair daqui de vítimas.

O terreno do circo encheu-se rapidamente de voluntários, a maioria sem qualquer conhecimento especializado. Mas entre eles já havia alguns médicos, como o proctologista Romeu Marra. Plantonista do hospital Antonio Pedro, ele esperava com a filha de oito anos, o filho de três e a babá pela sessão seguinte quando o incêndio começou. Na confusão, a roleta caiu em cima da empregada, e ele teve que tirá-la dali. Correu para casa, deixou os três e telefonou para as rádios. Em seguida, abriu armários, vasculhou gavetas, encheu os bolsos com todo o estoque domiciliar de morfina e voltou para o circo. Pediu ajuda a um bombeiro e começou a caminhar em meio aos feridos. O homem se incumbia de mantê-lo permanentemente molhado enquanto ele injetava o analgésico em cada um que dava sinal de vida. De lá, foi para o hospital, àquela altura já reaberto, de onde só sairia três dias depois. Estava imundo quando chegou à sua casa. Sentou-se na cama, abaixou a cabeça e chorou.

A menos de quinhentos metros do circo, a estação de trem General Dutra transformou-se num necrotério improvisado, com uma romaria de pessoas aflitas em busca de conhecidos. Os corpos foram alojados no depósito de bagagens. João Batista Peçanha, agente da estação, tinha comprado entradas para a primeira sessão do dia. Iriam sua filha, Ísis, o marido dela, Darci Couto, as duas meninas do casal e uma sobrinha, além da mãe de seu genro. Já Peçanha optara por ficar vendo futebol em casa pela TV. Darci telefonou para ele:

— Seu João, me desculpe, mas eu não vou entrar no circo às duas da tarde, não. Está um calor danado. Troque para a sessão seguinte.

Peçanha fez a troca. Ele morava no prédio da General Dutra, no segundo andar, e viu quando o fogo começou. Logo que chegou à estação, Darci ligou para o pai, dono de uma fábrica de bebidas no centro de Niterói, e avisou do incêndio. O homem não hesitou:

— Vem aqui em casa me apanhar que eu vou abrir a fábrica e recolher álcool para distribuir nos hospitais.

O rapaz pegou seu jipe, buscou o pai, encheu o carro de álcool e passou a madrugada em Niterói e São Gonçalo, entregando o material.

Antes mesmo da chegada das ambulâncias, as vítimas começaram a ser removidas por caminhões, ônibus, táxis, radiopatrulhas e carros particulares, sem distinção entre mortos e feridos. O transporte improvisado implicava riscos. Mais tarde, quase todos os queimados apresentariam infecções moderadas, causadas em parte por contaminação durante a remoção. Naquele momento, porém, esse era o menor dos problemas.

Até carrinho de picolé foi usado no socorro. Mas o empenho de um vendedor da Kibon acabou frustrado. O menino que ele carregava morreu no caminho, antes de ser atendido na emergência do Messias de Souza Farias. Na chegada aos hospitais, os vivos eram imediatamente separados dos mortos. Um garoto foi levado para o necrotério de São Gonçalo e acomodado em meio aos outros cadáveres, à espera de identificação. Ao notar um leve movimento, um funcionário estremeceu. Pensou estar vendo coisas, até perceber o engano. O jovem foi tirado dali e conduzido ao hospital Santa Cruz.

As ambulâncias cruzavam a cidade, abrindo caminho em meio a moradores que buscavam informações ou procuravam ajudar. Mais cedo, Nilton não via a hora de encerrar seu turno no pronto-socorro de São Gonçalo. Assim que terminasse o plantão, o estudante capixaba da Faculdade Fluminense de Medicina (FFM, mais tarde integrada à Universidade Federal Fluminense — UFF) passaria em casa, trocaria de roupa e sairia para comemorar seus 24 anos com os amigos da república estudantil onde morava. Quando finalmente chegou o momento de deixar o serviço, ouviu de um funcionário:

— Doutor, saída para Niterói.

— Saída agora? Não dá para esperar o substituto? — apelou.

— Não, doutor, parece que a coisa é séria — cortou suas esperanças o rapaz.

Resignado, partiu no veículo com um colega que também estava para ser rendido. Não precisou chegar ao local para ver que a celebração teria que ser adiada: a mais de quinhentos metros do incêndio, o cheiro de carne queimada embrulhou-lhe o estômago e preparou-o para o pior. Ao se aproximar, o circo já tinha ido abaixo, a fumaça ainda se desprendia do chão e os policiais haviam cercado a área com um cordão de isolamento. As vítimas estavam sendo retiradas em macas ou carregadas nos braços, enquanto sobreviventes agarravam quem passava, suplicando:

— Me ajude, pelo amor de Deus!

A cena causava mal-estar até em quem, por dever de ofício, estava acostumado a deixar a emoção de lado. O colega de Nilton teve uma crise de choro. Duas crianças foram acomodadas na ambulância, que partiu em disparada para São Gonçalo. No caminho, Nilton reparou com pesar na menina cheia de hematomas e no menino coberto de queimaduras. Ao chegar, o pronto-socorro já estava superlotado de vítimas desfiguradas, deitadas nos corredores, sentadas no chão ou estiradas nas macas.

— Se existe o inferno, é aqui — disse a si mesmo.

No dia seguinte, seu jaleco manchado de carvão, sangue, fuligem e restos de pele estava imprestável. Teve que ir para o lixo.

Durante os esforços de salvamento, alguns aproveitadores se valeram da confusão para saquear mortos e feridos. Na contramão da pilhagem, o sargento Cláudio Martins de Oliveira, ajudante do oficial do dia da PM, preservou o que podia. Tinha sido uma das primeiras pessoas a chegar ao local, e logo começou a recolher dinheiro, relógios e outros objetos, num total de 300 mil cruzeiros, que foram entregues à Secretaria de Segurança do Estado. Valter Olegário de Sá também comunicou aos jornais que encontrara uma bolsa, com documentos e retratos de "Teresa Bastos e de Ísis". O paradeiro das duas mulheres permaneceu desconhecido.

8. Tem início a investigação

A comoção provocada pelo incêndio exigia respostas. Quem, ou o que, causara tamanha barbárie? O dono do circo tratou logo de se eximir de culpa e apontar uma origem intencional para o desastre. Nada mais cômodo do que descobrir que a tragédia não fora devida a falhas estruturais. Danilo Stevanovich listou uma série de possíveis culpados, como "favelados" expulsos da sessão de estreia ou jovens que usavam o terreno do circo como campo de futebol. O palhaço Astillita corroborava a tese do patrão.

— Mãos criminosas atearam fogo. Por diversas vezes, vi elementos desocupados, impedidos de entrar por não terem comprado ingressos, atirando cigarros acesos sobre a lona, altamente inflamável, e tentando arrancar as estacas. Eu mesmo apaguei um cigarro a tempo — disse, sem perceber que assim estava confirmando a vulnerabilidade do toldo.

A polícia, por sua vez, não excluía o próprio Danilo da lista de suspeitos. O motivo seria o seguro, feito na companhia Mauá, em São Paulo, três meses antes. O empresário ouvira dizer que no Rio havia um louco incendiário, e achou por bem se precaver. Ao contrário do que receava, a temporada carioca correra sem problemas. Já livre dos temores, tratou de cumprir o cronograma e seguir para a cidade seguinte, Niterói, onde ironicamente acabou alvo do fogo. Havia um boato de que ele teria a receber nada menos que 30 milhões de cruzeiros. Temeroso de represálias da população, procurou a Secretaria de Segurança pedindo que apurasse o montante real. Na verdade, Danilo chegou a pensar em fazer uma apólice de 20 milhões, só que desistira ao saber que teria que pagar cerca de 1,5 milhão. Então, acabou reduzindo o valor final da indenização para 3 milhões. Também se cogitou a possibilidade de uma vingança causada por divergências entre artistas e o dono, por questões contratuais.

Mas as averiguações admitiam outras hipóteses. Uma linha de investigação pesquisava causas naturais, como descargas atmosféricas, combustão espontânea e decomposições químicas. Não estavam descartados ainda os fatores acidentais, como defeitos da instalação elétrica e propagação por fósforos ou guimbas de cigarros. Ou mesmo centelhas, já que, como se viu, o circo se instalara próximo à Companhia Zimotérmica e à estação General Dutra. Os fornos da empresa que industrializava o lixo de Niterói funcionavam dia e noite, e fagulhas resultantes da queima dos dejetos poderiam ter atingido a lona, assim como faíscas das locomotivas dos trens.

Bem antes da globalização, o incêndio alarmou o mundo. De várias partes vieram pedidos de informação sobre a qualidade da lona e das instalações. Técnicos americanos solicitaram um pedaço da cobertura para análise. Havia sobrado apenas um fragmento de cerca de cinquenta centímetros, dos quais foram retiradas quatro amostras. Uma foi enviada aos Estados Unidos. Outra ao Instituto de Criminalística da Guanabara. Uma terceira à Polícia Técnica do Estado do Rio. E a última a um laboratório particular.

A perícia logo entrou em ação para ajudar a esclarecer o caso de maior visibilidade do país. Foi preciso um cordão policial para guarnecer o local e afastar os curiosos. Ferro retorcido e madeira incandescente misturavam-se a cadeiras com marcas de corpos carbonizados, sapatos, roupas, bolsas e até mamadeiras perdidos. Alguns policiais que montavam guarda à noite chegaram a pedir para serem substituídos, alegando razões sobrenaturais.

— Eu não quero ficar porque não aguento os choros, os gemidos, os pedidos de socorro. Pode me mandar embora, pode me prender, porque eu não fico — disse um deles.

Só escaparam do fogo os vagões-jaula, os trailers, os tratores e os demais veículos de propriedade do circo que se achavam do lado de fora da lona. Geraldo Netto dos Reys, do Instituto de Polícia Técnica, examinou as ruínas, ao lado de auxiliares, e afirmou que as instalações elétricas eram "péssimas". Observou ainda que a porta de saída era estreita e estava atravancada, não havia extintores de incêndio e existia muito capim seco dentro e fora do pavilhão.

— Aquele circo era uma armadilha mortal e se consumou um crime hediondo com a permissão para que funcionasse — ele disse, lamentando que não houvesse sequer um simples aviso de "proibido fumar".

Era um laudo parcial, mas suficiente para ele estimar, com sua experiência de 24 anos na polícia, em 90% as chances de ter sido um incêndio acidental, provocado por um curto-circuito ocorrido quando o trapézio tocou os fios elétricos descobertos de um holofote, presos ao mastro de sustentação da cobertura.

Seu diagnóstico foi prontamente rechaçado pela trapezista Nena. Ela negou que a barra de ferro tivesse encostado em um dos holofotes instalados na parte superior do toldo. Disse que trabalhava no trapézio havia mais de quinze anos, admitiu que já sofrera vários acidentes, mas garantiu que algo assim era impossível.

— O trapézio não deve ser impulsionado com muita força,

pois, ao voltar, pode atingir o próprio trapezista, que seria atirado ao solo. A barra não tocou nenhuma parte elétrica. Se isso tivesse ocorrido, eu seria a primeira vítima — esclareceu.

Mas, apesar da explicação, a avaliação preliminar de Geraldo implicou problemas para os artistas. No próprio dia do incêndio, os policiais cercaram o terreno do circo para evitar a saída da família Stevanovich antes de prestar depoimento. Levados numa viatura para a delegacia, Danilo, Nena, Santiago, Osvaldo e Silvia, filha de Emilia, irmã do dono, foram tratados como suspeitos. A polícia insistia na tese do choque entre o trapézio e o holofote. Um a um, todos negaram a hipótese de curto-circuito. Já estavam lá havia horas quando um jovem repórter se aproximou de Silvia, puxou-a num canto e falou:

— Comecem a dizer que vocês querem sair daqui, que não podem ficar presos até acharem o culpado.

O conselho veio em boa hora. A aramista Silvia já não aguentava mais aquela pressão. Ela estava com o braço direito quebrado, e um policial perguntou se era por causa de um tombo durante a fuga. Silvia explicou que não, que caíra do arame numa apresentação no Rio, dias antes. E que no momento do incêndio assistia a uma peça no teatro do Copacabana Palace, junto com a mulher do palhaço Astillita. A sugestão do jornalista deu-lhe coragem para reclamar:

— Afinal, até quando a gente vai ficar aqui?

Eles acabaram sendo liberados, mas não se viram livres da polícia, que continuou montando guarda no terreno — antes para evitar que a família saísse, depois para protegê-la, já que a suspeita de que a barra de ferro tocara um holofote revoltou a população.

Nesse meio-tempo, já ficara claro que a conclusão do perito Geraldo Netto dos Reys fora precipitada. Seu próprio chefe, Paulo Paciello, diretor do Instituto de Polícia Técnica de Niterói, recebeu a afirmação do subordinado com ressalvas. Após investigar com mais vagar o local, ele concordou que as instalações elétricas do circo eram "precaríssimas". Notou, por exemplo, fios emendados com arame, sem o encapamento necessário, e falta de violadores. O cabo da força elétrica, por exemplo, era amarrado por cima de um quadro distribuidor de ferro envolvido em arames, sem isolantes e largado no chão. Não entendia como a Companhia Brasileira de Energia Elétrica efetuara a ligação em instalação tão insegura. Essa não era sua única crítica. Paciello lamentava que o alvará fornecido pelo Serviço de Censura e Diversões do Estado do Rio deixasse o circo funcionar sem uma única saída de emergência, tampouco extintores de incêndio. Classificou o responsável de "negligente".

Mas, e aí vem a novidade, seu laudo afastava, de saída, a hipótese de curto-circuito, como acreditava Geraldo. Afinal, todos os fusíveis estavam intactos. Paciello tinha a convicção de que o incêndio fora deliberado, endossando as suspeitas de Danilo Stevanovich.

O diretor do Serviço de Censura e Diversões, Dalmo Oliveira, saiu em defesa dos dois inspetores que haviam feito a vistoria. Dalmo afirmou que, de todos os circos que passaram por Niterói, o Gran Circo era o que se achava em melhor situação. Observou que os mastros de sustentação da armação estavam devidamente fincados no solo, que a madeira da arquibancada era nova e de grande espessura e que o sistema de iluminação era subterrâneo, com os fios passando por uma tubulação, o que afastava a hipótese de curto-circuito. Garantiu ainda que a lona, com seis toneladas, comprada na fábrica Helvédica, em Santo André (SP), por 9 mil dólares, era apropriada, mesmo reconhecendo não ser de nylon.

Um dos inspetores reafirmou o discurso do chefe, justificando a concessão do alvará de funcionamento:

— De forma alguma se pode atribuir o incêndio às condições do circo. Seu estado de segurança era o mais perfeito possível. Constatei que a casa preenchia todos os requisitos: material de primeira qualidade, inclusive a lona. Arquibancadas de madeira, presas por consolos de ferro. Estacas de segurança em perfeito estado.[3]

Os dois funcionários garantiram ter tomado o cuidado de mandar afastar as jaulas das feras quarenta metros do picadeiro, porque, próximas como estavam, os animais poderiam se irritar com a gritaria e os aplausos. Eles disseram ainda que exigiram a ampliação da porta traseira. Pena que poucos espectadores tenham se dado conta de que havia uma saída dos fundos.

A informação do Serviço de Censura e Diversões sobre a qualidade da cobertura ia na contramão de um laudo preparado pelo laboratório americano Better Fabrics Testing Bureau. Ela era feita de lona de algodão, sobre a qual foi aplicada uma camada de parafina. O pano não recebera nenhum tratamento para retardar o fogo. Dois funcionários da empresa química DuPont, dona da patente do nylon, confirmaram o parecer. Nos testes da Better Fabrics, quando a amostra foi incendiada as chamas alcançaram dezesseis centímetros em doze segundos. Um pedaço de lona semelhante, mas sem a cera impermeabilizante, também foi queimado. As chamas demoraram quase o dobro do tempo, 21 segundos, para alcançar a mesma altura. Conclusão: a velocidade com que a cobertura se incendiou foi resultado do acabamento de parafina e da falta de tratamento para retardar o fogo. A rapidez talvez explique por que tantas testemunhas afirmam ter visto o incêndio começar do alto, contrariando a perícia, que apontou o foco inicial na zona de limitação entre a cobertura e o pano de roda, a menos de três metros de altura.

O domador Osvaldo Stevanovich saiu em defesa da família e negou a acusação de que não havia extintores.

— Se não foram encontrados pela perícia é porque alguém os pegou antes.

No Corpo de Bombeiros, o responsável pela vistoria do circo, segundo o subcomandante da corporação, major Hildebrando Porto, foi o tenente João Lopes, que se encontrava de férias durante o incêndio. Porto admitiu ao jornal *Tribuna da Imprensa* que a inspeção fora feita "superficialmente". Mas seu superior, o comandante, negou irregularidades.

— As instalações estavam em ordem — garantiu o major Sílvio Ribeiro, observando que os geradores se localizavam no lado oposto de onde se originou o fogo.

Ribeiro havia assistido à sessão de sábado do Gran Circo. Ele tinha recebido o relatório de Lopes e assegurou ter constatado pessoalmente as boas condições da casa.

É de estranhar pontos de vista tão divergentes. Dependendo do especialista, o circo preenchia todos os requisitos de segurança ou era uma armadilha mortal; as instalações eram confiáveis ou precaríssimas; a lona era apropriada ou inflamável; o material era de primeira qualidade ou inseguro. Não há como saber ao certo a razão para as discordâncias. Esta é uma lacuna que fica. Talvez os critérios adotados fossem diferentes ou quem sabe as autoridades estivessem tentando se eximir de culpa por uma inspeção feita às pressas, mas seria leviano afirmar. Para os peritos que apuraram as causas do incêndio, a razão era simples, como escreveram em seu laudo: as vistorias para concessão de alvarás de funcionamento não eram feitas por "técnicos especializados e com um cunho de maior responsabilidade".

Em meio ao duelo de versões, dois capitães bombeiros, Manuel Ferreira Girão e José Baldansa, foram a público explicar que os circos obedeciam a uma "disposição especial, funcionando a título precário", o que desobrigava os técnicos de fazer uma verificação de suas instalações. Baldansa informou que o decreto-lei

6000, que regia a corporação, era de 1º de julho de 1937, estando, portanto, obsoleto. Ele integrava a comissão que estudava uma nova regulamentação para o estado da Guanabara, e ia propor na reunião seguinte que o tema dos circos fosse abordado, para evitar a repetição de tragédias. Entre as providências a serem sugeridas estava a de que houvesse uma saída para cada cem pessoas. Se a medida estivesse valendo para o estado do Rio, o Gran Circo, que tinha mais de 3 mil espectadores na matinê do dia 17, deveria ter pelo menos trinta portas. Os planos eram de que a nova disposição entrasse em vigor em 1962.

As condições de segurança motivaram um editorial do *Jornal do Brasil* no dia 19 dezembro de 1961, mas ainda atual:

> Do ponto de vista da prevenção de acidentes, o Brasil inteiro é um grande circo, um grande circo de um domingo fatídico de Niterói. Este é o país dos aeroportos-armadilhas. O país em que raras são as casas de espetáculo que atendem aos requisitos básicos de proteção ao público. O país em que os transportes são ratoeiras; as ruas, arapucas; e as estradas, mundéus. O país em que, somente por sorte, ou melhor, compaixão de Deus, não ocorrem diariamente episódios tão terríveis quanto o de domingo à tarde em Niterói.

Outra irregularidade constatada: uma lei do Juizado de Menores proibia a entrada de crianças com menos de cinco anos, mas foram encontrados corpos de bebês. O juiz de menores de Niterói reconheceu a falha, mas transferiu a responsabilidade. Ao jornal *Última Hora*, disse que a culpa, em grande parte, era dos próprios pais, que se negaram a cumprir a determinação judicial. Ele reclamou das carteiradas, dizendo que muitos espectadores apresentaram até identidades de patentes militares, bloqueando a ação dos fiscais.

A perícia especificou que o Gran Circo foi montado na técnica usual, isto é, pelo içamento de sua cobertura, com o apoio em quatro mastros de ferro de 25 a trinta metros de altura, que não estavam fincados no chão. Cada um deles era preso ao solo por duas cordas de sisal de "sustentação contrária", uma puxando para um lado, outra para o outro, o que dava equilíbrio ao poste.

Posteriormente, a Associação Brasileira de Proprietários de Circos viria a criticar o procedimento. Antônio de Sousa, presidente da entidade, detalhou:

> Nós, da Associação, sempre condenamos o tipo de armação denominado americana, usada por aquele circo. Essa armação consiste de tendas armadas, sustentadas por meio de estacas, sem a proteção de cabos de aço para a sustentação dos mastros. A segurança da sustentação fica, assim, simplesmente na capacidade de resistência da própria lona. Como ficou provado, essa segurança é nula. O sistema que preferimos, denominado volante, exige, além dos cabos de proteção, uma cobertura de lona ou pano impermeabilizado à base de cera, sulfato de cobre e breu. Se o Gran Circo tivesse sido armado com esse sistema, a desgraça nunca teria acontecido.

Pena que a advertência tenha sido feita tarde demais.

Antônio ilustrou sua tese listando os seis casos de incêndio ocorridos durante uma sessão nos dez anos anteriores, de 1951 a 1961, nos estados da Guanabara e do Rio: Circo Teatro Dorby, afetado por um balão junino; Circo Teatro Olimecha, atingido por brasas de uma locomotiva; Circo Regina, incendiado uma vez por um garoto e depois por uma fagulha; Circo Cacique, que queimou por causas desconhecidas; e Circo Atlântico, atacado pelo público após o espetáculo ter sido cancelado. Nenhum deles registrou vítimas — e todos adotavam o sistema de montagem indicado pela Associação.

A convicção de Paulo Paciello, diretor do Instituto de Polícia

Técnica de Niterói, de que o incêndio fora arquitetado pela mente humana esbarrava na falta de culpados. Após descartar a família Stevanovich, a polícia saiu à cata de outros nomes. Havia opções de sobra, pelo menos na imprensa. No dia 19, a *Folha de S.Paulo* anunciou com destaque em sua primeira página: "A polícia detém cerca de duzentos suspeitos de atear fogo ao circo". Dois foram de fato levados à delegacia. O primeiro deles, Dirceu Campos, trabalhava fazendo propaganda do Circo Big Top, no Caju, no Rio, e do Gran Circo Norte-Americano, em Niterói. Foi acusado por Onésio Antônio de Aguiar, cabo do 1º Batalhão de Infantaria da PM da Guanabara, de ter tentado incendiar certa vez o Big Top.

— É um elemento com péssimos antecedentes — garantiu Onésio, que disse ter ouvido de um empregado do Big Top a informação de que Campos tentara botar fogo no circo do Rio, dera uma surra na mulher e quebrara o braço de um "preto" que procurara impedir a ação.

Se, como disse Onésio, ele quis pôr fogo no circo do Rio bem poderia ter causado também o incêndio de Niterói. O problema é que as autoridades desconfiaram da sanidade mental de Onésio e acharam por bem libertar Campos.

Outro suspeito, Nilton de Souza Nunes, de 23 anos, era licenciado do centro de armamento da Marinha para tratamento psiquiátrico. Na sexta-feira anterior, tinha discutido na entrada do circo com o fiscal da censura Ruy Santana Moreira, alegando ter dado duzentos cruzeiros por dois ingressos e não ter recebido o troco. Não se convencendo com a explicação de que as duas entradas custavam 240 cruzeiros, ofendeu e agrediu o fiscal. O soldado da PM Álvaro José da Silva e o guarda de trânsito Neir Gomes dos Santos vieram em seu socorro. Durante a briga, Ruy saiu ferido com uma dentada no braço e Neir sofreu escoriações no rosto e no pescoço. Na delegacia, a mãe de Nilton disse que o filho era epilético, e ele foi liberado. Com o incêndio, a polícia lembrou-se da discussão de dois dias antes e resolveu prendê-lo. Mas Nilton apresentou um álibi: passara o domingo na festa de noivado do irmão, em Maricá. Com isso, sem informações consistentes, a investigação conduzida pelo delegado Péricles Gonçalves, da Delegacia de Homicídios, voltava à estaca zero.

Mas o espetáculo não podia parar. Ainda que estivesse abalado a ponto de dizer que preferia estar morto a ter visto as cenas da catástrofe, Danilo Stevanovich precisava cobrir os danos, sustentar a trupe e dar de comer aos animais. Os aspectos práticos venceram o trauma, e o empresário decidiu seguir viagem tão logo fosse liberado pela polícia. Antes, anunciou uma sessão em benefício das vítimas no estádio Caio Martins, que nunca aconteceu.

Os Stevanovich não costumavam desanimar diante das dificuldades. O Gran Circo era o terceiro da família que pegava fogo — mas o único durante uma apresentação e o único com vítimas. Em 1951, tinha sido atingido o Bufallo Bill, montado na avenida Presidente Vargas, no Rio. E, no ano seguinte, foi a vez do Shangri-lá, instalado no mesmo local. A imprensa noticiou ainda um quarto acidente, na Argentina, nos anos anteriores à Segunda Guerra Mundial, mas a família nega a informação. Nos dois incêndios no Rio, Danilo repetiu, como em Niterói, tratar-se de crime. Atribuiu a culpa a concorrentes do Circo Garcia ou a moradores do edifício vizinho Paulo de Frontin, irritados com o barulho do espetáculo. O diretor do Shangri-lá, Rafael Finkelstein, chegou a dizer que algumas pessoas viram uma tocha ser atirada do Paulo de Frontin sobre a lona do circo.

Danilo calculou em 50 milhões de cruzeiros seu prejuízo com o Gran Circo. Avaliou em 2 milhões o que perdeu só em capas de cadeiras. Informou que, seis meses antes, gastara 300 mil para comprar o tapete central do picadeiro, de veludo, mas que agora esse valor já havia dobrado. Ele disse esperar receber de volta os 175 mil que pagara como taxa para apresentar os dez espetáculos. Fiel ao "destino errante"[4] de todo circo, o dono tratou de levantar acampamento cerca de vinte dias após o incêndio. Alugou o pequeno circo Big Top, que estava parado no Rio, e se dirigiu para Aparecida do Norte, em São Paulo. Os artistas e os animais eram do Gran Circo, mas a estrutura e o nome eram do Big Top. Ele não tinha maiores expectativas. Os outros empresários queixavam-se de que os negócios iam mal porque o público passara a ter medo de circo. Contrariando as previsões, porém, as sessões do Big Top em Aparecida tiveram casa lotada. O sucesso surpreendeu Danilo. De lá, a trupe percorreu o Vale do Paraíba até chegar à cidade de São Paulo, semanas depois. Já capitalizado com o dinheiro ganho na viagem, Danilo remontou seu picadeiro e trouxe de volta o Gran Circo Norte-Americano, que só mudaria de nome no ano 2000, quando a família escolheu Le Cirque.

9. A imprensa e o estranho Papai Noel

Numa época em que mais de uma dezena de jornais e revistas disputavam a atenção dos leitores, sobrava assunto para ocupar as páginas da imprensa. Ao mesmo tempo que acompanhavam o passo a passo da investigação, sobre as causas do incêndio, os repórteres corriam atrás de histórias trágicas. E os jornalistas não economizavam no drama, o que é explicável. Um dos aspectos mais difíceis para quem tem a tarefa de reconstituir este episódio é a banalização do horror — a frequência com que é preciso descrever o indescritível, narrar o indizível: corpos irreconhecíveis, rostos desfigurados, peles calcinadas. Como manter o distanciamento? Como não se contagiar pela emoção diante de tanto sofrimento absurdo? Se hoje a dificuldade ainda é grande, imagine na época. Daí o tom exaltado, a linguagem exacerbada, os lugares-comuns, o excesso de sentimentalismo, as incontidas doses de pieguice que muitas vezes surgiam nas reportagens.

A *Fatos & Fotos* narrava o pedido da menina Sandra Maria, às vésperas do Natal, internada no Antonio Pedro:

Tinha poucos momentos de vida, mas ainda assim, com a voz frágil, balbuciou: "Será que vou morrer sem ver o Papai Noel?". A enfermeira afastou-se e procurou imediatamente um estudante de medicina. Com algodão, improvisaram uma barba branca. Como não havia pano vermelho, a roupa do velhinho foi feita com dois aventais de enfermeiro. A menina olhou o estranho Papai Noel, ainda conseguiu sorrir e fechou os olhos suavemente. Estava morta.

A revista estampava outras histórias, como a de d. Cândida, que, sentada a um canto, repetia, mortificada pela culpa: "Eu botei a menina de castigo, eu botei a menina de castigo". Ela havia punido a filha por uma travessura, mas o marido discordou da decisão, por achá-la severa demais. Discutiram e ele, irritado, pegou a garota e levou-a ao circo. Os dois morreram.

Ainda havia espaço para o martírio de um casal que acabara de chegar ao necrotério. Tinham quatro filhos, que passavam férias em Niterói. A mulher encontrou todos mortos, e estava compreensivelmente fora de si, censurando-se por um descuido: "Beijei só três. Meu Deus, esqueci de beijar o Carlos Alberto!".

A *Tribuna da Imprensa* enfileirava casos, como o do dono de bar que destruiu o estabelecimento ao saber que perdera a mulher e os três filhos. Ou o senhor que, no hospital, responsabilizava a vizinha por sua infelicidade. Ela fora à sua casa pedir para levar seus dois filhos ao circo. Levou-os e ambos morreram — o jornal não esclarecia se ela havia sobrevivido. Ou ainda a senhora que procurava o filho e, sem conseguir informações, sofrera um ataque em frente ao hospital e estava em coma.

Como em toda tragédia, o vasto material jornalístico pode ser aproveitado de forma sensacionalista ou contida, apelativa ou sóbria, vulgar ou respeitosa. Não raro Dequinha, aquele ex-empregado que brigara com o servente do circo e fizera ameaças, seria chamado de o "monstro incendiário". Ele, que viria a ser apontado como o principal suspeito, também seria rotulado como o "incendiário louco" ou o "criminoso hediondo". Um possível comparsa virou "o repelente cúmplice". Uma edição especial da revista *Flagrante!* classificava o acusado de "o mais terrível genocida de que até hoje se tem notícia no Brasil". Um homem que "gravou sua celebridade a fogo, transformando um circo na maior e mais aterradora pira funerária que se possa imaginar".

A revista *Manchete* — que, como diz o jornalista e escritor Carlos Heitor Cony, "não falava mal de ninguém, não acusava ninguém, era otimista ao desvario, procurava ver o lado bom de tudo, o lado bonito e positivo"[5] — achou por bem alertar em sua seção "Conversa com o Leitor" do dia 30 de dezembro: "Queríamos fazer, esta semana, um número leve, talvez fútil, publicando, como matéria principal, as 'Dez mais elegantes', de Jacinto de Thormes". O incêndio, porém, alterou os planos editoriais e fez com que a tradicional eleição fosse ofuscada pelas imagens fortes da catástrofe. É verdade que a capa trazia Carmen Mayrink Veiga, uma das vencedoras do concurso, mas anunciava um caderno especial com o assunto que mobilizava o país. Dentro da revista, fotografias de damas da sociedade como Lourdes Catão e Teresa Souza Campos empalideciam diante de cenas como sapatos de crianças abandonados, caixões infantis e uma mulher a ponto de desmaiar.

A revista *O Cruzeiro* também desfilava uma extensa cota de dramas pessoais: "Um pai, que havia perdido toda a família, entrou correndo pelo hospital, empurrando guardas, empurrando todos: 'Doutor, os meus estão mortos. Mas deixe-me salvar alguma vida, deixe-me fazer pelos outros o que não pude fazer pelos meus.' E esticava o braço. 'Doutor, mande alguém retirar o meu sangue, eu quero fazer doação.'"

Com a linguagem derramada da época, o repórter escrevia:

No 4º andar do Hospital Antonio Pedro, o arcebispo de Niterói, Dom Antônio, aproximou-se do leito de um garotinho de treze anos. Os olhos do sacerdote marejaram-se de lágrimas. Não pôde conter-se ao ouvir o menino. "Quero meu irmãozinho. Por favor, diga-me, onde está o Carlinhos? Se não levá-lo para casa papai vai me bater. Meu Deus, quero meu maninho." O sacerdote colocava a mão na fronte do menino. Pedia-lhe calma. Mas em vão. Ele estava traumatizado, tão traumatizado que nem sequer sentia as dores de suas fortes queimaduras. Só queria o irmãozinho. E deve tê-lo encontrado no céu. Poucos instantes depois sucumbia, não suportara a gravidade de suas queimaduras.

No necrotério, numa sala onde alguns mortos eram velados, o guarda tinha o olhar distante. O repórter narra: "Pedimos-lhe uma informação. Olhou-nos, sem nos ver, e respondeu: 'Não sei de nada. O fogo levou meu menino'".
A revista contava também que, logo após o incêndio, ainda no terreno do circo, um garoto de três anos aproveitou-se da luz que um cinegrafista acendeu, desvencilhou-se das mãos do pai e correu para apanhar um pequeno sapato jogado no chão. "Papai, veja o que achei, veja, papai." O sapato, que horas antes calçara uma das vítimas, foi arrancado de suas mãos e atirado longe pelo homem, abalado com a tragédia. Era Danilo Stevanovich, dono do circo. O filho de Danilo chorou, sem entender a reação intempestiva do pai, que o interrompeu, arrependido: "Não chore, senão Papai Noel não lhe dará presentes".

A *Fatos & Fotos* classificava o incêndio de "a mais violenta tragédia já ocorrida no Brasil" e "o mais pavoroso espetáculo da Terra". Assim é que, ao domingo mais triste da história de Niterói, sobreveio uma segunda-feira atípica, como um feriado a contragosto. O ambiente festivo da manhã anterior dera lugar a uma atmosfera fúnebre. "Niterói amanheceu de luto", observava o repórter Mário de Moraes na revista *O Cruzeiro*. Era a ressaca de uma noite em claro, em que vítimas agonizavam nos hospitais, médicos e enfermeiras lutavam para salvar vidas, pais identificavam seus filhos, parentes velavam seus mortos, voluntários preparavam caixões, coveiros abriam sepulturas. Em clima de consternação geral, escritórios e repartições registraram alto índice de faltas. Bancos e cinemas permaneceram fechados. Os comerciantes que abriram suas lojas deixaram as portas semicerradas. Ônibus, táxis e automóveis particulares trafegaram com fitas pretas amarradas no espelho retrovisor lateral, a exemplo do que acontecera na morte do governador Roberto Silveira, dez meses antes. Passeatas de silêncio percorreram as ruas. As provas parciais e os exames de admissão nas escolas públicas primárias municipais e estaduais foram suspensos. "Havia desolação em toda parte e nem os enfeites de Natal, colocados nas ruas principais, conseguiam desanuviar os semblantes", escreveu *O Cruzeiro*.

De uma hora para outra, casas se esvaziaram, roupas ficaram sem uso, brinquedos perderam sua função. Filhos tornaram-se órfãos, pais viram interrompida a ordem natural das coisas, maridos e mulheres enviuvaram, famílias inteiras foram tragadas. Os arredores do circo se transformaram num imenso estacionamento de carros sem dono. Parecia que cada morador tinha perdido um parente na tragédia. E isso não ficava muito distante da verdade. Se alguém não tinha um familiar entre as vítimas, no mínimo conhecia ou era vizinho de uma pessoa atingida pelo fogo. Em maior ou menor grau, todo niteroiense saíra afetado daquela tarde abafada de dezembro. Um editorial do jornal *O Fluminense* descrevia o estado de espírito da cidade: "Não há, estamos certos, um só habitante seu que não esteja chorando, ou não haja chorado, ao menos interiormente, de si para si, em face da brutal ocorrência".

Não havia clima para festa. O anúncio da suspensão ou do adiamento das solenidades natalinas e dos festejos de fim de ano se repetia por toda a cidade. O cronista e jornalista Lago Burnett resumia essa atmosfera no artigo "Natal sem jeito", publicado no próprio dia 24 no *Jornal do Brasil*: "Depois do que aconteceu com as crianças de Niterói, todos nós, indistintamente, ficamos meio sem jeito para festejar o Natal, porque é impossível fabricar alegria quando a desgraça ronda por perto".

Como previsto, a data foi celebrada com discrição. *O Fluminense* fazia um balanço:

> Mais do que qualquer outro, [este foi] um Natal de recolhimento, de meditação, de resignação, em que os sentimentos de solidariedade e fraternidade humana estiveram mais presentes, avivando, nas consciências dos homens, aquele espírito de humildade que deve, realmente, presidir todos os atos que cercam a data máxima da comunidade cristã.

O colunista Alarico Maciel era mais contundente: "O niteroiense viveu o Natal mais triste de sua história. Não houve comemoração de qualquer espécie. O ruído dos sinos silenciou. A algazarra e a garrulice infantil, tão comuns, desapareceram. Uma fisionomia de tristeza predominava. [...] Não houve, pode-se dizer, Natal de 1961, em Niterói". O comércio, ele acrescentava, sentiu o impacto, com uma queda de 50% no movimento em comparação aos anos anteriores.

Logo após o incêndio, a Nestlé tirou do ar os comerciais de "Nescau, gostoso como uma tarde no circo". A empresa diz hoje que já previa encerrar a campanha em 1962 por causa do lançamento do achocolatado em formato instantâneo, mas reconhece que a tragédia apressou a decisão.

10. O choro solitário de Jango

No dia seguinte ao incêndio, na parte da tarde, o presidente João Goulart visitou as vítimas internadas no Antonio Pedro. Jango foi levado ao quarto andar pelo governador Celso Peçanha. O prefeito Dalmo Oberlaender estava no hospital, mas não acompanhou os colegas. Se a tragédia tivesse ocorrido alguns meses antes, aquelas três figuras teriam pouco a fazer. Mas agora que ocupavam o primeiro escalão da administração federal, estadual e municipal podiam ser muito úteis. O vice João Goulart assumira o poder em agosto, depois que o presidente Jânio Quadros chocou o país com sua renúncia. Igualmente surpreendente foi o acidente de helicóptero de que fora vítima em fevereiro o governador do estado do Rio, Roberto Silveira, dois anos após tomar posse, conduzindo Celso Peçanha ao cargo. Menos espantosa tinha sido a saída do prefeito Wilson Pereira de Oliveira, substituído por Dalmo Oberlaender. Os servidores, sem receber havia três meses, estavam em greve e a cidade vivia um estado de calamidade pública. No dia 12 de setembro, o editorial de *O Fluminense* definiu a situação: "Lixo por todos os cantos; moscas e mosquitos a invadirem os lares, transformando em verdadeiro inferno a vida da população já tão atribulada pelos inúmeros problemas que enfrenta; poeira, mau cheiro, esgotos arrebentados e um sem-número de outras irregularidades que fazem a vida do niteroiense um verdadeiro martírio". Nesse mesmo dia, a Câmara dos Vereadores votava o impeachment de Oliveira e, às 4h da madrugada seguinte, Dalmo era empossado. Ele assumiu em meio a uma greve de servidores que paralisava a administração pública, mas conseguiu um empréstimo de 30 milhões de cruzeiros do governo do estado para saldar dívidas. Os três vices que em pleno mandato se viram alçados ao cargo máximo de poder teriam que unir forças para fazer frente à tragédia.

Jango estava acompanhado de seu primeiro-ministro, Tancredo Neves, e do ministro da Marinha, Ângelo Nolasco. A última vez em que estivera em Niterói tinha sido no enterro de Roberto Silveira. Ao cumprimentar alguns médicos, lamentou:

— Só nos encontramos em situações trágicas.

Ele percorreu alguns leitos e se deteve diante de uma menina envolta em gaze até o queixo. Perguntou como ela estava. A garota conseguiu apenas sorrir. Jango levou as mãos aos olhos e se afastou. Seguiu em frente e, ao ver uma criança de três anos que mal respirava, só pôde falar:

— Meus Deus, que tragédia, que tragédia. Não é possível.

E pediu para ir embora, recusando o convite para visitar o necrotério:

— Vi o espetáculo mais triste da minha vida — limitou-se a dizer.

Antes de deixar o prédio, Jango aproximou-se sozinho de uma mesa na enfermaria do quinto andar e se sentou. Os pacientes, envoltos em ataduras, olhavam para o teto, indiferentes à presença do visitante. Ele apoiou a cabeça entre os braços e começou a chorar, sem reparar que era observado. O médico Márcio Torres viu aquele homem soluçando e achou que se tratava de algum parente visitando uma vítima. Só quando chegou mais perto reconheceu o presidente da República. Torres percebeu que não era um choro demagógico, para as câmeras. Segurou o braço esquerdo de Jango e ajudou-o a se levantar. O bispo de Niterói apareceu, amparou-o pelo outro braço e, juntos, conduziram o presidente ao elevador. Não trocaram uma palavra. Na hora em que a porta se abriu, Jango viu que sua comitiva estava na cabine e se recompôs imediatamente, sem deixar transparecer o choque.

Dias depois, João Goulart visitou novamente os pacientes, tendo dessa vez o prefeito a seu lado. Parou perto do leito 36, onde estava Nilson Bispo Rodrigues, de nove anos, que tivera a perna esquerda amputada um palmo acima do joelho, e consolou-o:

— Esse negócio de perna não faz falta — ele disse, levantando a calça. — Olhe aqui, eu também tenho um problema e sou presidente da República.

Por conta de uma gonorreia contraída na juventude, Jango ficara com o joelho esquerdo paralisado, e não podia dobrar a perna. O clínico Geraldo Chini, que assistiu à cena, ficou impressionado com a atitude do presidente, que se expôs para confortar o garoto.

A primeira providência de Celso Peçanha e de Dalmo Oberlaender, como era de praxe nessas ocasiões, foi decretar luto oficial de três dias e estado de calamidade pública. Enquanto perdurasse o decreto, estava proibido o consumo de bebidas alcoólicas, com ameaça de fechamento dos bares que desrespeitassem a medida. O objetivo era facilitar o trabalho da polícia no socorro às vítimas e na investigação das causas do incêndio. No próprio dia 17, às 22h, Peçanha convocou os serviços de todos os marceneiros e carpinteiros de Niterói para a fabricação urgente de caixões no estádio Caio Martins. Cerca de quarenta minutos depois do anúncio, a quadra de basquete já estava tomada. Mal os esquifes eram finalizados, seguiam levados nos ombros por voluntários. O barulho das marteladas na madeira foi ouvido a noite toda pela cidade. Ninguém cobrou nada pelo trabalho, o que a revista *Fatos & Fotos* classificaria de a "mais laboriosa e triste carpintaria do Brasil". No total, governo e prefeitura mandaram construir quatrocentos caixões. No mesmo lugar, na véspera, a mulher de Peçanha, Hilka, havia organizado uma grande comemoração de Natal, com direito a bolas para os meninos, bonecas para as meninas, visita do Papai Noel e show com artistas do rádio e da TV. No dia seguinte à festa, a primeira-dama — ela achava o termo muito imponente e preferia ser chamada de primeira-funcionária — e presidente da Legião Brasileira de Assistência (LBA) estava exausta, mas se sentia recompensada. Tudo correra como planejado. Até aquele momento. O anúncio do incêndio, ouvido quando estava promovendo a festa natalina dos internos do hospital Azevedo Lima, deixou-a devastada.

Peçanha não era propriamente um novato em política. Desde o colégio, mostrava inclinação para a vida pública. Fora presidente do grêmio, orador da turma e diretor do jornal estudantil. Quando, no primário, a professora fez a tradicional pergunta: "O que você quer ser quando crescer?", ele não hesitou na resposta: "Presidente da República". Natural de Campos, elegeu-se deputado federal, prefeito de Rio Bonito três vezes e prefeito de Bom Jardim, até concorrer como vice do petebista Roberto Silveira pelo Partido Social Democrático (PSD) — na época candidatos da mesma chapa eram eleitos separadamente.

Silveira igualmente saíra do interior para ganhar projeção nacional. Nascido na pequena cidade de Bom Jesus de Itabapoana, na região noroeste fluminense, era uma liderança política jovem e carismática. Como esperado, as urnas consagraram a dupla nas eleições de outubro de 1958. Silveira tornou-se um dos seis governadores eleitos pelo PTB, partido que se beneficiou de uma mudança na legislação eleitoral: a partir daquele ano, o título passou a vir com foto, o que reduziu o eleitorado-fantasma no interior e prejudicou o PSD, mais forte no campo.

Nos dois primeiros anos de mandato, Silveira esteve à frente de ações polêmicas: apoiou a revolta popular que destruiu a estação das barcas, legalizou o jogo do bicho, repassando verbas para ações sociais de freiras e padres, e conjugou reforma agrária com alfabetização em massa.[6] Sua popularidade crescia. Na campanha presidencial de 1960, o candidato Jânio Quadros disse, num comício em Niterói, que seria eleito e que Roberto Silveira seria seu sucessor. A previsão se revelaria frustrada: em fevereiro de 1961, o governador do Rio se dirigia para o norte do estado, atingido por uma enchente, quando um acidente de helicóptero interrompeu, aos 37 anos, sua promissora trajetória, abrindo caminho para Peçanha tomar posse logo no dia 1º de março. Anos mais tarde, seu filho Jorge Roberto Silveira se tornaria prefeito de Niterói.

11. "Cadê minha metralhadora?"

O fechamento do Antonio Pedro, principal hospital da região, interrompeu o destino natural dos feridos. Fundado quase onze anos antes, em 15 de janeiro de 1951, funcionou brevemente em regime de emergência em abril de 1950, por ocasião do acidente de trem de Tanguá em que 56 pessoas morreram e 61 ficaram feridas. Trazia na fachada gelo acinzentada a imagem de Cristo com os braços abertos. Mas o gesto acolhedor contrastava com a recusa ao atendimento. Os problemas eram muitos, e recorrentes. Durante os primeiros anos, o hospital sobreviveu com verbas municipais, auxílio estadual e a cobrança de alguns serviços médicos — "pagava quem podia ou quem queria".[7] Em 1957, porém, a prefeitura parou de cobrar, e oito meses mais tarde o Antonio Pedro fechou as portas. Reabriu pouco depois, mas a crise permanecia. A verba, que passou a vir do Ministério da Saúde, do governo estadual e da prefeitura, era pouca e desvalorizava diante da inflação galopante. Os salários estavam atrasados, faltavam comida, remédios e leitos. Não havia seringa para aplicar injeção, agulha para dar ponto, gaze para fazer curativo.

Famílias tinham que comprar chapas se quisessem que seus parentes fizessem raios X. O telefone não funcionava direito. A maternidade ficava no oitavo andar — uma localização nada apropriada, considerando-se que por vezes os elevadores davam defeito. A Faculdade Fluminense de Medicina (FFM) tinha firmado convênio para que seus alunos fizessem ali seu treinamento, mas o Antonio Pedro não proporcionava aos estudantes condições de ensino e eles eram obrigados a ter aulas práticas em hospitais do Rio. Integrantes do Diretório Acadêmico Barros Terra (DABT) queriam sua federalização e sua transformação em hospital-escola da FFM.

No dia 1º de dezembro, dezesseis dias antes do incêndio, *O Fluminense* fazia um alerta, que se revelou tristemente profético. Ao escancarar a agonia do Antonio Pedro, o jornal dizia que "deixou de ser hospital" e que "a equipe que permanece de serviço pouca coisa poderia fazer se fosse chamada a atuar numa emergência de maiores proporções, pois nem mesmo os casos rotineiros são atendidos satisfatoriamente, por absoluta falta de recursos". A reportagem narrava a impressão "melancólica" que se tinha do interior: "A geladeira da câmara mortuária deixou de funcionar e vários corpos, em adiantado estado de putrefação, tornam o ambiente insuportável. Pelos corredores do Antonio Pedro respira-se um ar de insatisfação generalizado, de insegurança, na expectativa de que aconteça alguma coisa pior a qualquer instante". Estava prevista uma greve dos funcionários para o dia 15, reivindicando aumento salarial.

Não houve tempo. No dia 3 de dezembro, estudantes do quinto e do sexto ano de medicina resolveram tomar uma atitude drástica e ocupar o Antonio Pedro. Ao justificar a posse do hospital, divulgaram a seguinte declaração:

> Cansamos de esperar pela promessa do governo federal, no sentido de resolver a situação caótica em que se encontra o Hospital

Antonio Pedro. Somente a federalização daquele estabelecimento poderia impedir o seu total fechamento, o que representaria, sem dúvida, um verdadeiro descalabro para as classes menos favorecidas de Niterói, São Gonçalo e adjacências. As promessas de federalização foram inúmeras, mas nunca se transformaram em realidade. Esperamos o máximo e apelamos, então, para o último recurso que, a esta altura, seria o único: tomamos conta do hospital no peito. [...] Queremos, com esta atitude, forçar o governo federal a apressar essa federalização, que é imprescindível e está tardando muito. Somos 150 acadêmicos de medicina ocupando o Antonio Pedro, que ficará sem funcionar. Somente permitiremos que funcionem a maternidade e o posto de socorros urgentes. E essa situação perdurará até quando os poderes competentes se decidirem a atender a nossa justa reivindicação, que é menos nossa do que da própria população de Niterói.

Era um movimento pacífico, sem vínculos político-partidários. Os estudantes ocuparam todas as dependências e revezavam-se dia e noite para manter em funcionamento a maternidade e os socorros urgentes, e dar alta aos doentes acamados. Os portadores de moléstias contagiosas, que ficavam isolados, foram removidos para os hospitais Ary Parreiras e Azevedo Lima. A princípio, o gesto dos universitários teve apoio quase unânime: da Associação Médica Fluminense, dos servidores do hospital, dos sindicatos de classe, do jornal *O Fluminense* — que classificou o ato de "ousado e inédito" — e do governador. No dia 4, seus assessores anotaram em sua agenda: "Celso Peçanha externou o seu integral apoio aos acadêmicos de medicina que ocuparam o hospital Antonio Pedro, pertencente à prefeitura de Niterói. Dentro de uma linha de absoluto respeito aos preceitos constitucionais, de há muito vem pugnando em favor da normalização das atividades do importante estabelecimento hospitalar".

— Até o chefe de polícia veio nos cumprimentar pela atitude — lembra a dermatologista Neide Kalil, na época uma estudante de medicina de 23 anos.

Os universitários também passavam o tempo conversando sobre que medidas tomar. Propunham soluções, lembravam pessoas que pudessem ajudar. Até o nome do hospital entrou em discussão. Um grupo queria que o Antonio Pedro virasse Hospital das Clínicas, mas Neide sugeriu Hospital Universitário, já que era uma instituição voltada para o ensino. Em meio à indefinição, a jovem pintou algumas faixas com a frase "Hospital Universitário Antonio Pedro" e pendurou-as nas ambulâncias. O nome pegou.[8]

Pouco a pouco, até os serviços essenciais foram minguando. No dia 6, *O Fluminense* noticiava: "O pronto-socorro não está recebendo ninguém e a maternidade já está sem parturientes, esperando-se que, até amanhã, todas as dependências do Antonio Pedro estejam fechadas".

No dia 11, o funcionário da Casa Civil do Estado responsável por registrar o dia a dia oficial novamente pôs uma folha de papel na máquina de escrever e datilografou:

> O governador Celso Peçanha reiterou em conversa telefônica com o premier Tancredo Neves seu apelo anterior para que o governo federal estudasse e resolvesse o mais breve possível a situação do Hospital Municipal Antonio Pedro, de Niterói, cuja federalização vem sendo pedida pelos estudantes de medicina e funcionários, e que constitui, no momento, única medida capaz de dar um paradeiro ao perene estado de crise em que vive aquele hospital. Declarou que o executivo estadual está de acordo em colaborar, dentro de suas possibilidades, para auxiliar o Hospital Antonio Pedro a aumentar suas dotações anuais.

Ao mesmo tempo que interromperam as atividades médicas, os universitários trataram de abrir outra frente de atuação: a política. No dia 15, uma delegação foi a Brasília e ouviu de Tancredo a promessa da liberação de uma verba de 200 milhões de cruzeiros. Mas a federalização ainda parecia distante, porque o Ministério da Educação e Cultura, que cuidava do tema, dizia-se contra.

À medida que o impasse perdurava, o apoio inicial já não era tão sólido. Em 17 de dezembro, no dia da tragédia, os niteroienses liam a advertência em *O Fluminense*: "A situação é calamitosamente grave". O jornal dizia que, mesmo inteiramente desaparelhado, o Antonio Pedro vinha atendendo, a cada 24 horas, uma média de 120 pessoas. Mas que, naquele momento, "incrível, brutal, dolorosamente", estava fechado.

A paciência do prefeito Dalmo Oberlaender começara a se esgotar uma semana antes. No dia 10, ele declarara: "Quando os estudantes tomaram o hospital, não lhes fizemos reação. Se a situação continuar, serei obrigado a ingressar em juízo nas próximas semanas, de modo a fazer retornar o Antonio Pedro à sua direção primitiva e colocá-lo em funcionamento dentro de nossas precárias possibilidades". Ele não admitia a ideia de perder "esse imenso patrimônio" hospitalar, mas avisava que não era possível que a prefeitura, "às portas do colapso total", com os salários atrasados havia dois meses, arcasse sozinha com sua manutenção, quando 70% dos pacientes eram provenientes de outros municípios do estado do Rio e até do Espírito Santo. "Só a folha de pessoal vai a 62 milhões de cruzeiros. Como vou pagá-la se a arrecadação global da prefeitura é de 48 milhões mensais?", ele perguntava em *O Fluminense*. Dalmo reclamava que a prefeitura da cidade de Silva Jardim se dera ao luxo de comprar uma ambulância exclusivamente para transportar os doentes para o Antonio Pedro, já que no município interiorano não havia hospital. O prefeito fazia três apelos: que a União e o estado repassassem anualmente 60 milhões de cruzeiros;

que o governo federal pagasse as verbas de 1960 e 1961 que devia; e que o governador não se omitisse.

Alguns dias depois da ocupação, o pai da acadêmica Neide, o médico Calixto Kalil, telefonou de sua terra natal, Arceburgo, no sul de Minas, para onde tinha ido visitar uma parente doente, e disse, de forma premonitória:

— Olha, Neide. Fala com seus colegas para entregar o hospital. Se tiver uma grande tragédia em Niterói, vocês vão ficar muito mal.

Calixto, que mais tarde viraria diretor do Antonio Pedro, era à época um dos integrantes do conselho do hospital. Já tinha procurado várias vezes as autoridades em busca de soluções para o colapso, sem sucesso. Ao mesmo tempo, tinha vivência suficiente para perceber que, no caso de um acontecimento inesperado, sobraria para os estudantes. Neide comunicou aos colegas a ligação do pai, mas diz que ninguém quis voltar atrás. Seria realmente duro aceitar que a luta não resultaria em mudanças. Além do mais, eles não viam para quem entregar o hospital. Outra questão passava pela cabeça dos universitários: "E depois que abrir, de onde virá a verba?".

— Não tínhamos a articulação política necessária — admite hoje Neide. — Na nossa ingenuidade, no nosso romantismo e na nossa esperança, pensamos que haveria um barulho grande e que as autoridades se sensibilizariam e sairiam do imobilismo. Mas não tivemos a resposta pública que desejávamos.

Uma semana após o aviso de Calixto Kalil, quando Niterói vivia a maior tragédia de sua história, o mais importante hospital da cidade ainda se encontrava fechado. Poucos médicos permaneciam no local, cuidando dos raros pacientes que lá se encontravam — 42, no dia 14. Segundo *O Fluminense*, eram "verdadeiros párias", que não tinham para onde ir. Das três ambulâncias do Antonio Pedro, duas estavam sendo usadas como barricadas. Havia quatro entradas: a principal, a dos funcionários, a de emergência e a lateral. A da frente fora obstruída por leitos de ferro, que formavam pilhas dentro do saguão do prédio. A de emergência achava-se vedada por madeira e pregos. A lateral tinha seu portão de ferro bloqueado por corrente e cadeado. A dos funcionários provavelmente estava liberada para dar passagem à equipe do hospital.

Isso impediu o atendimento imediato aos feridos, como a família de um capitão-tenente, conduzida ao local pelo motorista da prefeitura, o sargento bombeiro Sebastião, a pedido de Ricardo Oberlaender, filho do prefeito. Ricardo era amigo do filho do militar, e viu que o estado de saúde deles era desesperador. O capitão-tenente estava muito queimado e morreria no dia 2. Uma menina do grupo também se encontrava em situação crítica. Mesmo assim, ouviram:

— O hospital está em greve.

Àquela altura, ainda não se tinha dimensão da tragédia. Sebastião levou o grupo para a maternidade do Sesc, onde foram recusados sob a alegação de falta de condições. O bombeiro e Ricardo voltaram para o hospital Antonio Pedro, constataram a morte da garota, deixaram as demais vítimas na porta e correram até a casa do prefeito, que perguntou ao motorista e ao filho sobre o circo:

— Como está aquilo? — quis saber Dalmo Oberlaender.

— Uma coisa horrorosa, doutor. Morreram mais de mil pessoas — estimou, com exagero, Sebastião.

— E como vamos transportar os feridos?

— Tem que pedir caminhão, doutor.

Os três se encaminharam para o circo, onde já estavam as rádios. Cercado pela imprensa, Dalmo solicitou aos locutores que convocassem caminhões ao local. Logo apareceram voluntários. O prefeito chamou seu motorista e avisou que seguiria para o Antonio Pedro.

— Doutor, eles não estão deixando entrar — advertiu Sebastião.

— Não vão deixar? — repetiu incrédulo Dalmo. — É o prefeito que está querendo entrar. Cadê minha metralhadora?

— Está na mala do carro.

— Lá você me dá — disse ele, que, como tantos outros políticos da época, andava armado.

Mas Dalmo não precisou apelar para a arma. A porta já havia sido reaberta na marra. O chefe do setor médico do Antonio Pedro, o cirurgião José Hermínio Guasti, tinha recebido um telefonema em sua casa avisando do incêndio. Mais cedo, seus três filhos se preparavam para ir ao circo com a babá quando o pai de Guasti teve uma hemorragia e o programa foi cancelado. Em instantes, ele cruzava a rua e chegava ao hospital. Não o deixaram entrar. Diante dos obstáculos, falou com um advogado que tinha se oferecido como voluntário, de nome Panza:

— Arrebenta o cadeado — ele disse, ao lado de outros médicos, como o pediatra Israel Figueiredo.

Com a ajuda de uma marreta, Panza obedeceu a ordem. De lá, Guasti ligou para o cirurgião Almir Guimarães, que assumiu o hospital Antonio Pedro como diretor naquele momento de crise, e narrou o acontecido. Guimarães disse:

— Convoque todos os médicos do hospital ou de fora que estou indo para aí.

Um caminhão carregado de mortos e feridos tentou entrar pela lateral, mas havia a barreira metálica. O motorista não se intimidou: engatou a ré e arrombou o portão, aproximando-se do edifício com sua carga humana.

12. No front

Além do choque causado pela tragédia e da dor pelas mortes, Niterói viveu o caos hospitalar nas horas e dias que se seguiram ao incêndio. Com o Antonio Pedro inicialmente fechado, carros, caminhões e ambulâncias tiveram que se deslocar para os demais pontos de Niterói e para São Gonçalo, onde cerca de 250 feridos foram internados no pronto-socorro. Outros rumaram para o hospital Getúlio Vargas Filho, o Getulinho, para o Serviço de Atendimento Médico Domiciliar de Urgência, o Samdu, para as casas de saúde Santa Branca e São José, para a policlínica São Sebastião, para os hospitais Santa Cruz, Luiz Palmier e Azevedo Lima, e para o Hospital Central da Aeronáutica. Eram tantas as vítimas que até o estádio Caio Martins foi improvisado como posto de atendimento médico. Alguns moradores se dispuseram a transformar suas casas em emergências. Um deles, Gumercindo do Nascimento Albuquerque, não tinha familiares ou amigos no circo, mas isso não impediu que levasse quinze crianças para sua residência e começasse ele mesmo a medicá-las, com a ajuda de parentes.

Quando enfim o Antonio Pedro foi reaberto, os sobreviventes passaram a ocupar do terceiro ao sétimo andar. Por causa do fechamento, os pacientes só puderam começar a ser efetivamente medicados quatro horas depois. O cenário era desolador. As seis salas de cirurgia estavam trancadas. Não restava quase nenhum alimento. Os remédios se resumiam a amostras grátis e mal davam para os poucos doentes que continuavam internados ali. Dos quatrocentos leitos, somente cem permaneciam disponíveis — os demais estavam desmontados ou sem colchão.[9] Os feridos gemiam deitados nas macas ou estirados no chão das enfermarias, nos corredores e até nas escadas. A câmara mortuária, situada no subsolo, superlotou rapidamente, e os corpos espalhavam-se pelo corredor. Se o Antonio Pedro estivesse bem estruturado, a chegada repentina de mais de cem pacientes em estado grave já seria capaz de desorganizar seu funcionamento. Naquelas condições, virou um hospital de campanha. Somente os pacientes queimados permaneceram internados. Os demais receberam atendimento de urgência e foram instruídos a continuar a recuperação em estabelecimentos próximos às suas casas.

A primeira medida dos médicos caso a vítima não estivesse conseguindo respirar era desobstruir as vias aéreas por aspiração, entubação, traqueostomia, umidificação dos brônquios ou oxigenoterapia. O paciente era classificado de acordo com a queimadura, em relação à extensão e à profundidade da lesão. Dependendo do autor, a classificação pode variar de três a seis graus. No Antonio Pedro, foi usada a de três graus, que é mais prática. Ao contrário do que muitos pensam, segue-se a ordem de gravidade crescente. No primeiro grau, o mais leve, a lesão atinge apenas a epiderme, isto é, a camada mais superficial da pele, provocando ardência, dor, calor e rubor local. No segundo grau, a parte atingida é a camada mais profunda, a derme, com inchaço e bolhas que, caso se rompam, acarretarão na exposição das terminações nervosas, causando dor intensa. No terceiro grau, a queimadura atinge toda a espessura da pele, com a destruição das terminações nervosas. A repercussão no organismo é abrangente, com perda de líquido do interior dos vasos para os tecidos vizinhos, levando a um quadro grave de desidratação. Frequentemente requer cirurgia, com enxerto de pele retirada de outras partes do corpo.

O atendimento inicial cabia aos clínicos e cirurgiões gerais. Para não entrarem em choque, os doentes eram logo hidratados. Os médicos injetavam soro, sangue e plasma, de forma a compensar as perdas de líquidos — quando não era possível pegar a veia, o jeito era dissecá-la, ou seja, abrir a pele e expô-la. Cobriam os pacientes com lençóis esterilizados, davam soro antitetânico e antibióticos, faziam curativos, punções e incisões, limpavam feridas, removiam tecidos e fixavam cateteres.

Ainda assim, o número de mortes nos primeiros dias era assustador. Segundo cálculos médicos, 80% dos pacientes tinham poucas chances de sobreviver. De fato, os cirurgiões plásticos Ramil Sinder e Ivo Pitanguy dizem que, de 160 pessoas levadas inicialmente para o Antonio Pedro, mais de 125 morreram nas primeiras 24 horas — uma estatística considerada conservadora pelo médico Calixto Kalil, que disse ter registrado mais de duzentas mortes na primeira noite.

Como solução para que o paciente não visse do seu leito um vizinho partir a cada momento, foram instaladas cortinas entre as camas. Mas nem todos concordavam com a medida, alegando que aumentava a sensação de confinamento. Preferiam a situação em que, por falta de monitores, eles mesmos tinham que dar o aviso:

— Enfermeira, meu vizinho apagou.

Entre tantas outras, uma decisão angustiava os médicos: qual o critério de atendimento — por ordem de chegada, idade ou gravidade da queimadura? A literatura médica dizia que numa catástrofe só se deve atender os que puderem ser salvos, esquecendo os demais. Assim Pitanguy aprendera e assim estava escrito num artigo publicado no *Britsh Journal of Plastic Surgery*. O texto falava do comportamento a ser adotado no caso da explosão de uma bomba A, possibilidade concreta naqueles tempos de Guerra Fria, que opunha o bloco ocidental, comandado pelos Estados Unidos, ao bloco socialista, liderado pela União Soviética. Mas ali, no hospital Antonio Pedro, a realidade evidentemente era outra.

— Você não pode fazer uma eleição dessas — diz hoje Pitanguy, já na época uma referência em sua especialidade, que foi chamado pelo governador Celso Peçanha para acompanhar o tratamento às vítimas. — Tem que atender todo mundo. Só depois faz a triagem e procura salvar os que puder.

Ao cuidar de todos, mesmo dos gravemente feridos, evitava-se o protesto dos parentes. Caso contrário, explica o médico, o tumulto inviabilizaria o tratamento. Obtendo a colaboração dos familiares, seria possível beneficiar os que podiam sobreviver.

O cirurgião plástico Ronaldo Pontes também estava cansado de saber que num acidente de massa, por mais paradoxal que seja, você tem que atender quem tem mais chances de se salvar. Naquele momento, porém, no Getulinho, onde atuava, o lado emocional falava mais alto e o critério lógico não era obedecido.

— Que juízo você tem para condenar uma criança que está ali? — ele pergunta ainda hoje. — É duro ver aquele corpo frágil e delicado agredido de forma tão brutal. E o tumulto era de tal ordem que você ia atendendo o máximo de gente que podia.

Outro cirurgião plástico, Carlos Caldas, tampouco se guiou pelos compêndios de medicina e partiu para atender primeiro os casos mais graves, os que "estavam nos momentos finais".

Os médicos, quase todos de Niterói, escreveram as páginas mais gloriosas dessa trágica história. Mais tarde, eles se tornariam parte da elite profissional do país. Mas ali eram todos recém-formados ou com poucos anos de experiência. E ainda tinham que se virar com os parcos recursos disponíveis. O material só foi chegando aos poucos, e houve o caso de quatrocentos frascos de sangue doados pelo governo italiano que não puderam ser aproveitados por não haver maneira de armazená-los. Em compensação, o laboratório americano Bristol enviou 2 mil ampolas de *staficilin*, um antibiótico que não era fabricado no Brasil. Depois, apareceram as agulhas Stryker, até então desconhecidas dos médicos. Muitos pacientes estavam tão queimados que a única região preservada era a que havia sido protegida pela cueca ou pela calcinha. Nesses casos, a hidratação tinha que ser feita pela veia femoral, na junção da coxa com o abdômen. A agulha Stryker facilitava enormemente o trabalho de Herbert Praxedes, chefe do laboratório do Antonio Pedro, que fora para o hospital após passar alguns dias no Getulinho, onde chefiava o banco de sangue. A agulha Stryker tem dentro uma peça chamada mandril, de aço, que é envolta por um tubo de polietileno. Após pegar a veia, o mandril é retirado e dentro dela fica só o tubo, por onde ocorre a transfusão de plasma, sangue e soro. Como o tubo é maleável, não sai de dentro da veia, diferentemente do que ocorria com frequência com as agulhas rígidas. Praxedes nunca soube quem encaminhou o presente salvador, mas ficou eternamente grato. O responsável pelo envio foi um departamento da Organização das Nações Unidas (ONU).

    Outra aquisição importante foi uma maca-balança, que permitia pesar o paciente acamado. O procedimento era feito antes e depois dos curativos, que após alguns dias ficavam empapados de plasma. Os médicos podiam calcular a quantidade de líquido que vazava e fazer a hidratação. Para os que estavam feridos na frente e nas costas, veio de São Paulo uma cama apelidada, adequadamente, de "sanduíche". O paciente se deitava num dos colchões e recebia os curativos na parte da frente do corpo. Em seguida, outro colchão, com um buraco, era posto sobre ele, deixando seu rosto livre. A cama virava manualmente, invertendo a posição do queimado. O colchão de cima era então retirado, permitindo que a vítima, deitada de barriga para baixo, recebesse o curativo nas costas.

Um fenômeno surpreendeu os médicos. Eles viam chegar pacientes a pé, aparentemente bem, mas que morriam de cinco a sete dias depois. Isso ocorria porque haviam sofrido lesões no aparelho respiratório. Tinham sido derrubados pelos demais espectadores e ficado confinados num ambiente superaquecido, aprisionados sob uma lona chamejante. Para respirar, erguiam a cabeça por cima dos outros corpos e dos escombros, inalando gases quentes e sofrendo queimaduras na mucosa bucal, por aspiração. Os ferimentos não eram visíveis, mas eles morriam por asfixia mecânica. O cirurgião geral Carlos Augusto Bittencourt, o Gugu, estava na emergência do Messias de Souza Farias quando um rapaz em seus dezesseis anos, quase sem queimaduras, suplicou:

— Doutor, o senhor é amigo do meu pai. Me socorre pelo amor de Deus.

Não parecia tão mal. Gugu medicou-o para reduzir a dor e o tranquilizou. O adolescente foi levado para um hospital, mas as lesões internas eram tão graves que ele não resistiu. No Getulinho, Ronaldo Pontes também observou crianças com queimaduras pequenas, em 5% da superfície corporal, morrerem por causa do ar envenenado pela fumaça que misturava a queima da lona, fuligem, poeira e serragem. No dia 21 de dezembro, avisado do perigo, Almir Guimarães, diretor do Antonio Pedro, pediu que pessoas com queimaduras aparentemente sem gravidade procurassem socorro com urgência. "Vários têm sido os casos de doentes que têm o seu estado piorado nestas últimas horas", noticiava *O Globo*. "Só então, já tardiamente, correm para os hospitais, para a medicação que poderá não surtir efeito."

À medida que o paciente melhorava clinicamente, era preciso cobrir as áreas externas afetadas com enxertos de pele. O ideal seria que fosse utilizado tecido do próprio indivíduo, o chamado enxerto autógeno ou autólogo. Mas, em queimaduras muito extensas, isso não era possível. O uso da pele de outra pessoa — enxerto homólogo — implica uma dose de sacrifício do doador. Havia ainda a possibilidade de usar a pele de cadáveres, desde que logo nas primeiras horas após a morte, mas o procedimento esbarrava em dificuldades de ordem legal.

Por fim, restava o enxerto heterólogo, quando o doador é um animal, mas não havia disponibilidade de material. Diante dessas dificuldades e inconvenientes, Pitanguy sugeriu ao governador Celso Peçanha que fizesse um pedido ao embaixador dos Estados Unidos no Brasil, Lincoln Gordon. O resultado é que no dia 29, às 21h30, chegava ao país um carregamento oportuno: 31 033 cm^2 de pele seca — desidratada —, enviada pelo hospital de Bethesda, da Marinha dos Estados Unidos. Os dois volumes vieram pela Pan Am, que fez o transporte de graça. Mas, no desembarque, no aeroporto Galeão, o susto: após a retirada de toda a carga destinada ao Rio não havia sinal da pele. Gordon reclamou que não era possível e perguntou se não havia mais nenhum volume no avião. Disseram-lhe que sim, mas endereçado para a Argentina. O embaixador mandou que retirassem todo o material, e o mistério foi enfim desfeito. Nos pacotes, estava escrito Rio de Janeiro-Buenos Aires. Era como se o Rio, para os americanos, fizesse parte da Argentina. Duas horas depois, a aeronave pôde finalmente seguir viagem.

Levada de helicóptero para o estádio Caio Martins e de lá para o Palácio do Ingá, sede do governo estadual, a doação foi entregue oficialmente pelo governador a Pitanguy. Os médicos celebraram a novidade, porque, quando o paciente tem uma área muito extensa queimada, perde líquido e sais minerais. O curativo comum não impede a perda de fluidos.

— Já a pele liofilizada os retém até que o organismo a elimina. E aí os queimados já têm condições de suportar um transplante de sua própria pele — explica Pitanguy.

O tecido doado havia sido retirado de cadáveres e vinha seco, enrolado e embalado a vácuo em vidrinhos esterilizados. Ao chegar aqui, era colocado no soro, para hidratar. Até então os americanos só tinham feito experiências pontuais. Aquela seria a primeira tentativa em maior escala. A experiência era tão nova que o médico Ewaldo Bolivar de Souza Pinto, que estagiava com Pitanguy na Santa Casa e com o cirurgião plástico Odyr Aldeia no Antonio Pedro, onde fazia ainda plantão como anestesista, relembra as dificuldades iniciais. As peles eram estendidas em cima de gazes vaselinadas, colocadas nas queimaduras. Mas era preciso descobrir o lado certo da pele para enxertar: o lado cruento, contrário à epiderme. Ewaldo foi o primeiro a tomar contato com o material.

— Ninguém tinha experiência no assunto. Não se sabia nada. Fiquei de plantão para estender as peles, que eram muito fininhas. Segundo disseram, foram tiradas de soldados da Marinha que morreram na guerra, a maioria de cor negra, com poucos pelos. Tive que pegar uma lente forte para encontrar algum cabelinho e achar o lado correto.

Depois, ele percebeu que, usando uma luva molhada com soro, o dedo deslizava com mais facilidade na parte de dentro, que não é a epiderme.

— Quando descobri esse macete do tato, não tive mais problemas.

O acadêmico Edgard Alves Costa, que auxiliava Ronaldo Pontes na cirurgia plástica do Getulinho e também ajudou no Antonio Pedro, lembra que no começo houve casos em que a pele foi colocada ao contrário e não se fixou. Hoje, cinquenta anos depois, ele não esquece de uma cena:

— O primeiro vidro que peguei vinha com o nome Peter escrito numa etiqueta. Fiquei pensando: "Será que era o doador? Ou será que foi quem colheu o material?". O mais provável é que tivesse sido quem doou. De qualquer forma, guardei esse nome para sempre — diz ele, que havia se formado em odontologia, era professor de cirurgia bucofacial da FFM e estava cursando medicina.

No dia 4 de janeiro de 1962, o menino Nilson Rodrigues Bispo, de nove anos, tornava-se a primeira vítima do circo a receber o enxerto, numa operação realizada por Pitanguy, Odyr Aldeia, Ramil Sinder e Edgard Alves Costa em uma hora e meia. Um feito histórico.[10]

13. Pitanguy

O cirurgião plástico Ivo Pitanguy tinha 35 anos naquele 17 de dezembro de 1961 e batalhava para convencer outros médicos brasileiros da relevância de sua especialidade. Àquela altura, não abrira sua famosa clínica na rua Dona Mariana, em Botafogo, que seria inaugurada em 1963, mas já tinha se aperfeiçoado por quatro anos nos Estados Unidos e na Europa, era professor da pós-graduação da PUC e comandava o serviço de urgência da 8ª (atual 38ª) Enfermaria da Santa Casa da Misericórdia. Ainda não havia uma noção muito clara no país do que profissionais como ele podiam fazer pelas pessoas.

— A cirurgia plástica era tão desconsiderada que os raros colegas que nela se aventuravam não faziam nenhuma questão de divulgar isso — contaria depois na autobiografia *Aprendiz do tempo*.

Ele e seus colaboradores circulavam pelos hospitais do Rio procurando mostrar a importância de seu trabalho. Na Santa Casa, Pitanguy finalmente convencera o diretor a encaminhar-lhe vítimas de queimaduras ou com outras deformidades que exigissem cirurgia reparadora. Pacientes ansiosos e esperançosos faziam fila pelos corredores do hospital, e o serviço virou uma espécie de "pátio dos milagres". Diante da procura crescente, a direção lhe confiou o espaço da 8ª Enfermaria.

O incêndio do Gran Circo acabaria servindo para abafar o preconceito, desfazer a imagem de cirurgia cosmética e mostrar à opinião pública o papel social daquilo que Pitanguy e outros especialistas faziam.

— Essa tragédia evidenciou a importância da nossa especialidade — ele reconheceria décadas mais tarde.

O professor Paulo Knauss, do departamento de história da UFF, coordenador com Ana Maria Mauad do projeto "Memória e trauma social: A tragédia urbana do incêndio do Gran Circo Norte-Americano", concorda:

— Não é à toa que a cirurgia plástica no Brasil é tão desenvolvida. Ela teve nessa tragédia seu maior campo de pesquisa e experimentação na história.

Na época do incêndio, Pitanguy era dono do barco *Água Branca*, uma lancha de 46 pés com dois motores, comando Cruiser, que pertencera ao jornalista Roberto Marinho, então dono do jornal *O Globo* e da Rádio Globo. Quando precisava ir ao Antonio Pedro, o médico seguia ao volante de seu Porsche cinza-chumbo para o Iate Clube do Rio e estacionava o carro. O marinheiro português Alberto cruzava em poucos minutos as águas da Baía de Guanabara com seu patrão, parando a embarcação no Iate Clube de Niterói. Assim, Pitanguy evitava os problemas comuns a quem precisava transpor a baía naquele começo dos anos 1960. A ponte Rio-Niterói só seria construída em 1974.[11] Enquanto isso, "a morte viaja nas embarcações", denunciavam líderes marítimos com algum exagero. Das 29 lanchas e barcos, informava *O Fluminense*, apenas nove estavam em funcionamento, assim mesmo "sem boas condições de navegabilidade". Em horários de pico, a fila era grande e quem tivesse que embarcar de automóvel na balsa podia gastar mais de uma hora na viagem. A bordo de sua lancha, Pitanguy navegava ao largo dos inconvenientes e chegava rapidamente ao Antonio Pedro.

Por conta do incêndio, o serviço da Santa Casa teve que parar de aceitar novos casos e ficar só com os doentes já em tratamento. É que quase toda a equipe estava em Niterói. Os médicos não ficaram imunes à fogueira de vaidades que ardeu durante o incêndio. Até hoje, quase todo o noticiário sobre a atuação médica durante a tragédia se resume a citar Pitanguy, omitindo dezenas de profissionais que estiveram presentes na ocasião, o que acabou colaborando na construção da imagem pública do cirurgião plástico. Mas a dimensão do papel do médico no episódio é motivo de controvérsia. Alguns críticos dizem que ele ia pouco ao Antonio Pedro, que apareceu somente na fase inicial, que não se envolvia diretamente no tratamento, que levava todos os créditos por um esforço que era de equipe e que apresentou o trabalho feito por seu assistente Ramil Sinder ao ser convidado pela Organização do Tratado do Atlântico Norte (OTAN), para falar em Bruxelas, em 1963, sobre a "maior tragédia em recinto fechado do mundo".[12] Já seus defensores garantem que seu prestígio atraía a atenção das autoridades para o problema, que sua influência rendeu dividendos aos feridos, como a pele liofilizada, que ele servia de referência para outros médicos, que era o líder natural do grupo e que comandava o tratamento por meio de seus dois assistentes, Odyr Aldeia e Ramil Sinder. Sem contar que seu talento projetou a cirurgia plástica brasileira no exterior e fez dele o nome de maior prestígio internacional em sua área de atuação, e que, mais tarde, as vítimas foram tratadas gratuitamente das sequelas na Santa Casa durante o tempo que foi preciso.

O cirurgião plástico Liacyr Ribeiro, presidente da associação de ex-alunos de Pitanguy, diz que há muito folclore em torno do episódio.

— Há uma discussão muito grande acerca da impressão de que ele só ia ao hospital para fazer foto, de que só aparecia quando tinha jornal. É uma ingratidão — diz Liacyr, que, em 1995, estava num congresso em Trípoli, na Líbia, quando foi convidado pelo ministro da Saúde do país para operar uma "pessoa muito querida" e levou um susto ao descobrir que o paciente era o ditador Muamar Kadafi, que fez uma cirurgia de rejuvenescimento facial.

Liacyr garante ainda que Pitanguy era "o cabeça":

— Ele sabe administrar e mandar. Delegou poderes a Ramil e Odyr. Tudo bem, ele não ia muito lá, mas logicamente quem comandava era ele, mesmo que fosse à distância.

Sobre a omissão do nome dos demais médicos no noticiário sobre a tragédia, ele diz:

— É o carisma do Pitanguy. Ele é um cara que descobriu a mídia na medicina antes de todo mundo.

Liacyr reconhece que o cirurgião plástico levou o trabalho de Ramil "para tudo que é lugar" e que ficou "com os louros".

— O trabalho foi importante para a parte promocional do Pitanguy. Mas ele era o chefe do Ramil. E Pitanguy já tinha prestígio na ocasião. É um cara predestinado, e isso gera muita inveja, muita raiva e muito rancor.

Pitanguy minimiza a polêmica:

— Devido ao número de pessoas que colaboraram pode ter havido incompreensão de alguma parte, mas na verdade o objetivo de todos sempre foi o de ajudar as vítimas.

Em 2001, por ocasião do quadragésimo aniversário da tragédia, realizou-se uma mesa-redonda sobre o tema na 24ª Semana

Científica da Faculdade de Medicina da Universidade Federal Fluminense. O encontro reuniu alguns dos principais médicos que atuaram no tratamento das vítimas do circo. Participaram os clínicos Youssef Bedran, David Telles, Geraldo Chini e Márcio Torres, os cirurgiões plásticos Ramil Sinder e Ronaldo Pontes e o cirurgião Edgard Stepha Venâncio. Na plateia, estavam nomes igualmente importantes, como o cirurgião José Hermínio Guasti, o ortopedista Carlos Augusto Bittencourt, à época cirurgião geral, e o cirurgião Guilherme Eurico Bastos da Cunha. Durante as duas horas de reunião, o nome de Pitanguy só foi citado uma vez — por Guasti, no momento em que comentou a vinda de uma equipe argentina ao Brasil para ajudar:

— Falei: "Serão bem-vindos, mas nós estamos aqui já com o doutor Pitanguy. Eu queria que vocês pudessem conversar com ele antes de assumir".

Em sua exposição na mesa-redonda, Venâncio disse, de maneira a não deixar dúvidas:

— Foram quarenta anos de silêncio absoluto. Nós nunca, numa aula, tocamos no assunto do incêndio. Nunca ninguém aqui na mesa se promoveu, nunca teve um retrato no jornal, nunca houve nenhum comentário relacionado com a promoção incorreta em cima de quatrocentos cadáveres.[13] É um silêncio que traduz bem o que representou para todos nós.

Tantos anos depois, o tema das participações médicas continuava polêmico. Continuava e continua.

14. Médicos experientes fraquejam

A cena se repetia a cada manhã, mas o clínico geral Youssef Bedran não se conformava. Ele entrava na enfermaria do Antonio Pedro e via aumentar o número de leitos vagos, sem colchão, levado para esterilização. Era sinal de morte de paciente. As imagens de camas cobertas por lençóis surgiam em forma de pesadelo para os que sobreviviam.

Um dia, passando por uma criança de cerca de dez anos, com aproximadamente 40% do corpo queimado, o anestesista Humberto Lauro Rodrigues pareceu escutar:

— Tio, sonhei que a morte vinha me buscar.

Ele se aproximou da menina, sem ter certeza do que tinha ouvido.

— O que você sonhou? — perguntou, com um aperto no peito.

— Que a morte vinha me buscar.

— Mas como era a morte?

— Não sei, era um vulto preto. Ela me ameaçava: "Eu vim te levar". Eu dizia: "Não vou". Ela falava: "Vem comigo", mas eu não ia.

A possibilidade de morrer era tão presente que aqueles embates duraram dias. Ela acabou se acostumando com os pesadelos, que terminavam sempre com a derrota da morte. O final foi feliz: a menina teve alta.

Por sorte, o hospital contava com Humberto, que, aos 24 anos, era um dos raros especialistas em anestesia pediátrica do país e extremamente habilidoso em puncionar veias.[14] Para as crianças com a face queimada e por isso impossibilitadas de usar máscara com gás anestésico, ele recorria à lei da gravidade. Levava a máscara para perto e deixava a anestesia cair sobre o rosto do paciente. Humberto, que também trabalhava no Getulinho, no Santa Cruz e na Santa Branca, convencia as crianças a seguir suas instruções. Alguns, como um menino de dez anos, esticavam a mão, pegavam a máscara e faziam tudo sozinhos. Às vezes, acordavam e cheiravam de novo o gás, até apagar.

Ao caminhar pela enfermaria, Humberto costumava ter a passagem interrompida por apertos em seu braço. Não eram intensos, tampouco frouxos. Não queriam agredir, mas não queriam passar despercebidos. Denunciavam um apelo silencioso:

— Pelo amor de Deus, olhe por mim, não me largue, não me deixe, cuide de mim.

Ao parar para conversar, o anestesista ouvia pedidos dramáticos. Ora era o pai de família que dizia:

— Doutor, eu não posso morrer. Tenho três filhos para criar.

Ora era a jovem que implorava:

— Me salva. Minha mãe depende de mim.

Um médico, diante de uma paciente em estado grave que havia perdido parentes no incêndio, perguntava-se: "Meu Deus, será que o que estou fazendo é certo? Será que está correto a gente fazer todo esse esforço? O que será da vida dessa pessoa se ela sobreviver, com todas essas sequelas e perdas?".

A resposta veio anos depois, quando foi abordado na rua por uma senhora:

— Eu queria lhe agradecer por ter salvado minha vida — disse-lhe a antiga paciente.

Havia estudantes de medicina que não aguentavam ver a retirada dos curativos e desmaiavam, mas mesmo profissionais calejados fraquejavam diante daquele cenário de terra arrasada. Isso aconteceu com Herbert Praxedes, chefe do banco de sangue do Getulinho, ao entrar na sala de cirurgia do hospital e ver em cima de uma mesa uma menina com pouco mais de um ano que era cópia de sua filha Inês. Usava calcinha amarela e estava em estado de choque, aguardando atendimento. Instantes depois, morreu.

O desgaste era tanto que, em seu primeiro dia cuidando dos queimados no hospital Antonio Pedro, o clínico Geraldo Chini, chocado, teve que pegar seu carro e dar uma volta pela praia de Icaraí. Precisava espairecer. Dirigia seu Hillman inglês quando, distraído, desviou para a outra pista, na contramão. Quando viu, o ônibus já estava quase em cima de seu automóvel. Girou o volante e escapou por muito pouco da colisão. Por sorte, não havia nenhum carro no lado direito.

Os especialistas, no entanto, tinham que controlar a emoção, mesmo quando reconheciam parentes entre os mortos. No Instituto Médico Legal, o pediatra Israel Figueiredo identificou o corpo de uma menina pela calcinha e, desesperado, avisou um colega, José Hermínio Guasti, chefe do setor médico do Antonio Pedro:

— Guasti, esta é a minha filha.

Rita de Cássia Figueiredo, de quatro anos, havia sido levada ao circo pela tia e pela babá, de quinze anos, que também morreu.

Mas eram tantas as vítimas que Israel não podia se permitir ficar junto à menina morta e logo seguiu para o hospital. Transformara a dor em ação, atendendo um ferido atrás do outro.

* * *

Com o cirurgião José Benedito Neves podia ter acontecido o mesmo. Por um triz sua filha Beatriz não estava no circo no dia do incêndio. Na véspera, pela manhã, chegou à bilheteria disposto a comprar ingressos de camarote para ele, a mulher, Maria Lúcia, a menina de três anos, a cunhada de Lúcia e um sobrinho da moça. A outra filha, de dois meses, ficaria com a avó. O fascínio pelo circo vinha da infância, em Cachoeiro de Itapemirim, no Espírito Santo, quando morava perto de um terreno onde volta e meia era erguida uma lona. Na bilheteria, repensou:

— Está muito quente. Vou consultar minha mulher.

Já em casa, ouviu:

— Não poderemos ir. Telefonaram da casa da dona Aracy. Tem batizado de um dos netos dela.

Aracy era viúva de Ari Parreiras, ex-interventor federal do estado do Rio, e tia de Lúcia.

Resignado, foi ao batizado e, em seguida, ao lanche na casa de Aracy. Mal chegou e recebeu um telefonema convocando-o ao hospital. Lá teve que fazer um pouco de tudo: traqueostomia, broncoscopia, curativos, dissecação de veias. Só dois dias depois voltou para casa e conseguiu tomar banho, retornando em seguida.

Também por pouco outro médico escapou: justamente Youssef Bedran, que comandava a equipe de clínicos gerais do Antonio Pedro. Aos 41 anos, ele tinha ido ao circo com a família, mas chegara com a porta já fechada. De volta para casa, resolveu então descansar. Mal se deitara e o clínico Molulo da Veiga, chefe da terceira enfermaria do Antonio Pedro, batera à sua porta para comunicar-lhe o incêndio. Bedran era um dos raros médicos com experiência em queimaduras. Trabalhava havia dois anos no Hospital dos Servidores, onde tomou contato com uma vasta biblioteca sobre o tema. Um ano antes, havia cuidado de um homem com 60% do corpo queimado e também atendera o governador do estado do Rio, Roberto Silveira, após o acidente de helicóptero em Petrópolis. A equipe de clínicos do Antonio Pedro contou com o reforço de três médicos de fora. Geraldo Chini e Márcio Torres, que pertenciam ao quadro do Hospital de Ipanema, na época dos comerciários, e Eduardo Imbassahy Filho, do hospital Pedro Ernesto. Os três eram discípulos do doutor Stanislaw Kaplan, considerado o maior clínico do Rio, e foram cedidos por causa de sua competência.

Torres fora despertado à tarde por alguém que, ao telefone, se apresentava como assessora do palácio do governo do Amazonas.

— O que houve? — ele se assustou.

— Aqui não houve nada. O doutor João está bem. Mas muito preocupado em saber se o senhor e sua senhora estavam no circo.

O doutor João Machado, desembargador no Amazonas, era sogro de Torres. Diante da dificuldade que era ligar de Manaus para Niterói, recorreu ao palácio do governador Gilberto Mestrinho.

— Que circo? — estranhou o médico.

Foi assim que soube do incêndio. Como não tinha carro, pediu carona a um colega até o hospital Antonio Pedro, mas os dois não conseguiram ultrapassar o ajuntamento. Foram então para o Getulinho, onde passaram a noite.

O grupo de cirurgiões plásticos do Antonio Pedro, por sua vez, tinha em Odyr Aldeia e Ramil Sinder, assistentes de Pitanguy na Santa Casa, seus líderes naturais.

— A confusão era tanta que não havia uma organização rígida — minimiza Ramil.

De temperamentos opostos — o primeiro, brigão e de gênio forte, o segundo, tranquilo e avesso a polêmicas —, mas talentosíssimos, os dois praticamente se mudaram para o hospital.

Mais cedo, quando viu os caminhões despejarem mortos e feridos no Antonio Pedro, Ramil se lembrou das imagens dos campos de concentração nazistas. Depois, já na enfermaria superlotada, parecia que estava numa frente de batalha. Pacientes e parentes imploravam por ajuda. Ao passar por um leito, ele deteve-se numa moça de feições orientais sentada, tentando desesperadamente respirar. Quando viu o médico, desceu com dificuldade da maca, ajoelhou-se diante dele e procurou falar, como quem diz: "Me salva". Mas o som não saía, e ela, aflita, botou as mãos em prece, numa nova tentativa de se fazer entender. Ficou roxa e morreu na frente do cirurgião.

Nos primeiros dias, Ramil voltava à sua casa apenas para tomar banho e trocar de roupa. Dormia no próprio hospital. Só assim dava conta. Primeiro-tenente, ele acumulava o trabalho de plantonista no Antonio Pedro com o de cirurgião geral do Hospital da Aeronáutica, no Campo dos Afonsos, no Rio, e o curso de cirurgia plástica com Pitanguy na Santa Casa da Misericórdia. Após o incêndio, o caos era tanto que, no primeiro dia, ele faltou ao trabalho no Campo dos Afonsos sem avisar. Mas logo depois recebeu um telefonema de lá.

— Há uma ordem do ministro da Aeronáutica para que você não fique preocupado. Fique à vontade aí.

O Ministério da Saúde havia solicitado sua liberação enquanto a fase de emergência perdurasse. Duas semanas depois, à medida que a rotina se normalizava, ele voltou a se revezar entre o Antonio Pedro e a Aeronáutica. Ficou até a saída do último paciente, Tomaz Carvalho. Para organizar o atendimento, teve uma ideia. Fez um esboço do que queria e passou o material para funcionários do departamento de Estatística do Parque dos Afonsos da Aeronáutica. Eles pegaram uma folha de papel vegetal de 2,7 m de comprimento por um metro de largura e dividiram o espaço em fileiras verticais e horizontais, formando um retângulo quadriculado. No alto das linhas verticais, eram anotados os dias, a partir de 17 de dezembro. Nas fileiras horizontais, vinham o nome do paciente, a profissão, o sexo, a idade, o percentual de queimadura e o procedimento médico realizado, representado por pequenos retângulos coloridos. Verde designava curativo, vermelho simbolizava transfusão de sangue e amarelo indicava enxerto de pele. Preto assinalava morte. Com isso, ele acompanhava diariamente a evolução de cada paciente.

Mas, em vez de cumprimentos, Ramil recebeu cobranças. Ao saber que tinha usado funcionários da Aeronáutica, o comandante da unidade desconfiou que se tratasse de um serviço particular e foi reclamar com o cirurgião plástico. Explicada a nobreza do gesto, ficou tudo bem.

Outra providência tomada por Ramil foi datilografar as orientações, fazer cópias e colá-las nas paredes de todas as enfermarias. Com isso, padronizava o tratamento.

O Antonio Pedro transformou-se em moradia também de outros médicos, como Dacio Jaegger, que só voltou pela primeira vez à sua casa, localizada bem em frente à porta principal, uma semana depois. Um dia, o clínico Calixto Calil passou pela entrada da enfermaria e viu um padre celebrando uma missa. Olhou o relógio e estranhou a hora: quase meia-noite. Mais tarde, perguntou do que se tratava e levou um susto ao ouvir que era a missa de Natal. Não reparara que não deixava o hospital havia sete dias.

Se o Antonio Pedro vivia um histórico de descaso, o Getulinho, ao contrário, estava bem estruturado, graças ao cirurgião plástico Ronaldo Pontes. Seu interesse inicial ao entrar para o hospital eram os casos de lábio leporino e fissuras palatinas. Mas logo começaram a aparecer vítimas de queimaduras caseiras — a panela que entornava, o álcool que inflamava, o ferro quente que encostava —, e ele resolveu implantar um pioneiro, ainda que artesanal, serviço de atendimento. Já havia material — gaze furacinada e vaselinada, atadura para fazer compressão — e uma rotina de tratamento. Só que, com o incêndio no circo, eram tantos os pacientes chegando, e em estado tão grave, que na primeira noite morreram sessenta crianças.

A exemplo de muitos de seus colegas, ele passou a primeira semana toda sem ir para casa — e aí não se sabe quem elogiar mais por essa rotina de sacrifício, se eles próprios ou suas famílias.

O hospital era especializado em pacientes de até doze anos, mas, diante da emergência, acolheu pessoas de todas as idades. Pouco mais de um dia depois, porém, os adultos foram removidos para o Antonio Pedro.

Na véspera do incêndio, Pontes havia recebido um telefonema. O pai de duas crianças perguntava se poderia levá-las ao cinema. Elas tinham acabado de ser operadas pelo médico para correção de orelha de abano. Pontes disse que não, invocando o calor e explicando que os curativos chamavam a atenção. Na primeira noite após a tragédia, ele foi abordado no hospital por um amigo que, coincidentemente, era tio desses garotos.

— Você não viu por aí meus sobrinhos? — perguntou.

— Como? Se eu proibi que fossem ao cinema, como é que iriam ao circo? — estranhou Pontes.

— Mas eles foram.

O cirurgião plástico seguiu para uma das salas de cirurgia e viu um garoto de cerca de seis anos, com o rosto e o corpo queimados. Levantou sua orelha e notou um detalhe familiar: o ponto da operação que havia feito no dia anterior. Chorou ao ver que ele estava morto. O irmão também não resistira.

Quase todas as crianças sofreram queimaduras de terceiro grau. Era difícil disfarçar o abatimento.

— Doutor, me ajuda — implorava uma voz.

Minutos depois, quando o médico passava de novo o paciente já havia morrido.

Edgard Stepha Venâncio, chefe de cirurgia do hospital, começou a dissecar uma veia quando viu Pontes fazer um sinal com a mão espalmada, como que indicando: "Para, ele morreu". Outras vezes, percebia pelo olho arregalado de Pontes que não havia mais o que fazer. Apesar da pressão, Venâncio mantinha o equilíbrio, fiel a seu princípio básico: "Na medicina, você tem que estar muito comprometido emocionalmente. Mas a emoção não pode interferir no lado técnico".

Todos os pacientes do circo que estavam no Getulinho receberam enxertos. Até a chegada do carregamento liofilizado dos Estados Unidos, foi tudo feito com a pele da própria vítima. Trabalhando em conjunto, Pontes e Venâncio reduziam as operações à metade do tempo.

Pontes começou a notar que, passada a comoção inicial, a colaboração de médicos voluntários escasseava. Achava natural que a ajuda retraísse e cada um fosse cuidar da própria vida. Mas ele, Venâncio e os outros integrantes da equipe, como Jacob Lipster, que anestesiava todas as crianças na hora das operações e dos curativos e enxertos cutâneos, não desertaram.

— No momento da eclosão, havia milhares para ajudar — testemunha hoje Edgard. — Após a poeira assentar, pouquíssimos ficaram.

Por falta de experiência em queimados, o grupo da cardiologia classificava e colhia sangue. Pontes dedicou um ano inteiro às vítimas. Era um trabalho penoso. A queimadura é traiçoeira. Meses após o incêndio, uma paciente teve alta. Nádia, de quinze anos, levantou-se, foi até a janela do hospital Santa Cruz, onde ele também atendia, e comemorou:

— Que bom que estou bem.

Instantes depois, teve uma embolia pulmonar e morreu ali mesmo, na frente do médico.

Foi preciso recorrer a todos os leitos disponíveis em Niterói e São Gonçalo para dar conta das vítimas. Menos de um ano antes daquele 17 de dezembro, o obstetra Messias de Souza Farias resolvera conciliar seu trabalho no Antonio Pedro com a direção de um pronto-socorro particular na rua Visconde de Sepetiba. Comprou um terreno com uma casa velha, reformou o imóvel e deixou-o em condições dignas para atendimento. O Serviço Médico de Urgência Messias de Souza Farias conquistava uma clientela fiel.

De uma hora para outra, o médico viu-se às voltas com a chegada de um batalhão de queimados. No primeiro dia, pôs à disposição seus leitos, seus medicamentos, suas ambulâncias e mesmo sua equipe de 22 médicos. Cedeu até sua última agulha de injeção e toda a roupa de cama, que foi usada para embrulhar os mortos. Ironicamente, o gesto teve seu preço. Por volta da meia-noite, quando estava todo mundo reunido numa sala, ele disse:

— Estou falido. E ninguém vai me pagar.

De fato, o obstetra não foi ressarcido pelo governo do estado e acabou obrigado a fechar as portas do pronto-socorro. Morreu endividado.

E, como se fosse pouco, teve que enfrentar, além da falência, um processo, em meados dos anos 1960. O Conselho Estadual de Entorpecentes acusava-o de não ter apresentado um controle do uso de morfina, demerol, dolantina e dolosal que aplicou nas vítimas internadas em seu serviço médico e que cedeu ao Antonio Pedro. A acusação de desvio de entorpecentes revoltou o clínico geral Waldenir Bragança. Como médico sanitarista, ele representava o Ministério da Saúde no conselho. Na sua vez de falar, Bragança foi exemplar:

— Messias doou todo o material que tinha. Ele merece nosso respeito, nossa consideração e nosso reconhecimento. Deve ser homenageado, e não punido.

Messias acabou absolvido.

Os médicos brasileiros tiveram uma bendita e inesperada ajuda. No dia seguinte ao incêndio, o Ministério da Saúde argentino captou um pedido de auxílio enviado por um radioamador brasileiro. Eram quase 3h quando o cirurgião plástico Fortunato Benaim atendeu o telefone em sua casa. Do outro lado da linha, o próprio ministro informava-o da tragédia. Aos 42 anos, o médico chefiava o respeitado Instituto Nacional de Queimados da Argentina, em Buenos Aires. Havia assumido o cargo de diretor por concurso em 1956. Benaim prontificou-se a ajudar o Brasil. Em 1960, ele tivera a ideia de criar uma equipe móvel para casos de catástrofe. Benaim partia de algumas certezas: uma tragédia não é previsível e não permite improvisações; e um exército não espera a guerra para treinar. Levou um ano para o projeto ser concluído. A equipe contava com dez carrinhos com rodas, do tamanho de uma mala grande cada. Eram dotados de estantes onde cabiam medicamentos, instrumentos cirúrgicos, material como gaze, atadura e roupas esterilizadas. Cada um tinha capacidade para suprir dez pacientes. Graças à sua precaução, em apenas três horas já estava pronto o aparato necessário para a viagem. Todos os quinze profissionais que ele contatou concordaram em colaborar.[15] E outros se ofereceram, mas Benaim avaliou que não eram necessários.

A viagem, num DC-3 com duas hélices da Força Aérea argentina, durou inacreditáveis doze horas. Finalmente, às 9h do dia 19 de dezembro, a equipe desembarcava no Galeão, no Rio de Janeiro, onde ficou hospedada no sofisticado Copacabana Palace — um exagero para quem, como Benaim, viajara com apenas uma muda de roupa, composta de um traje simples de verão. No dia seguinte, ao lado do amigo Ivo Pitanguy, que foi recebê-lo, Benaim foi transportado do Rio para Niterói por lanchas do Serviço de Salvamento da Guanabara. Antes mesmo de chegar às enfermarias do Antonio Pedro, percebeu a extensão da tragédia. Havia sido levado ao terreno do circo, onde se surpreendeu com a quantidade de sapatos de crianças e roupas abandonados. E, ainda no pátio e no corredor de entrada do hospital, viu a fila de corpos estirados no chão.

Logo após a reabertura do Antonio Pedro, o diretor Almir Guimarães havia designado o cirurgião geral Carlos Augusto Bittencourt, o Gugu, para cuidar da área administrativa. Uma de suas funções era distribuir os doentes pelas enfermarias. Na hora em que a equipe de Benaim apareceu, todas as vítimas já estavam devidamente acomodadas.

— Quando eles chegaram, cheios de material, não havia mais pacientes disponíveis para tratar — recorda-se Gugu. — O diretor me chamou e mandou que eu resolvesse o problema, arranjando alguns. E lá fui eu pelas enfermarias buscando gente. Achei melhor apanhar os casos mais graves para que se sentissem úteis. Seria até uma desconsideração dar a eles pacientes com queimaduras pequenas para tratamento. Poderia parecer falta de confiança. E eles foram muito bem-sucedidos no que fizeram.

A primeira medida de Benaim foi estabelecer a ordem na enfermaria. Ele pôs soldados nos acessos para proibir a entrada indiscriminada de visitantes, como vinha acontecendo. Os guardas eram tão ciosos de seu trabalho que um deles barrou o ministro da Saúde:

— Por ordem do doutor Benaim tem que botar jaleco, touca e máscara para entrar aqui.

O ministro obedeceu. Outra determinação para impedir o entra e sai de parentes e jornalistas foi passar a informar por escrito, de manhã e à tarde, a evolução do estado de saúde dos pacientes. Benaim também mandou cobrir com filó todos os leitos, para evitar as moscas que infestavam as feridas dos queimados. O cirurgião não telefonou em momento algum para sua mulher e seus filhos. Estava atarefado demais com os doentes para se ocupar de qualquer outro assunto.

Mesmo conhecendo o elevado padrão técnico de seus colegas brasileiros, Benaim surpreendeu-se com o alto nível do tratamento dado aos pacientes nas primeiras 24 horas — mérito principalmente dos clínicos gerais —, ainda mais levando-se em conta a extensão da catástrofe, as condições precárias de trabalho e o grande número de feridos internados às pressas num hospital que não tinha condições de funcionamento.

Por sua vez, o método de Benaim impressionou o estudante de medicina Edgard Alves Costa:

— Ele nos ensinou o movimento harmônico e padronizado. Os argentinos pegavam um paciente e rapidamente faziam todos os procedimentos. Era quase um mutirão. No caso dos brasileiros, no começo, era muita batida de cabeça e, literalmente, de maca.

No dia 22, a equipe de Benaim foi homenageada na sala de conferências do hospital. Duas enfermeiras argentinas disseram-se emocionadas com o gesto de um taxista que se recusou a cobrar por uma corrida. O motorista alegara que os fluminenses é que estavam em débito com os argentinos por tudo o que fizeram. A delegação ficou no Brasil até o dia 27 de dezembro, quando regressou num avião da Força Aérea argentina. Benaim vestia a mesma roupa com que partira de Buenos Aires. Aquela seria a primeira e única vez na vida que o cirurgião plástico usaria sua equipe móvel para casos de catástrofe. Desde 1948, atendendo a queimados, o homem que ganhou todos os prêmios em sua área de atuação nunca viveu situação tão dramática.

— Acho que sou o único em meu país que se dedica exclusivamente a queimados, afora minha equipe e alguns discípulos — ele diz à beira da piscina de um hotel em Niterói, para onde foi pela segunda vez na vida, agora para ser homenageado pela Academia de Medicina do Rio de Janeiro, no dia 10 de maio de 2011. — O tema da queimadura é tão importante, tão amplo e tão profundo que, se a pessoa não se dedicar, uma vida inteira não basta para entendê-lo. Os demais improvisam.

Nascido em 18 de outubro de 1919, esse senhor sorridente, de aspecto jovial, voz forte, audição perfeita e memória afiada impressionou o amigo Pitanguy, que o achou mais esbelto e inteiro do que da última vez em que se viram, quinze anos antes. Dessa vez, a viagem de Buenos Aires ao Rio durou apenas três horas.

O Getulinho também recebeu reforço do país vizinho. Cinco irmãs de caridade argentinas, enfermeiras diplomadas no Hospital de los Niños, em Buenos Aires, estiveram no hospital, sob o comando da madre superiora irmã Santinia. Uma delas rezava, pedia forças, prendia seu crucifixo entre os lábios e, com as mãos livres, pegava com habilidade as veias das crianças.

15. O batismo de fogo dos recém-formados

Dois dias antes do incêndio, na sexta-feira, 101 estudantes da Faculdade Fluminense de Medicina participaram da cerimônia de colação de grau em Petrópolis, na serra. No sábado, eles celebraram a formatura com um baile no hotel Quitandinha, construído em 1944 para ser o maior hotel-cassino da América do Sul. No dia seguinte, na volta para Niterói, foram surpreendidos pela tragédia. No grupo havia quatro com experiência em queimados. Como estudantes, Liacyr Ribeiro, Ewaldo Bolivar de Souza Pinto, Dacio Jaegger e Carlos Caldas já estagiavam com Odyr Aldeia no Antonio Pedro. A eles se juntou Pierre Lion, que era aluno de Pitanguy na Santa Casa, morava no Rio e que, como os outros quatro, trabalhou incansavelmente no Antonio Pedro.

— Num ano lá, eu vi de queimados o que não vi na vida — lembra Liacyr.

Caldas havia se demorado um pouco mais em Petrópolis no domingo. Ele, a irmã, a namorada e alguns amigos acordaram e saíram para passear. Depois do almoço, voltaram para Niterói. Chegaram à praça XV, no Rio, e aguardaram a barca, para atravessar com o carro. A bordo, Caldas notou uma presença maior do que a habitual de automóveis e ambulâncias na embarcação. Perguntou o que tinha acontecido.

— O circo pegou fogo — ouviu.

Suas pernas tremeram: sua mãe ficara de ir com seu irmão caçula, de dez anos. Ao chegar à sua casa, a boa notícia: ela havia desistido por causa do calor. Vários recados o esperavam. Como sabia tratar queimados — além de Odyr Aldeia ele também estagiava com Pitanguy na Santa Casa —, estava sendo convocado para ajudar na Casa de Saúde São José, em São Gonçalo, onde um grupo de 47 pacientes tinha sido internado. Graças à sua experiência, acabou designado para tomar conta do hospital. Mas logo de início Caldas sofreu um baque. O primeiro paciente que atendeu como médico formado morreu pouco depois de um minuto. Chegou a aplicar oxigênio e fazer manobra de ressuscitação no homem, mas sem êxito. No dia seguinte, dos 47 feridos só restavam pouco mais de trinta. No terceiro dia, eram menos de vinte. O índice de mortalidade tornara-se tão alto que a solução foi transferi-los para o Antonio Pedro, mais bem aparelhado. Caldas operava diariamente. Em algumas ocasiões, duas, três, quatro vezes por dia. Ficou até abril no Antonio Pedro, abrindo mão de seus outros trabalhos e de várias propostas de emprego.

Foi também na barca que Ewaldo soube do incêndio. Ele avistou um colega do pronto-socorro de Caxias, na Baixada Fluminense, junto a uma ambulância. O médico explicou que vinha do hospital Souza Aguiar, no centro do Rio, para transportar as vítimas. Assim que desceu, Ewaldo seguiu direto ao Antonio Pedro para ajudar. Foi fazer a ronda, prescrevendo a medicação e vendo a dieta de cada paciente. Ao chegar à primeira cama, um senhor advertiu-o:

— Doutor, avisa que eu não posso tomar soro glicosado porque sou diabético.

Ele anotou a informação no prontuário e foi em frente. Dirigiu-se até o fim da enfermaria e, quando voltou, o homem já estava morto, vítima de queimadura no pulmão. Também permaneceu no hospital até a saída do último doente, Tomaz Carvalho. Ewaldo havia ficado noivo justamente no baile do Quitandinha. Mas empenhou-se ao limite da resistência no tratamento, e a relação não sobreviveu ao incêndio.

Outro recém-formado, Guilherme Eurico Bastos da Cunha, já estava próximo de casa quando viu a fumaça cobrindo o céu.

— Algo muito grande pegou fogo — especulou. — Se não for a fábrica Zimotérmica, deve ser um posto de gasolina ou o mercado em frente à estação.

Tratou de correr para lá, após deixar a mulher e a cunhada em casa. Ao chegar, a paisagem antes dominada pela imensa lona do circo dera lugar ao vazio. Cunha já atuava como cirurgião do pronto-socorro do Antonio Pedro, mas, com o hospital fechado e a multidão que tomava conta das ruas, sabia que o melhor lugar para estar naquele momento seria na emergência do Messias de Souza Farias, ali perto, onde dava plantão. Trabalhou febrilmente. No dia seguinte, os que sobreviveram foram transferidos para outros hospitais, e ele seguiu para o Antonio Pedro. Só voltou para casa três dias depois. Na hora em que abraçou a mulher e as duas filhas, teve um acesso de choro. As meninas, de um ano e meio e de cincos meses, tinham ficado com sua mãe durante a viagem a Petrópolis, e felizmente não haviam ido ao circo.

Um grupo de estudantes tinha preferido fretar um ônibus para ir a Petrópolis. Na volta, o clínico David Telles foi para casa trocar de roupa antes de ir almoçar na sogra. Ao chegar a seu prédio, ouviu do porteiro:

— Doutor, uma ambulância do hospital infantil esteve procurando o senhor.

— Se voltarem, avise que estou na minha sogra.

Ele adorava a macarronada dominical feita por d. Liana, que morava a cerca de quinhentos metros, na praia de São Francisco. Mal começou a comer, Telles ouviu o barulho insistente de uma sirene. Foi à janela e viu a ambulância do Getulinho parada à porta. Desceu e o motorista parecia nervoso:

— Doutor, ainda bem que o senhor chegou de viagem. Precisamos ir com urgência ao hospital.

O homem não quis dizer do que se tratava, mas, como no dia seguinte estava programada uma cirurgia complexa em um menino com um tumor grande na bexiga, imaginou que a pressa tinha a ver com o caso. Porém, ao ver a entrada do Getulinho tomada por dezenas de pessoas, achou que era um sério acidente de trânsito. Ao entrar no hall, ouviu do porteiro:

— Doutor, a coisa tá feia.

Nem precisava avisar. Só que o problema era outro. Os corredores, a escada e a enfermaria estavam cobertos de vítimas com os corpos tomados por queimaduras. No centro cirúrgico, crianças aguardavam atendimento em cima de mesas e prateleiras. Era necessário agir rápido, e ele só conseguiu fazer uma pausa às 21h, para comer um sanduíche de queijo e beber um suco de laranja. Passou três dias sem sair do hospital e só às vezes dava uma cochilada no quarto dos plantonistas. Ao voltar para casa, reviu a mulher com quem se casara um ano antes, tomou um banho, dormiu um pouco, despediu-se e retornou ao Getulinho.

Entre os que ajudavam Telles a fazer curativos estava o pediatra Alcir Chácar. Ele chegara de manhã à pensão onde morava, também vindo do Quitandinha. Exausto após dançar a noite toda, avisou à dona do lugar:

— Vou passar o resto do domingo dormindo. Só me acorde se a casa pegar fogo.

Algum tempo depois, despertou com batidas fortes à porta:

— Acorde, acorde, está pegando fogo! O rádio está chamando tudo o que é médico para o hospital! — disse o vizinho do quarto ao lado.

Nesse instante, percebeu que havia subido a serra estudante e descido médico. Dormira sem tantas responsabilidades e acordara tendo que enfrentar uma tragédia. Correu para o Getulinho, mas o trânsito estava parado. Resolveu então ir a pé para o Antonio Pedro, mais próximo, onde a situação era tão confusa que ele viu um colega dissecar uma veia com tesoura, por falta de bisturi. Só à tarde, o futuro presidente da Academia de Medicina do Estado do Rio de Janeiro pôde ir para o hospital infantil.

O cirurgião Luiz Carlos Coelho Neto Jeolás já era formado desde 1956, mas sua mulher, com quem se casara havia pouco, queria ir ao baile de sábado à noite no Quitandinha. Só que um compromisso impedia a ida: o plantão dominical no hospital Orêncio de Freitas, dos Marítimos, no Barreto. Ele acabou pedindo um favor ao amigo e colega Edgard Stepha Venâncio, que, além de trabalhar no Getulinho, era cirurgião geral de urgência do Marítimos:

— Provavelmente vou me atrasar, você pode ficar até eu chegar da formatura? Umas dez horas devo estar lá.

Venâncio só entraria no plantão às 8h de segunda-feira, mas respondeu ao amigo que não teria problema em ir também no domingo. Eram cerca de 14h quando Jeolás finalmente chegou de Petrópolis. Cumprimentaram-se e seguiram para o vestiário. Jeolás começou a pôr seu jaleco enquanto Venâncio tirava o seu. O porteiro do hospital interrompeu a troca de roupa:

— O doutor Eugenio Duarte chegou aí com quatro queimados.

Duarte dava plantão no Samdu de Niterói e tinha sido professor de Venâncio na faculdade. Era um homem tranquilo e controlado. Venâncio correu para a porta do hospital e deu de cara com o médico aos prantos, repetindo, como um autômato:

— Tá morrendo muita gente, tá morrendo muita gente.
Em seguida, tinha acessos de riso nervoso:
— Meus filhos estão vivos, meus filhos estão vivos.
Aos poucos, Venâncio conseguiu desvendar a história. Depois que esteve no local da tragédia, onde aplicou morfina nas vítimas, com a ajuda de um bombeiro, o proctologista Romeu Marra seguiu para o Samdu. Encontrou Duarte na calçada.
— Você soube que o circo pegou fogo? — perguntou Marra.
Duarte ficou lívido. Seu motorista tinha acabado de voltar ao Samdu após deixar os quatro filhos e os quatros sobrinhos do patrão no circo. Duarte nem havia guardado a chave de seu Ford 51 bege e saiu às pressas atrás da família. Assim que chegou ao local, teve o caminho interrompido por quatro adultos seriamente queimados. Ao verem aquele homem de branco ao volante, eles abriram a porta do carro e entraram, pedindo ajuda. O médico seguiu rumo ao Hospital dos Marítimos, sem conseguir tirar os filhos e os sobrinhos da cabeça. O que mais desejava era procurá-los, mas não podia ignorar os feridos em seu carro. No caminho, teve o pensamento interrompido ao ver seus oito parentes correndo com as babás pela rua. Ao constatar que estavam bem, continuou o trajeto, sem parar o automóvel. Já no hospital, Duarte informou a Venâncio o que vira no terreno do circo:
— Tem um mundo de queimados lá. Tem gente caindo morta na rua. Tem muita criança.
Venâncio percebeu que, com o Antonio Pedro fechado, o Getulinho, onde chefiava a cirurgia, lotaria. Voltou-se para Jeolás e pediu que cuidasse dos quatro feridos, enquanto ele seguiria até o hospital infantil de São Gonçalo. Sem carro, pediu carona a Duarte, que, no caminho, repetia maquinalmente:
— Meus filhos estão vivos, mas está morrendo muita gente. Eles estão vivos, mas está morrendo muita gente.
Jeolás fez o atendimento inicial dos quatro queimados e em

seguida convocou toda a equipe — médicos, enfermeiros, o administrador e demais funcionários — para uma reunião de emergência. Até então, a manhã no Hospital dos Marítimos havia corrido sem surpresas: visitas às enfermarias, avaliação das grávidas, alguns chamados ao berçário e poucas internações. O primeiro a chegar tinha sido o estudante do quarto ano de medicina Luiz Augusto de Freitas Pinheiro. Cumprimentou Venâncio, que estava cobrindo o plantão de Jeolás, e pouco a pouco foi dando as boas-vindas aos demais colegas que apareciam. A calma era tanta que, após o almoço, ele aproveitou o tempo livre e telefonou para a namorada, hoje sua mulher, mãe de seus três filhos. Os quarenta minutos de conversa pareceram cinco, tão apaixonados estavam.

Agora, Pinheiro surpreendia-se com a convocação de Jeolás para a reunião. O cirurgião jamais havia feito semelhante chamado. Era um Jeolás diferente. Acostumado a situações de estresse, dono de um autocontrole invejável, exibia dessa vez a fisionomia carregada.

— Convoquei-os para comunicar que o Gran Circo Norte-Americano se incendiou e que há centenas de vítimas sendo encaminhadas aos hospitais da cidade até que se providencie a reabertura do Antonio Pedro — disse, com voz grave. — Espero que todos trabalhemos com eficiência, dedicação e presteza. Retornem a seus postos e fiquem alerta. Procurem concentrar os pacientes que já estão internados em poucas enfermarias, liberando as demais para os feridos do circo. Obrigado.

Ninguém fez perguntas. Em poucos instantes, as ambulâncias traziam as primeiras vítimas. No início, vinham uma, duas, três, no máximo quatro por veículo. Logo depois, já paravam na porta caminhões com feridos empilhados. Jeolás viu-se diante da mesma angústia que afetava médicos de outros hospitais: não havia condições de atender a todos e era preciso priorizar. Ele ordenou:

— Vamos dar atenção imediata àqueles com maior chance de recuperação. Os que tiverem grandes áreas do corpo queimadas, graves traumatismos ou estiverem em coma devem ser colocados na enfermaria do andar térreo, próxima à copa, para atendimento posterior.

Jeolás sabia que era uma decisão polêmica, passível de contestação. Mas também necessária, avaliou. Imediatamente os moribundos foram enviados à enfermaria do térreo. Os leitos rapidamente se esgotaram, e eles passaram a ser acomodados em colchões posicionados nos corredores e no chão, entre as camas. Estavam disformes, com os corpos cobertos de uma mistura de carvão e terra. Alguns se debatiam e gemiam, outros se mantinham inertes, com a respiração difícil. Vários estavam em coma. Após acomodá-los, a equipe voltou suas atenções para quem tinha chance de permanecer vivo. Por volta das 5h, o último paciente "viável" foi atendido.

Mas não havia tempo para celebrar as conquistas ou lamentar as perdas. O grupo se reuniu no corredor do piso térreo para fazer um rápido balanço. Os profissionais discutiam seu trabalho quando se aproximou uma senhora em seus cinquenta anos, magra, de aparência frágil, com no máximo 1,55 m, usando roupas simples. Cumprimentou os médicos e parou. Era uma mulher comum, de rosto sofrido.

— Desculpe incomodá-los — interrompeu a desconhecida, numa voz que revelava autocontrole, apesar da presença dos médicos. — Mas os senhores terminaram o atendimento dos pacientes com possibilidades de sobreviver?

— Terminamos, senhora, e estamos fazendo uma avaliação do trabalho — alguém se apressou em responder.

— Quer dizer que agora os senhores irão tratar dos condenados? — indagou a mulher, que, embora eles não soubessem, chamava-se Maria Cordeiro Gomes.

A pergunta provocou estranhamento. Quem teria revelado a ela a prioridade dos médicos? As vozes se misturaram, constrangidas, até que se ouviu uma resposta:

— Estamos nos encaminhando para a enfermaria onde eles foram colocados para tomar as medidas possíveis e necessárias.

— Que Deus os abençoe e ilumine para cuidar bem de todos e, entre eles, do meu filho.

O acadêmico Luiz Augusto de Freitas Pinheiro observou aquela criatura e se perguntou como tivera paciência, força e compreensão para aguardar o atendimento de seu filho, que agonizava na enfermaria dos desenganados, por mais de doze horas, sem reclamar nem se revoltar. E ainda solicitara educadamente o atendimento em iguais condições, sem qualquer privilégio.

Ele não conseguia tirar a mulher da cabeça, mas era preciso trabalhar. Aleatoriamente, cada médico escolheu um paciente para cuidar. Eram todos casos graves, com mais de 70% do corpo queimado. Pinheiro e outro estudante, Joaquim Pacheco Moreira, começaram a tratar de um homem com queimaduras de primeiro, segundo e terceiro graus. Era impossível estimar sua idade, devido à extensão dos ferimentos e ao edema que tomou conta especialmente da face. O corpo da vítima foi todo coberto com compressas de gaze esterilizada e envolto em crepom. Ficaram de fora apenas os orifícios. O atendimento levou mais de três horas. Só então os médicos foram fazer a ficha do paciente, para relatar os procedimentos adotados e prescrever os remédios. Pinheiro foi à recepção e descobriu seu nome: Luiz Gomes da Silva. Mais cedo, a polícia havia percorrido as casas e os consultórios dos dentistas de Niterói e pedido que ajudassem na identificação dos queimados. Os funcionários informaram também a Pinheiro que ele era filho de Maria Cordeiro Gomes, coincidentemente a mulher que o havia impressionado tanto algumas horas antes.

16. Uma vela para Luiz Churrasquinho

Horas antes, Luiz Gomes da Silva havia sido transportado na caçamba de um caminhão até o pronto-socorro de São Gonçalo, após o motorista ter encontrado o Antonio Pedro fechado. Saíra do circo sem ferimentos, mas voltara para tentar resgatar a noiva, Eneida, e a sobrinha dela, Sandra. Não conseguira salvá-las e ainda se queimara todo. Mais que a dor, no entanto, o que o afligia naquele momento era a sede. Assim que entrou no hospital, notou uma bica e abriu a torneira com a boca, porque as mãos estavam queimadas. Teria deixado o líquido escorrer para sempre em sua garganta se não tivesse sido afastado com um empurrão por uma enfermeira:

— Você não pode beber tanta água, rapaz!

— Como não posso? — protestou, com a garganta seca, os lábios rachados e uma ardência por todo o corpo.

Ignorou o aviso e continuou. Não sabia que não podia ingerir grandes quantidades porque ficaria com o estômago cheio e, se precisasse ser entubado, poderia vomitar. A enfermeira tentou pegá-lo, mas disse, espantada:

— Não tem onde segurar você.

Teve que pedir ajuda a outra funcionária para conseguir arrancá-lo dali. Em seguida, decidiu dar uma injeção em Luiz. Procurou primeiro os braços, depois percorreu com os olhos outras partes do corpo, até que desabafou:

— Ih, meu filho, não tem onde aplicar em você.

Resolveu tentar um pedaço de pele que imaginava ter escapado do fogo. Arriou as calças do rapaz, viu que numa das nádegas seria possível e enfiou a agulha. Luiz, que estava curvado, imediatamente pôs-se de pé, sem sentir mais dor, revigorado com a morfina.

Graças ao entorpecente, conseguia até notar que havia perdido a máquina fotográfica Ednex e a carteira com documentos, dinheiro e um santinho com a imagem de são Judas Tadeu dado pela noiva um ano antes. Um policial acabou encontrando o material e devolveu-o intacto a ele. Luiz conserva o santinho até hoje.

Após aplicar a morfina, a enfermeira perguntou a ele sua profissão. Assim que o funcionário do estaleiro Ishikawajima do Brasil disse "marítimo", ouviu:

— Então você não pode ficar aqui — disse ao homem com queimaduras em mais de 70% do corpo.

Surpreendentemente, foi o que o salvou, diante da situação caótica em que estava o pronto-socorro de São Gonçalo. A mulher acomodou-o numa ambulância e ele foi levado para o Hospital dos Marítimos. Luiz estava tão queimado que, quando chegou, não se conseguia distinguir sua cor:

— Você é preto ou branco? — perguntou uma enfermeira, apropriadamente chamada Socorro.

— Sou moreno.

Sem notícias, o pai de Luiz, o escafandrista Severino Marcelino Gomes da Silva, percorria hospitais e necrotérios atrás do filho único. No Marítimos, passou por um leito, vislumbrou um rosto vagamente familiar, voltou, olhou mais detidamente e disse para a mulher, Maria Cordeiro Gomes:

— Olha o Luiz ali.

A mãe olhou e desmaiou.

Luiz entrou em coma pouco depois da internação. Quando recobrou os sentidos, mais de um mês depois, no dia 22 de janeiro, perguntou ao pai:

— Já é Natal?

Os médicos o consideravam um caso perdido. Era questão de tempo. Luiz ficava na última cama, e volta e meia um enfermeiro perguntava:

— O preto lá já morreu?

— Não, ainda está lá. Cheio de soro, mas vivo — respondia a colega.

— A vela está aqui. Quando ele morrer, não me chama, não. Deixa eu dormir.

O pacote de velas havia sido deixado por um dos muitos grupos religiosos que visitavam os hospitais para oferecer conforto espiritual.

Fazia tempo que Severino vinha correndo atrás de cirurgiões plásticos para o filho, inutilmente. De um famoso, ouviu:

— Você acredita em Papai Noel? Se acredita, agarre-se a ele.

A descrença era generalizada. No fim de janeiro, porém, chegou um desconhecido ao hospital e disse a Luiz:

— Eu vou tomar conta de você.

— Fale com meu pai — respondeu o paciente.

O cirurgião plástico Jacy Conti Alvarenga aproximou-se de Severino e pediu autorização para cuidar de seu filho.

— Se você quiser, ele é seu, porque ninguém quer mesmo — disse Severino, que passava os dias abanando o filho, para afastar as moscas.

A chegada do médico ao Marítimos tornou-se também uma resposta às preces do diretor do hospital, que o abordou ao chegar:

— Você é o Jacy? Graças a Deus.

Isso porque, passado mais de um mês do incêndio, havia 29 queimados internados e nenhum cirurgião plástico para atendê-los. O pai de uma paciente, armado de revólver, chegara a ameaçar de morte o diretor caso não aparecesse um especialista.

Jacy fora convidado pelo anestesista Antônio Siqueira, seu colega de plantão do Miguel Couto, no Rio. Siqueira trabalhava também no Marítimos e via o empenho com que o cirurgião geral Lauri Cunha cuidava das vítimas. Mas faltava um cirurgião plástico, e ele percebeu que Jacy era a pessoa ideal para a função. Aos 27 anos, ele já atendia queimados desde 1958. Começou na Casa da Mãe Pobre, no Rocha, na zona norte do Rio. Os quinze leitos viviam cheios de mulheres e crianças. Como a eletricidade ainda não havia chegado às favelas, era comum que a chama das velas causasse acidentes nos barracos de madeira. Graças à experiência na Mãe Pobre, Jacy passou a cuidar também dos queimados do Miguel Couto, a partir de 1960.

No Marítimos, cada paciente tinha os curativos trocados duas a três vezes por semana. Em certas ocasiões, para não sobrecarregar o organismo, os médicos evitavam aplicar anestesia. Era preciso conversar com o doente, trabalhar sem pressa, distraí-lo.

— Doutor, faça *degavarzinho* para não doer — pedia a menina Maria José Martins de Oliveira, a Zezé, de onze anos, em estado gravíssimo, xará de outra Zezé, de onze, igualmente vítima do incêndio, internada no Antonio Pedro.

O comandante Epitácio Rodrigues e o piloto Schmith também se encontravam gravemente feridos. Mas Luiz era o caso mais dramático. Teve que enfrentar 28 cirurgias plásticas. Chegou a tomar anestesia geral no dorso do pé, na falta de outra veia para furar. Implorava para que arrancassem seu braço esquerdo, de tão necrosado. Desnorteado pela dor, pedia aos médicos e até ao faxineiro que por acaso passava no momento:

— Tira logo!

E os médicos teriam tirado, se Jacy não tivesse aparecido naquele instante argumentando:

— Vamos deixar. Ainda que rígido e queimado, um membro ajuda o outro. No futuro, esse braço esquerdo, mesmo limitado, vai ajudar o direito.

Um dia Luiz acordou apavorado, dando um grito que assustou a enfermaria. Havia sonhado que nadava e, toda vez que chegava perto da areia, o mar o carregava para longe. Aproximava-se novamente da praia e a onda afastava-o mais uma vez dali. Tempos depois, teve outro sonho. Viu-se na mesma praia, mas agora encostado num muro. Mulheres vestidas com um pano fino passavam por cima dele e pulavam a parede. Ele aproveitava para espiar por debaixo das vestes, o que motivou uma explicação bem-humorada de Jacy para o fato de ele não ir para o céu:

— Um dia você estava lutando pela vida e no outro você está é no inferno.

Luiz ficou oito meses no hospital. Depois, passou mais dois anos e meio em tratamento, rodando por outras casas de saúde, até receber alta. Sua face ficou praticamente preservada, mas o resto do corpo exibia grandes cicatrizes, como descreveu detalhadamente quem primeiro o atendeu, o acadêmico de medicina Luiz Augusto de Freitas Pinheiro, com um realismo só permitido pelo rigor médico.

— O couro cabeludo ficou com grandes áreas cicatriciais sem pelos. Os pelos eram escassos e irregularmente distribuídos, em tufos longos, ondulados, negros como uma graúna, que não conseguiram esconder uns arremedos de orelhas deformadas, retorcidas e aderidas ao crânio. Grandes e extensas cicatrizes, formação de queloides entrecruzando-se no tórax e extensas sinequias verticais no pescoço. Seus membros superiores ficaram bastante comprometidos, principalmente o esquerdo, que, a par das cicatrizes, exibia atrofia do antebraço, deformidade na mão e dedos, permanecendo semirrefletido por anquilose do cotovelo.

Por tudo isso, Luiz Gomes da Silva recebeu o apelido de Luiz Churrasquinho. E nunca se incomodou.

— Não dou importância. Se der, é fogo — faz o trocadilho.

Quando foi trabalhar na Agência Fluminense de Informação, a AFI, ouviu alguém chamá-lo:

— Luiz Churrasquinho!

Antes que pudesse responder, o jornalista e fiscal de renda Aparecido Baioneta interveio:

— Churrasquinho, não, que já tem o nosso — disse, referindo-se ao fotógrafo Elson Reginaldo dos Santos, único sobrevivente da queda do helicóptero em que estava o governador Roberto Silveira. — Você vai ser o Torresminho.

E passou a chamá-lo assim. Mas o novo apelido não colou, e ele continuou sendo o Luiz Churrasquinho. Um dia, quando ainda estava no Marítimos, apareceu uma moça exuberante, Nicéa. Filha de lavrador, trabalhava como empregada doméstica desde os treze anos na casa de Avany Passos da Conceição, que deu estudo à menina e virou uma espécie de segunda mãe. Avany foi ao hospital visitar um irmão, já idoso, e levou a jovem. Por curiosidade, foram até a ala dos queimados, e o vulto de Luiz envolto em gaze chamou a atenção de Nicéa. Ela conheceu a mãe do paciente, consolou-a, fez amizade. Aos poucos, começou a se aproximar de Luiz. Ficava sentada, ou em pé, ao lado de seu leito. Passou a cuidar dele. Segurava sua mão e o acariciava. A presença de Nicéa afastou as outras mulheres que cercavam Luiz desde sua internação. Hoje, ele brinca, com o senso de humor habitual:

— Ela pegou resto de incêndio, que é mais barato. Eu estava em liquidação. Nicéa é muito econômica, por isso gostei dela.

Ele se lembra de quando estavam sentados do lado de fora do hospital, no morro dos Marítimos, no Barreto, e ela apontou para um casebre à distância:

— Está vendo aquela casinha ali? A minha é igual — disse, como quem quisesse preveni-lo de sua origem humilde, já que a família morava numa casa de pau a pique, em Maricá.

— Não está me dizendo nada. Se eu me casar, não vai ser com sua casa, e sim com você.

A paixão era tanta que, certa vez, Luiz fugiu do hospital, após convencer o motorista da ambulância a levá-lo até ela. Beijaram-se e ele voltou para o Marítimos, onde uma violenta reprimenda já o aguardava — nada que o fizesse se arrepender do gesto romântico.

Quando a família dela soube da relação, eles já estavam noivos. Um primo de Avany, capitão da PM, fez intriga e disse que Luiz era maconheiro. O pai do rapaz teve que confrontá-lo.

— Que história é essa? Você é policial lá na polícia, aqui fora é de homem para homem. Meu filho nem cigarro fuma — disse Severino.

E não fumava porque sua primeira experiência fora traumática. Aos doze anos, comprou um charuto Suerdick, enfiou o palito, cortou a ponta e foi acender no fundo do cinema, como era permitido então, sentindo-se incorporado ao mundo adulto. Seu pai teve que buscá-lo. Vomitava a alma. Na farmácia, o atendente disse:

— Não dê a ele nem água. Vai passar, mas com o tempo.

Luiz esperava levar uma surra de Severino. Em vez disso, ouviu:

— Gostei. Você fez e viu que não presta.

17. Marlene não passa de hoje

A tragédia do Gran Circo viria a perseguir a memória de testemunhas e sobreviventes anos a fio. Para uns, foi o próprio Apocalipse.

— Era um mar de fogo, parecia o dia do Juízo Final — diria depois Luiz Churrasquinho.

Houve quem recordasse Hiroshima, ou então o Holocausto, com os corpos das vítimas do nazismo empilhados. Mas, para Marlene Serrano, a imagem mais recorrente foi a do inferno dantesco, descrição que faz sentido para quem, além de tudo, estava sofrendo com o calor inclemente e com os enjoos provocados pelos quase quatro meses de gravidez. Aliás, convém não esquecer que ela só concordara em ir ao circo para não contrariar o marido, Antônio. Do lado de fora, a visão de sobreviventes com as mãos para cima implorando socorro e com expressão de pavor lembrou a Marlene as ilustrações de Gustave Doré do livro que tinha dado de presente ao marido, *A divina comédia*, de Dante, dividida em três partes: Inferno, Purgatório e Paraíso.

Após ver cenas de sua vida reprisadas em sua mente e se dar

conta de que não havia morrido, Marlene levantara-se e saíra correndo junto a outros espectadores. Escapara por algum vão e afastara-se do resto da família. Mais que os ferimentos, o que a atormentava era não saber onde estavam o marido e a filha, Valéria, que perdera de vista durante a correria. Desnorteada, deu um grito ao ver a menina nos braços de um estranho. Correu para pegá-la, mas um bombeiro foi mais ágil e retirou a criança do colo do homem, desaparecendo. Não teve forças para reagir. Logo em seguida, o mesmo desconhecido que antes segurara sua filha se aproximou e pôs a mão em seu ombro, de forma amistosa.

— Moço, tira a mão! — repeliu ela, incomodada com a dor.
— Marlene, sou eu.

A voz soava familiar. O homem parado à sua frente era seu marido. Ela levou um susto ao ver Antônio com o cabelo todo queimado e uma secreção escura escorrendo do nariz. O casal foi conduzido para o pronto-socorro de São Gonçalo, onde recebeu os primeiros atendimentos. Antônio não parecia tão mal. Na hora em que foram lhe dar um pouco de água, apontou sua mulher e disse:

— Primeiro para ela, que está grávida.

Após os tratamentos iniciais, tomaram rumos diferentes. Marlene foi encaminhada ao Antonio Pedro e ele, à Casa de Saúde Santa Branca. Os dois tiveram suas alianças retiradas, e elas nunca mais apareceram. Enquanto isso, no Getulinho, uma menina de dois anos e três meses identificava-se:

— Valéria de Oliveira Serrano.

A filha de Marlene e Antônio não exibia sinais de queimaduras e parecia bem. No dia seguinte, quando os médicos foram examiná-la, estava morta. A causa: fratura no crânio. Na fuga, Antônio tentou protegê-la com seu corpo, mas acabou caindo. Valéria escapou do fogo, mas não da batida no chão.

Na chegada ao Antonio Pedro, com a garganta inchada por

causa de um edema da glote, sem conseguir respirar, Marlene teve que sofrer uma traqueostomia. A incisão foi feita "na raça", como ela descreve hoje, lembrando que ouviu o barulho da cartilagem de sua traqueia sendo cortada. O médico que a atendeu disse que, das dez vítimas em que ele fez o procedimento cirúrgico, só ela e mais uma, Lenir Ferreira de Queiroz Siqueira, sobreviveram.

Poucos dias depois, sua sogra, Maria Barbosa, foi visitá-la e não a reconheceu. Marlene havia queimado a orelha, o pé, a perna e a coxa, e tinha ficado praticamente sem cabelo. A cabeça estava quase da largura do ombro. Por causa do inchaço, seus olhos estreitaram-se tanto que ela passou um mês sem enxergar. Foi pela voz que Maria Barbosa percebeu de quem se tratava. Ela trocava tanto de curativo que, no sexto mês de gravidez, o médico lhe disse:

— Olha, não posso mais anestesiar você por causa da criança.

Ao ouvir a frase, lembrou-se da festa de aniversário de dois anos de Valéria, no dia 18 de setembro de 1961, quase dois meses antes do incêndio. Marlene começara a enjoar e achou que tinha abusado dos docinhos e salgadinhos ou que era uma crise de vesícula. Fez então uma radiografia e uma tubagem, e descobriu, para sua surpresa, a causa dos vômitos: estava grávida de um mês e meio.

— Isso é impossível, doutor — rebateu ela, que, após tomar injeções de hormônio, sem sucesso, desistira do tratamento e resolvera adotar Valéria.

Mas era verdade. Como tinha lido na revista *Seleções* um artigo de possíveis efeitos dos raios X e da rubéola nos fetos, Marlene alertou seu ginecologista sobre a radiografia que havia feito e perguntou se não seria mais seguro se submeter a um aborto terapêutico. Era uma decisão difícil, ela engravidara após muito tratamento, mas não queria arriscar. O médico minimizou os riscos:

— Não se preocupe, o pessoal fala muita coisa.

Ela confiou na palavra do especialista e então, internada, tinha que evitar o excesso de anestesia para não prejudicar o filho. A partir daí, os dois ou três curativos semanais eram feitos a seco, provocando dores intoleráveis. Depois de cortar com uma tesoura a carne esponjosa, o médico jogava um líquido branco desinfetante.

Finalmente, cinco meses após sua chegada ao Antonio Pedro, Marlene fez uma cesariana. Aline nasceu com microcefalia. Seu cérebro era menor que o normal, causando atraso mental e comprometimento motor. Não é possível determinar se a causa foi a radiografia feita meses antes, as anestesias, os remédios que vinha tomando ou o próprio trauma do incêndio, com quase quatro meses de gravidez. O bebê foi batizado no hospital pelo padre da Igreja das Almas, que fazia visitas aos pacientes. Ao descobrir depois que Marlene era espírita, ele se recusou a continuar lhe dando a comunhão.

Após algum tempo, as vítimas não precisavam mais se confessar.

— O padre devia pensar: "Que pecado eles vão cometer lá?". Mas não sabe que a gente não peca só por atos, peca até mesmo nos pensamentos — lembra com bom humor Marlene.

Depois que nasceu, Aline seguiu para a casa dos avós paternos, porque sua mãe estava sem leite para amamentar e sem condições de criá-la. Marlene, que era filha única, ainda ficaria mais dois meses no hospital até se juntar aos sogros.

Após os enxertos de pele, sentia uma coceira infernal, que a levava a perguntar:

— Senhor, que tanto sofrimento é esse?

Ela passou cinco dos sete meses de hospital imobilizada numa cama, toda enfaixada. Tinha dificuldades para dormir. Quando fechava os olhos, era como se estivesse caindo num buraco negro. Certa vez, seu quadro piorou e sua pressão despencou. Sua família foi chamada.

— Ela não passa de hoje — avisaram os médicos.

Sem conseguir falar, Marlene viu os parentes à sua volta e imaginou que era dia de visita. Sentia frio. De repente, seu corpo começou a se aquecer e notou que todos iam embora. Estranhou que saíssem, mas disse a si mesma:

— Perceberam que não morri. E está tarde, naturalmente foram dormir.

De madrugada, o médico Calixto Kalil perguntou como ela se sentia.

— Estou bem, graças a Deus — respondeu.

— Minha filha, você não morre mais.

Quando se encontravam, ela esticava a mão e brincava:

— Não morri ainda.

Em duas ocasiões, ela recebeu a extrema-unção. A primeira, pouco após chegar, quando fez a traqueostomia. Espantou-se ao ver um sacerdote à beira de seu leito. "Mas por que esse padre está me dando a extrema-unção? Eu não vou morrer!", ela pensou, sem poder falar.

Cerca de um mês depois, passaria de novo pelo mesmo susto.

Marlene não se adaptou à comida do hospital. A cada dia, um parente levava um prato diferente. Não era obrigada a seguir qualquer dieta. Até camarão podiam lhe dar.

— Deixa comer o que quiser. Pode dar que ela não tem salvação — diziam os médicos, com discutível franqueza.

Sua família havia contratado uma moça para tomar conta dela. A mulher fazia bolinhos de carne-seca com farinha e ninguém a proibia de comer. Mas um dia abusou. Após sair do centro cirúrgico, almoçou feijoada. Vomitou tudo.

Seu marido, Antônio Serrano, havia sido encaminhado da Casa de Saúde Santa Branca para o Hospital Psiquiátrico de Juru-

juba. Era para lá que tinham transferido o pronto-socorro do Antonio Pedro após o fechamento do hospital. Em Jurujuba, faltava quase tudo. Com poucas macas, os pacientes eram carregados no colo. O clínico-geral Waldenir Bragança teve que pedir:
— Por favor, tira essas pessoas do chão. Está frio.

Bragança tinha feito planos de ir com a mulher e os dois filhos pequenos ao circo, mas um telefonema pela manhã alterara a programação. A voz do outro lado da linha convocava-o para uma reunião de trabalho em Araruama. Quando não havia maternidade na cidade praiana, Bragança encabeçara um movimento para que a Casa de Caridade virasse hospital. O esforço dera resultado e ele se tornou integrante do colegiado, que escolheria o primeiro provedor. Assim que desligou o telefone, avisou à família sobre o novo destino e foi se aprontar. O menino e a menina trocaram a contragosto a ida ao circo pela viagem com os pais à Costa Azul. A mudança de planos acabou sendo providencial.

No dia 22, Bragança caminhava pelo corredor do Jurujuba com um colega e comentou:
— Onde vamos botar esse pessoal todo?

Um homem sentado no chão, com as costas na parede, sem conseguir enxergar, reconheceu sua voz e chamou-o pelo apelido:
— Brabrá, Brabrá! Sou eu, Serrano.

Era Antônio, seu antigo colega de ginásio. Louro de olhos verdes, estava com as mãos e o cabelo queimados, o corpo negro e as feições irreconhecíveis. O clínico aproximou-se e escutou o apelo:
— Me ajuda, por favor, estou com muita dor.

Bragança agachou-se e sedou-o. Além das queimaduras, o marido de Marlene já tinha o pulmão comprometido pelo tabaco. Fumava sessenta cigarros sem filtro por dia e cuspia escuro. Morreu ali mesmo.

Foi um choque para o médico. Só a lembrança de que ali poderiam estar seus filhos deu-lhe ânimo para continuar.

Marlene nunca foi informada das mortes de Antônio e de Valéria. Nem precisou. Foi percebendo evasivas, desconfiando de olhares, identificando incoerências nas falas dos parentes. Num dia em que sua tia Mercedes, que era médica e acompanhava o tratamento, veio visitá-la, Marlene disse:

— Serrano era assim. Ele fazia dessa forma.

Sua tia se surpreendeu:

— Por que você está falando no passado?

— Porque eu acho que ele morreu.

Mercedes abaixou a cabeça, sem coragem de encará-la.

Da mesma forma, seus dedos haviam necrosado e ela desconfiou que tivessem caído. Perguntou a uma enfermeira:

— Como estão minhas mãos?

Era pura intuição, porque os médicos faziam curativos compridos, que simulavam o formato da mão, para que ela não percebesse que os dedos haviam sido amputados.

A moça, constrangida, desconversou:

— A senhora pergunte para sua tia.

Ela não se convenceu com a resposta e insistiu à sua maneira:

— Não, você pode falar, eu sei que perdi todos eles.

A enfermeira confirmou. Aos 29 anos, Marlene, que tinha perdido a mãe, o marido e a filha no incêndio, descobria-se agora também mutilada.

18. O bicho-papão de branco que salvou Lenir

No Hospital Municipal Antonio Pedro, Marlene Serrano tinha como vizinha de leito Lenir Ferreira de Queiroz Siqueira — coincidentemente também sua vizinha de casa, na rua Saldanha Marinho, no centro de Niterói. Lenir havia ido ao circo com o marido Wilson e os filhos Regina e Roberto. Perto do fim do espetáculo, ela se levantou da cadeira e já estava de pé para sair quando viu um feixe luminoso riscar o ambiente. Parecia-lhe que tinha caído um raio. Como a maioria dos espectadores, fez menção de correr em direção à porta principal. Mas precisava primeiro ultrapassar a cerca de madeira que separava as cadeiras das arquibancadas. Não chegou a cruzar o obstáculo. Ela e Wilson embolaram-se na multidão e presenciaram, imobilizados, a queda de um dos mastros de sustentação. Agarrado à filha, que levara por causa da girafa Regina, ele ainda teve tempo de berrar: "Lenir, meu amor!", um grito que ela guarda por meio século.

Lenir e o filho haviam caído juntos. Ela mantinha a cabeça de Roberto apoiada em seu braço esquerdo e, na queda, conseguiu protegê-lo. Ele respirava com dificuldade e gemia baixinho. Lenir não conseguia se mexer. Tentava absorver um pouco de ar, mas era como se tivesse sido todo sugado dali. Ela estava consciente, a ponto de pensar:

— Graças a Deus estou viva!

Rogava para santo Antônio tirá-la daquele inferno quando ouviu uma voz gritar:

— Quem estiver vivo dê algum sinal!

Com muito custo, levantou o braço direito, que estava queimado, e sentiu-se puxada por um bombeiro para fora do bolo de gente, sempre agarrada ao filho. Já no exterior, saiu caminhando desnorteada, as pernas bambas, o corpo todo ferido, com Roberto quase escorregando do colo. Quando não se aguentava mais, um soldado pegou o menino de seus braços e levou mãe e filho para uma ambulância. Lenir ainda parou para esperar Wilson e Regina, mas mandaram que seguisse em frente. Seu marido, tranquilizaram-na, já havia saído.

O veículo estava lotado. Por falta de espaço, acomodou-se no chão. O garoto aninhou-se em seu colo, sem conseguir parar de chorar e gritar, ofegante:

— Mamãezinha, mamãezinha!

Como o Antonio Pedro estava trancado, os dois tiveram que percorrer treze quilômetros até o Samdu de São Gonçalo. A ambulância abria caminho com a sirene, furava sinais, ultrapassava carros, deixava o asfalto para trás, mas a sensação era de que não chegaria nunca.

Quando enfim o motorista estacionou o veículo, Lenir foi encaminhada para um canto, onde se sentou no chão, com o menino. Foi a última a ser atendida. Limparam-na e, apesar das queimaduras, deram-lhe apenas um remédio para amenizar a dor. Em seguida, foi colocada numa cama larga, dividindo espaço com outros sobreviventes. À meia-noite, ela e o filho foram encaminhados ao Antonio Pedro, já reaberto. No hospital de Niterói,

Lenir foi alojada num leito, com Roberto a seu lado. Ele não parava de chorar e de falar "mamãezinha", até que finalmente se acalmou. Parecia ter dormido. Ela relaxou e cochilou. Acordou com uma enfermeira lhe dizendo:

— Vamos levar seu filhinho para a seção infantil, porque ele não pode ficar misturado com os adultos e aqui ele não tem nem onde se deitar direito.

Ela não estranhou. Voltou a adormecer, sem desconfiar que aquela tinha sido a última vez que ia ouvir a voz do filho.

Ao longo de sua internação, Lenir ficou em coma repetidas vezes. Telefonavam para sua casa informando que tinha morrido, a família ia para o hospital e descobria que estava viva. Assim que começou a melhorar, um médico aproximou-se e disse:

— Abra os olhos quando for sim, feche os olhos quando for não.

Por conta de uma traqueostomia, ela só conseguia conversar dessa forma. Durante um bom tempo, era o único movimento que conseguia fazer. Assustada com seu estado de saúde, Glória, sua vizinha, pediu que lhe dessem a extrema-unção. Sem forças para se mexer, ela ouviu o padre Luiz dizer:

— Dona Lenir Ferreira de Queiroz Siqueira, a senhora é muito católica, e dona Glória pediu que eu viesse lhe dar a extrema-unção.

O homem rezou, deu a bênção e completou:

— Vai na santa paz de Deus — benzeu padre Luiz, o mesmo que na manhã do circo passara a mão na cabeça de seus filhos na igreja São João, na missa das 10h.

Impotente, Lenir gritava silenciosamente:

— Não vou, não quero, não posso ir. Não vou mesmo!

Ela pensava em Wilson, Roberto e Regina. Lembrou-se do marido gritando "Lenir, meu amor!", do menino chamando "mamãezinha!", da garota acenando feliz para sua xará, a girafa. Queria viver por eles. Aceitou a bênção, mas não foi mesmo, como prometera a si mesma.

Ela nunca fora de desistir. Tinha sido líder de turma, a alegria das festas, a princesa eleita do clube de esportes. Nascida em General Carneiro, perto de Belo Horizonte, Minas Gerais, fora criada em Caeté, a 35 km da capital mineira.

Certo dia, resolveu passar um tempo na casa da avó, em sua cidade natal, para curar uma decepção amorosa. Acabou conhecendo Wilson, técnico de contabilidade da Shell três anos mais velho que havia terminado um noivado em Niterói e também tentava abrandar as dores da separação. O rapaz encantou-se imediatamente com ela — o que não é de estranhar para quem vê a foto da jovem de vinte anos, com um belo rosto, um sorriso luminoso e longos cabelos pretos. Três dias após conhecê-la, pediu sua mão em casamento.

— E quero casar muito em breve — disse Wilson a João, pai da moça, cheio de convicção.

A primeira reação foi de susto. Nem tanto pela precipitação do pedido, e sim pelo parentesco: Wilson e Lenir eram primos de primeiro grau — a mãe dele, Odete, era irmã da mãe dela, Maria Benigna. Não se conheciam porque os pais dele tinham se mudado para Niterói muitos anos antes. Os laços sanguíneos faziam com que todos se mostrassem reticentes à ideia. Todos, menos Wilson.

— Não dá, somos primos — retrucava Lenir.

— Não tem importância nenhuma — ele insistia, com um argumento que julgava irrefutável: — Quantos primos não se casam?

Ele passava o tempo observando-a, fascinado. Encantava-se com seu cabelão escorrido. Adivinhava seus pensamentos. Não a largava por um minuto. Ela enrubescia com tamanha devoção. O rapaz conseguiu um aliado: uma prima dava força para ficarem juntos. Wilson persistia, Lenir relutava, ele insistia, ela se esquivava, até que acabou cedendo, mais para fazer ciúmes ao antigo namorado do que propriamente por acreditar no futuro da relação:

— Quando chegar a Caeté, ele vai saber que estou namorando um rapaz do Rio — justificava-se a si mesma e às amigas.

Na verdade, Wilson nascera em Minas, mas foi aos quatro anos para o estado do Rio. João e Maria Benigna, pais de Lenir, estavam acostumados a ele. Seus sete primeiros anos de casamento se passaram sem filhos. Como Odete, antes de se mudar para Niterói, morava perto, a toda hora levava o menino à casa da irmã. Durante três anos, até o nascimento de Lenir, Wilson preencheu a ausência de crianças. Era o filho que o casal queria. Eram tão agarrados ao garoto que brincavam com Odete e o marido, Arthur:

— Dá esse menino pra gente.

Mas daí a vê-lo casado com a filha era um abismo. João levou algum tempo para se recuperar da surpresa com o pedido inesperado do sobrinho. Estava feliz em ver que aquele menino havia se transformado num homem bonito, brincalhão e carinhoso, e acabou concordando, mas com uma condição:

— Tem casamento, sim, faço gosto, mas só se vocês fizerem todos os exames para ver se, como parentes, podem ter filhos. Se der tudo bem, têm a minha bênção.

— Amanhã mesmo vamos a Belo Horizonte para os testes — disse Wilson, felicitando-se pela perseverança.

Conforme combinado, chegaram à capital mineira e foram ao laboratório ver se os sangues eram compatíveis. A expectativa pelo resultado foi grande. Wilson abriu o exame com dedos trêmulos. No fim das contas, deu tudo certo. Com o laudo na mão, Wilson abraçava e beijava Lenir. Eufórico, pôde avisar ao pai dela:

— Tio João, nós podemos nos casar! Não tem perigo nenhum. Vai vir um filho sadio.

O noivado durou apenas seis meses. Wilson morava em Niterói, mas passava a maior parte do tempo na casa dela, em Minas. Ia de vez em quando à cidade do Rio, onde havia montado um escritório com um amigo. Os negócios andavam bem. Ao se casar, em 28 de setembro de 1957, aos 21 anos, tendo o sócio de Wilson como um dos padrinhos, Lenir deixou a pacata Caeté e foi morar na capital do estado do Rio. Quando ela se mudou da cidadezinha histórica mineira, os colegas lamentaram:

— Acabaram-se as festas e as brincadeiras.

Passaram a lua de mel em Niterói, passeando de bicicleta pela cidade. Uma semana depois, ele resolveu ir ao Rio, mas o sócio disse que relaxasse e aproveitasse para ficar mais tempo com Lenir. Quando enfim voltou ao trabalho, descobriu que havia sido roubado pelo padrinho. Achou só as paredes do escritório e uma pilha de contas para pagar. O casal precisou vender a mobília e foi morar com os pais dele, que tinham oito filhos, cinco deles solteiros. Mas o aborrecimento com a traição profissional foi compensado por uma boa-nova pessoal: a gravidez de Lenir, logo após o casamento. Regina nasceu sem problemas e os avós maternos viajaram para o batizado quando a primeira neta completou um mês.

Era o retrato de uma família feliz. Até que desabou a má notícia. Por conta de uma tosse persistente, que creditava ao cigarro, Wilson foi ao médico fazer uma radiografia e ouviu que estava com uma "caverna no pulmão". Em outras palavras, contraíra tuberculose, doença altamente contagiosa, na época quase uma sentença de morte, a ponto de um parente do rapaz, ao se aproximar, botar a mão para trás, recusando o cumprimento:

— Você me desculpe, mas eu não dou nem a mão.

A sogra de Lenir era enfermeira. Consciente dos riscos, Odete não queria que o próprio filho ficasse junto da mulher e da filha recém-nascida.

— É melhor você e Regina irem para junto de seus pais, em Minas — aconselhou à nora.

Os pais de Lenir, por sua vez, ressalvaram:

— Se você quiser vir, nossa casa está às ordens. Mas ele é seu marido.

De sua parte, Wilson reagiu mal à ideia de se afastar da mulher e da filha.

— Se você for, eu não vou fazer o tratamento. Não quero viver.

Em meio ao fogo cruzado de opiniões, Lenir só fazia chorar, dividida entre a precaução médica e o apego familiar. Até que, três dias depois, seu sogro a chamou:

— Olha, Lenir, a vida é sua, você resolve o que quiser — disse Arthur, em tom paternal. — Mas preciso dar um palpite: se você for para Minas, o Wilson não vai querer se tratar. Eu conheço o meu filho. Vai ser rebelde, vai dar trabalho e periga até morrer de desgosto. Mas se você ficar ele me prometeu que faz o tratamento.

Era o fim das dúvidas. Lenir resolveu permanecer em Niterói e Wilson foi se tratar num sanatório em Piraí, no estado do Rio, em busca do "ar puro das montanhas", que se acreditava fundamental para o restabelecimento da saúde. Lá, fez amizade com os médicos. Tinha direito de ir uma vez por mês para casa e passar três dias, mas conseguia estender o prazo e ficar uma semana. Tudo dele era separado e escaldado. Após usar uma xícara, ela tinha que ir para a água fervente. Numa dessas vindas, Lenir engravidou novamente, mas, quase três meses depois, escorregou no chão ensaboado na casa da sogra e, por conta do tombo, perdeu o bebê. Na Casa de Saúde Santa Branca, ao ouvir sua história, o médico não escondeu a desconfiança:

— Ah, essas mulheres. Na hora de fazer filho não se preocupam, depois vêm aqui dar trabalho para a gente. Vamos ver se foi isso mesmo — disse, duvidando da palavra dela de que havia sido um aborto espontâneo.

Mais tarde, ele constatou a veracidade da afirmação de Lenir.

— Olha, a senhora me desculpe — disse, e aumentou a voz para que as outras pacientes ouvissem. — Mas eu tinha que falar. Porque essa mulherada toda aqui provocou, viu?

Numa nova gravidez, nascia Roberto, mais de dois anos depois de Regina. No sanatório, Wilson obedecia às regras rígidas então recomendadas para o tratamento da tuberculose: não podia tomar gelado nem pegar sereno. Seguia fielmente as restrições e só descumpriu os conselhos médicos uma vez: no dia do circo, estava tão feliz que aproveitou o intervalo e comprou sorvete para toda a família.

No hospital de Piraí, ele estava acostumado a ver os pacientes saírem da sala de cirurgia — a maior parte deles morta. Por isso, quando os médicos avisaram que também teria que ser operado, achou que não sobreviveria. A cirurgia foi marcada para 15 de janeiro de 1962, no hospital Santa Teresinha, em Friburgo. Um dia, Lenir estava sentada diante do espelho, penteando o cabelo, quando ele a puxou para o seu colo e disse, em tom fatalista:

— Lenir, eu vou morrer na mesa de operação. Estou com medo. Vamos pegar um avião. Eu, você, Regina e Roberto. Se acontecer um acidente, morremos os quatro de uma vez.

A mulher levou um susto com a fala do marido.

— Wilson, que absurdo. Isso não é coisa sua — cortou. — Você nunca mais fale uma bobagem dessas. Quer que seus filhos morram também? Que egoísmo.

— É que não quero morrer e deixar vocês.

— Isso não existe.

— Então você me promete que se acontecer alguma coisa comigo nunca mais vai se casar?

Lenir não estava gostando nada daquela conversa. Encerrou o papo:

— Não vou prometer de jeito nenhum. Para começar, você não vai morrer. Tem que pensar positivamente.

No Antonio Pedro, recém-saída do incêndio, sem saber o destino dos três, Lenir lembrava-se com triste ironia da conversa com o marido. Nos primeiros dias de internação, ela estava irreconhecível. A cabeça ficara colada no ombro direito, perdera a orelha direita, e o rosto inchado exibia uma marca de sapato de quando caiu e foi pisada. Estava semiacordada quando escutou uma voz familiar dizer com segurança:

— Não é essa, não.

— Mas está aqui na prancheta: "Lenir Ferreira de Queiroz Siqueira" — afirmou a enfermeira.

— Mas não é minha filha — insistiu a mulher.

— Mamãe — murmurou Lenir.

Ao reconhecer a voz da filha, Maria Benigna se espantou:

— Nossa senhora! É ela mesma.

Lenir sentia-se monstruosa. Sua mãe aproximou-se e acariciou-a. O gesto protetor fez com que ela finalmente relaxasse. Pouco depois, apagou.

Suas costas estavam queimadas e demoraram a melhorar. Um pedaço de seu braço esquerdo escapou do fogo porque serviu de apoio para a cabeça de seu filho, Roberto. Sua mão direita tinha sido atingida e começou a gangrenar. Os médicos queriam amputar o braço todo de início, mas optaram por cortar primeiro o dedo indicador direito. Em seguida, o polegar. Com isso, sua mão sarou.

Lenir enjoou da alimentação hospitalar. Marlene Serrano, sua vizinha de enfermaria, que recebia comida dos parentes, pediu que também preparassem refeições para ela. Num período em que tinha que ficar de bruços para que as costas sarassem, quem a alimentava eram sua mãe e sua irmã Lais. Elas se ajoelhavam ou se sentavam no chão e botavam um canudinho em sua boca, para que chupasse a sopa e as bebidas. Dia e noite naquela posição, sem

ELE
LEÕ
GIRAF
TIGRES
ARTISTAS
MUNDO
INTEIRO

Amanhã
Às 21 horas
Fabulosa Estréia
Sòmente 10 dias em
Niterói

FABULOSO SPETACULO *apresenta* STEVANOVICH H? GRAN

HORÁRIO
DIARIAMENTE às 21 HORAS
Sábados Domingos e Feriados
3 Funções
Matinée às 14:30
Vespertal às 17:30

4
ELEFANTES
LEÕES
GIRAFA
TIGRES
ARTISTAS DO
MUNDO
INTEIRO

Amanhã
Às 21 horas
Fabulosa Estréia
Sòmente 10 dias em
Niterói

CIRCO
COBERTURA
DE NAYLON
AMERICANO

MALABARISTAS
TRAPEZISTAS
ACROBATAS
PALHAÇOS

O MAIOR !
MAIS COMPLETO
DA AMERICA LATINA

UM SENSACIONAL ESPETACULO JAMÁIS APRESENTADO EM SÃO PAULO !!!

Armado enfrente a Estação da Leopoldina

A chegada do circo a Niterói provocou tamanho alvoroço
que todas as sessões tiveram casa cheia

AO LADO:
O anúncio publicado no jornal *O Fluminense* dizia que a cobertura
era de náilon, mas na verdade o toldo era feito de lona de algodão
parafinado, altamente inflamável

STEPANOVICH: FELIZ NA MU(...)

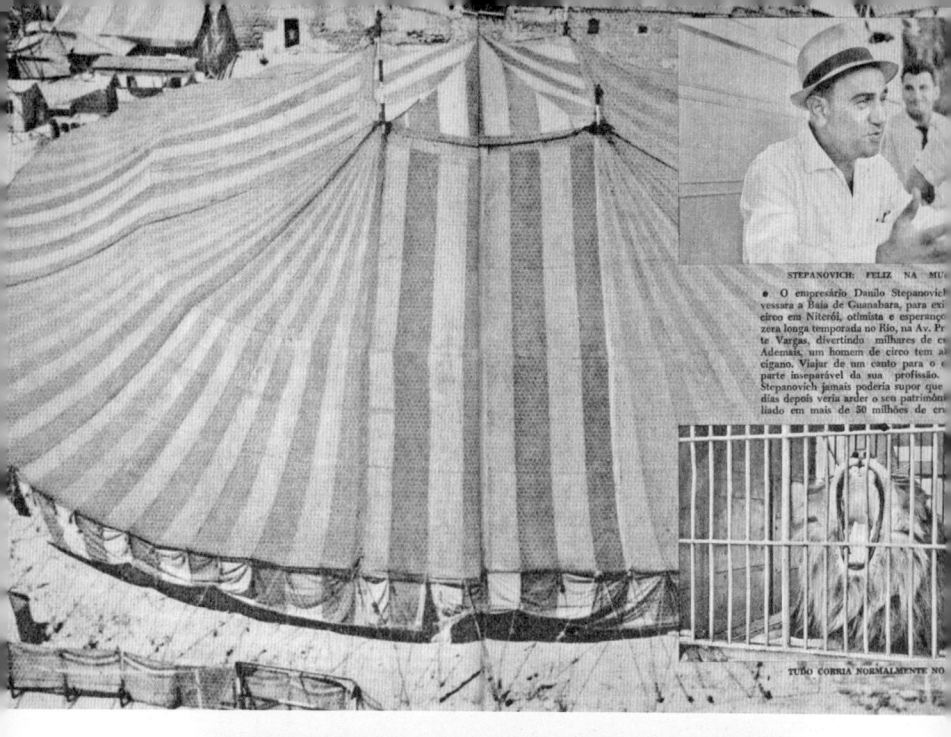

● O empresário Danilo Stepanovic(h) (atra)vessara a Baía de Guanabara, para exi(bir seu) circo em Niterói, otimista e esperanço(so da) zera longa temporada no Rio, na Av. Pr(esiden)te Vargas, divertindo milhares de c(rianças). Ademais, um homem de circo tem o (sangue) cigano. Viajar de um canto para o o(utro é) parte inseparável da sua profissão. (Mas) Stepanovich jamais poderia supor que (poucos) dias depois veria arder o seu patrimôni(o ava)liado em mais de 50 milhões de cru(zeiros).

TUDO CORRIA NORMALMENTE NO (...)

ACIMA:
Entre os animais, havia cinco elefantas indianas, que faziam sucesso entre a criançada

NO ALTO:
O circo de Danilo Stevanovich (no detalhe) foi instalado num terreno baldio da União, que servia de campo de futebol

A primeira página de *O Globo* do dia 19 trazia fotos inéditas feitas pelo trapezista Santiago Grotto, que a princípio pedira anonimato

A primeira página do *JB* do dia 19 ressaltava a solidariedade do papa

AO LADO:
A primeira página de *O Fluminense* destacava a visita de Jango
e o clima de desespero que tomou conta de Niterói

ESTÊVE EM NITERÓI O PRESIDENTE JOÃO GOULART

Niterói abalada por dantesca e lutuosa tragédia

Dezenas de pessoas carbonizadas no interior do "Gran Circo Norte-Americano" — Desconhecidas as causas do pavoroso sinistro — Ascende a mais de trezentos o número de mortos — Nota do Gabinete Civil do Governador Celso Peçanha — Das mais expressivas a colaboração dos radioamadores niteroienses — Espírito de solidariedade do povo — Decretado estado de calamidade pública em todo o território fluminense — O comércio cerrou suas portas, ontem, em sinal de pesar — Traumatizada a população com a brutalidade da ocorrência

PESAR DE "O FLUMINENSE"

Nesta hora em que toda a comunidade niteroiense se cobre de luto, em face do terrível sinistro ocorrido, domingo último, no "Gran Circo Norte Americano", do qual se perderam tantas vidas preciosas vidas, a direção de "O FLUMINENSE" e todo o seu vasto corpo de trabalho manifestam, ao público, e às famílias vitimadas, a expressão de seu mais profundo pesar.

MILTON BARRETO

Colabora o Governador na identificação dos mortos

O Fluminense

Fundado em 8 de maio de 1878

ANO LXXXIII — NITERÓI (RJ) — TERÇA-FEIRA, 19 DE DEZEMBRO DE 1961 — NÚMERO 24.117

Já identificados 221 mortos

O trabalho desenvolvido pela Polícia Técnica — Ainda sem identificação 30 corpos — Foram recolhidos às câmaras frigoríficas da "Maverói", onde aguardarão reconhecimento

Pacificação do P.S.D. gaúcho

EDIÇÃO DE HOJE
8 PÁGINAS
CR$ 5,00

ESTAVA NO SEGURO

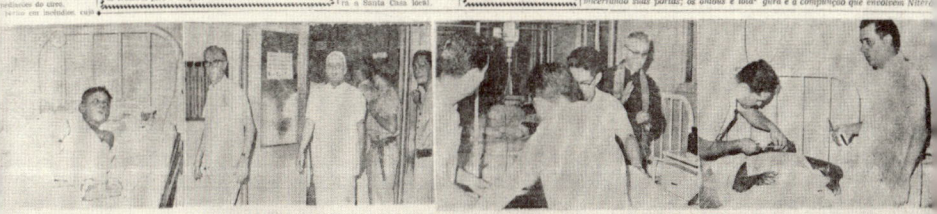

Credores das bênçãos de Deus

Confôrto na dor

MISSA PARA AS VÍTIMAS

No próximo sábado, às 10 horas, será rezada, na Catedral de Niterói, missa por alma das pessoas que pereceram no sinistro do "Gran-Circo Americano".

Será celebrante, D. Antônio de Almeida Moraes Júnior, arcebispo de Niterói.

Sessenta milhões de cruzeiros para o "Antônio Pedro"

flagrante! EXTRA

DEZEMBRO — 1961
CR$ 30,00

TRAGÉDIA DO CIRCO

Pouco restou do outrora imponente Gran Circo Norte-Americano, anunciado como o maior e mais completo da América Latina

AO LADO:
Edição especial da revista *Flagrante!* dedicada ao incêndio: 68 páginas sobre a tragédia

O circo destruído, com o picadeiro e as tendas
dos artistas ao fundo

AO LADO:
A entrada do circo, onde morreu mais gente, foi apelidada
por um sobrevivente de "corredor da morte"

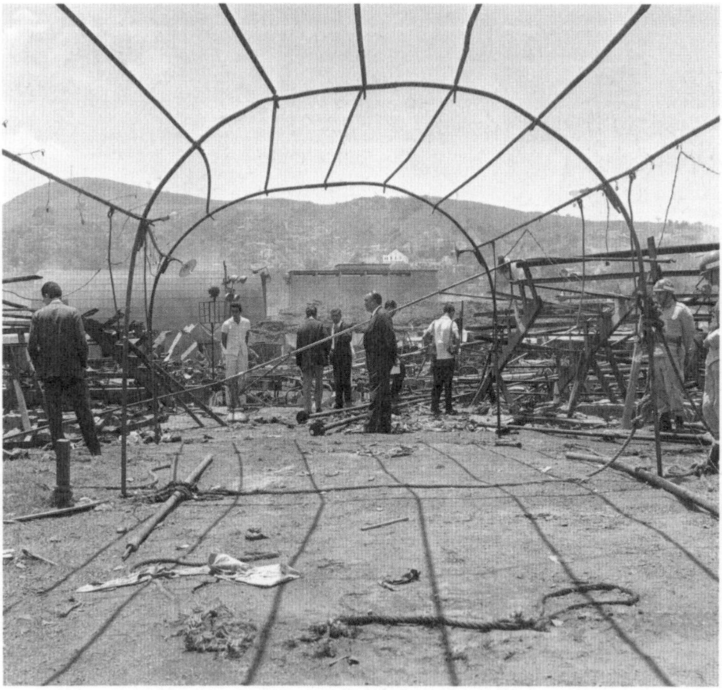

Os bombeiros chegaram rapidamente ao local, mas pouco
puderam fazer

AO LADO:
Apesar da proibição da entrada de menores de cinco anos,
havia muitos bebês entre os espectadores

PÁGINAS SEGUINTES:
Nos destroços do circo, os sapatos perdidos durante a fuga

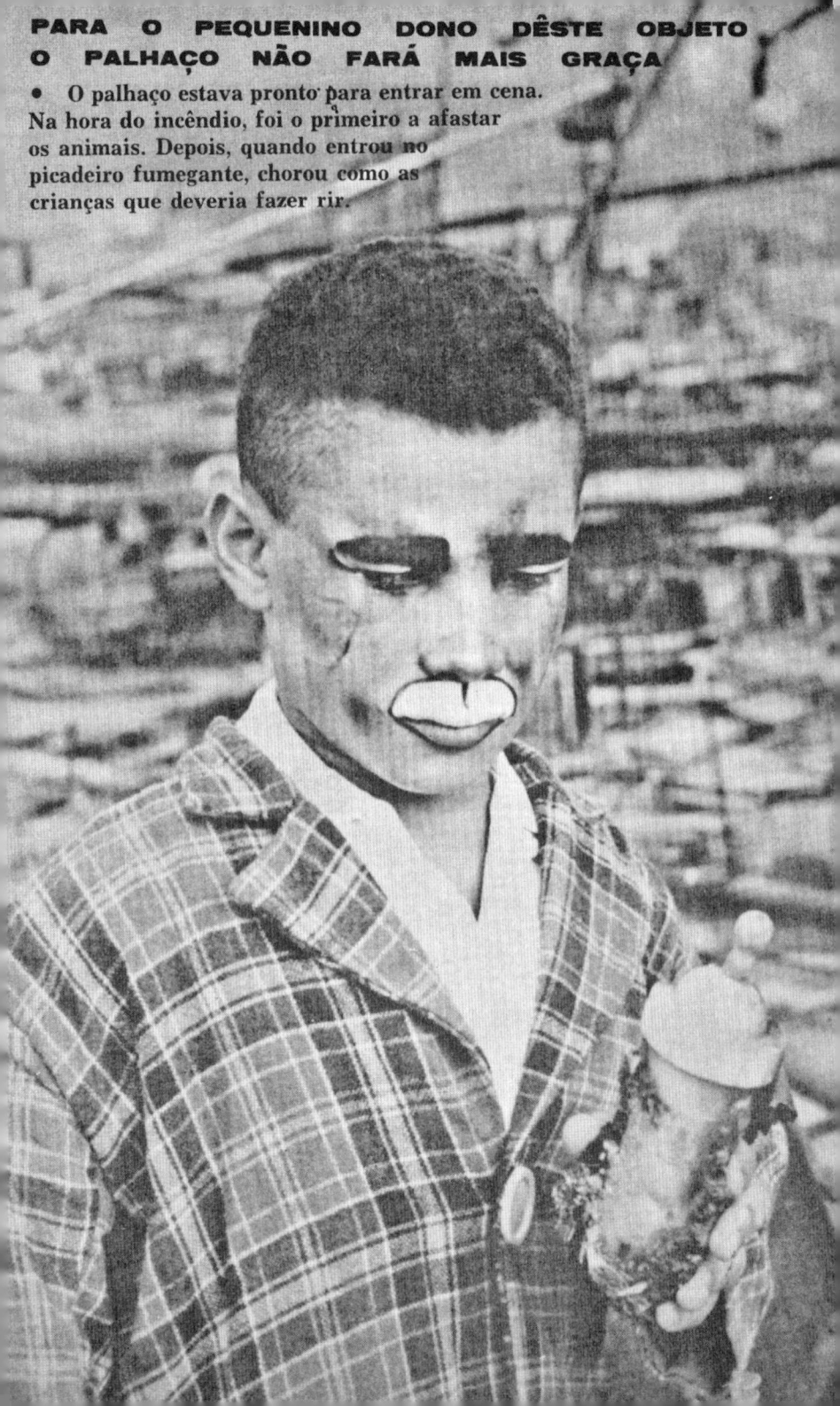

PARA O PEQUENINO DONO DÊSTE OBJETO O PALHAÇO NÃO FARÁ MAIS GRAÇA

● O palhaço estava pronto para entrar em cena. Na hora do incêndio, foi o primeiro a afastar os animais. Depois, quando entrou no picadeiro fumegante, chorou como as crianças que deveria fazer rir.

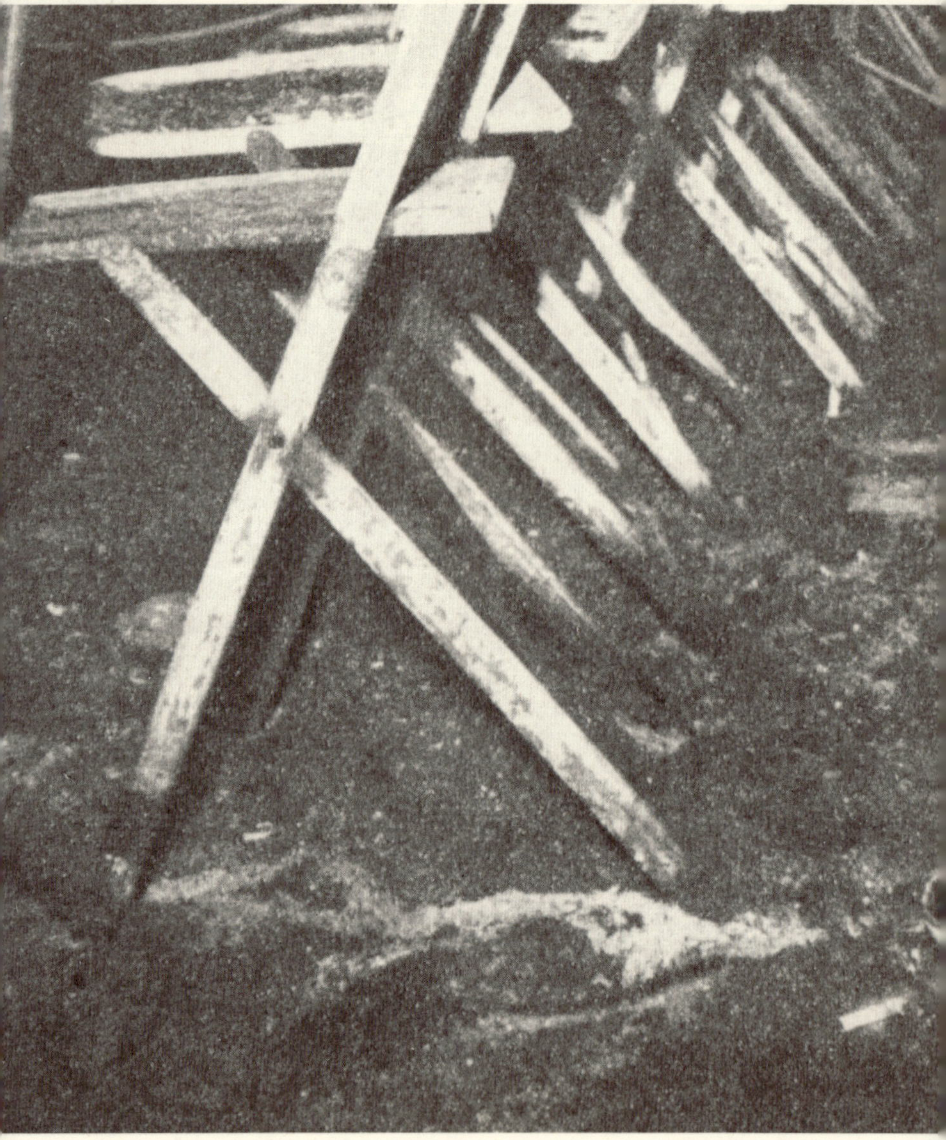

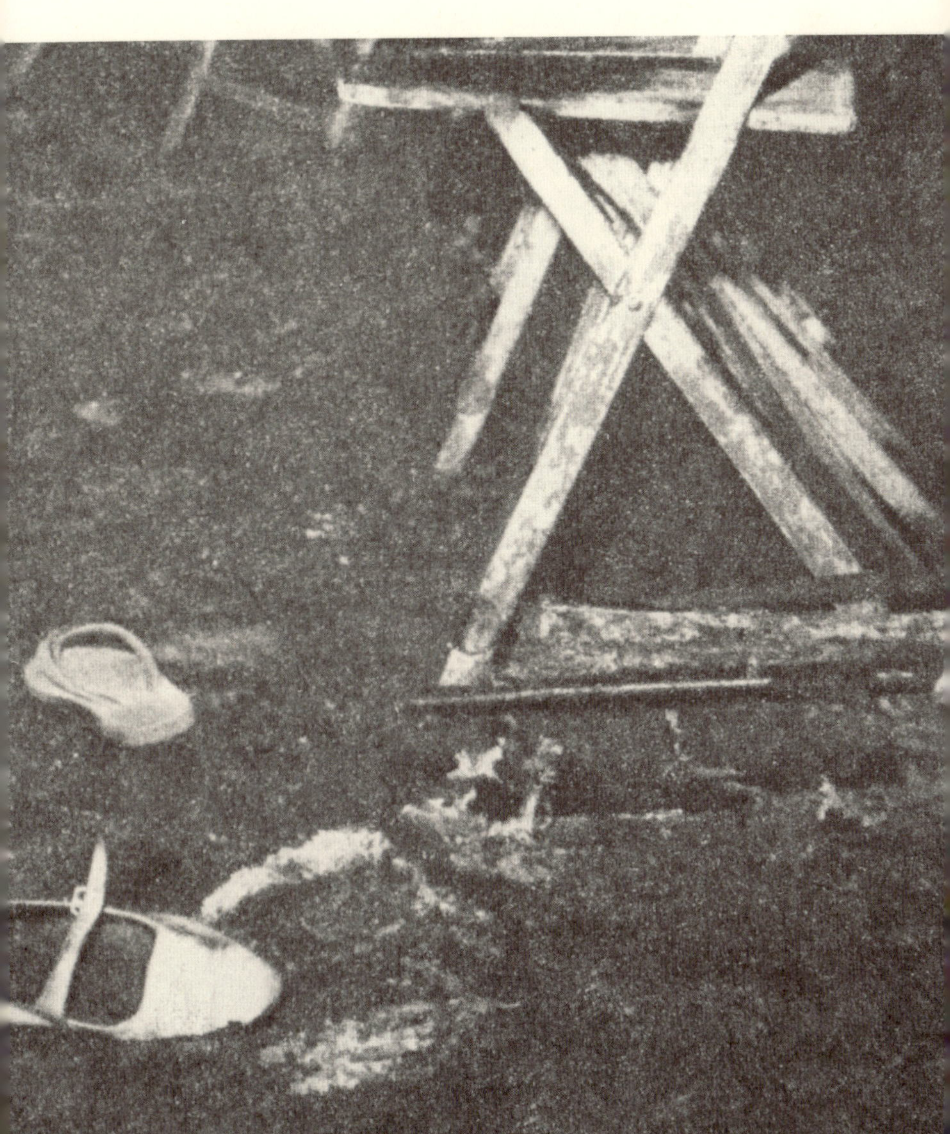

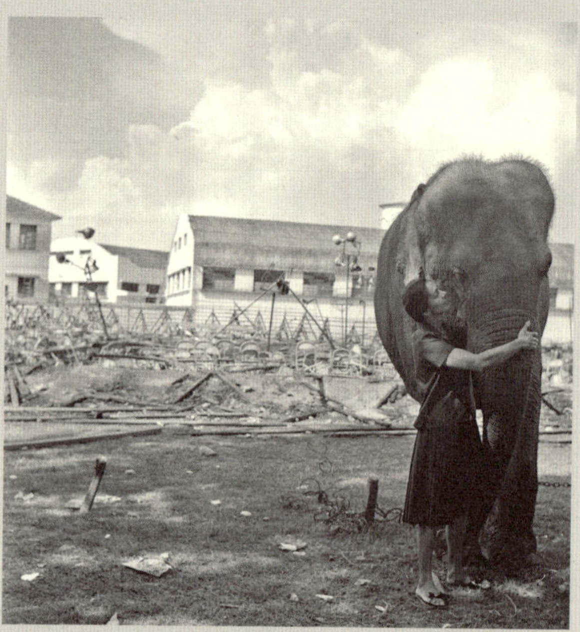

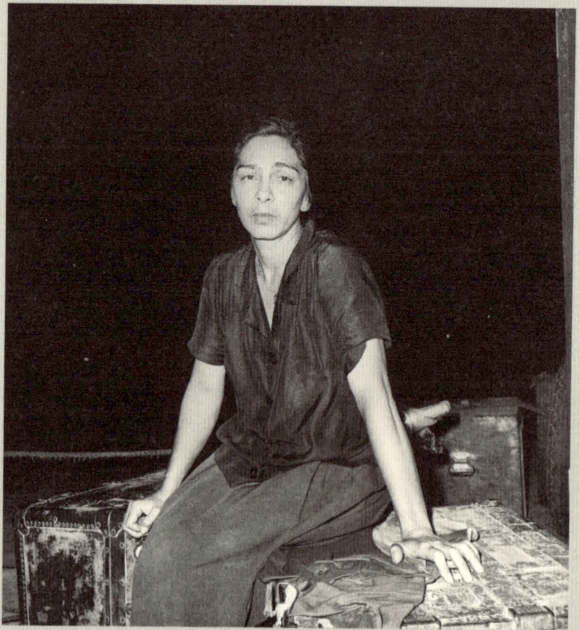

Danilo Stevanovich, dono do circo, acusou inicialmente
"favelados" expulsos da sessão de estreia

AO LADO, DE CIMA PARA BAIXO:
A trapezista e domadora Antonietta Stevanovich, a Nena,
afaga uma das elefantas, provavelmente Semba, que salvou dezenas
de espectadores ao abrir um rombo na lona

Antonietta, que se apresentava no trapézio no início do incêndio,
foi quem deu o grito de "fogo!"

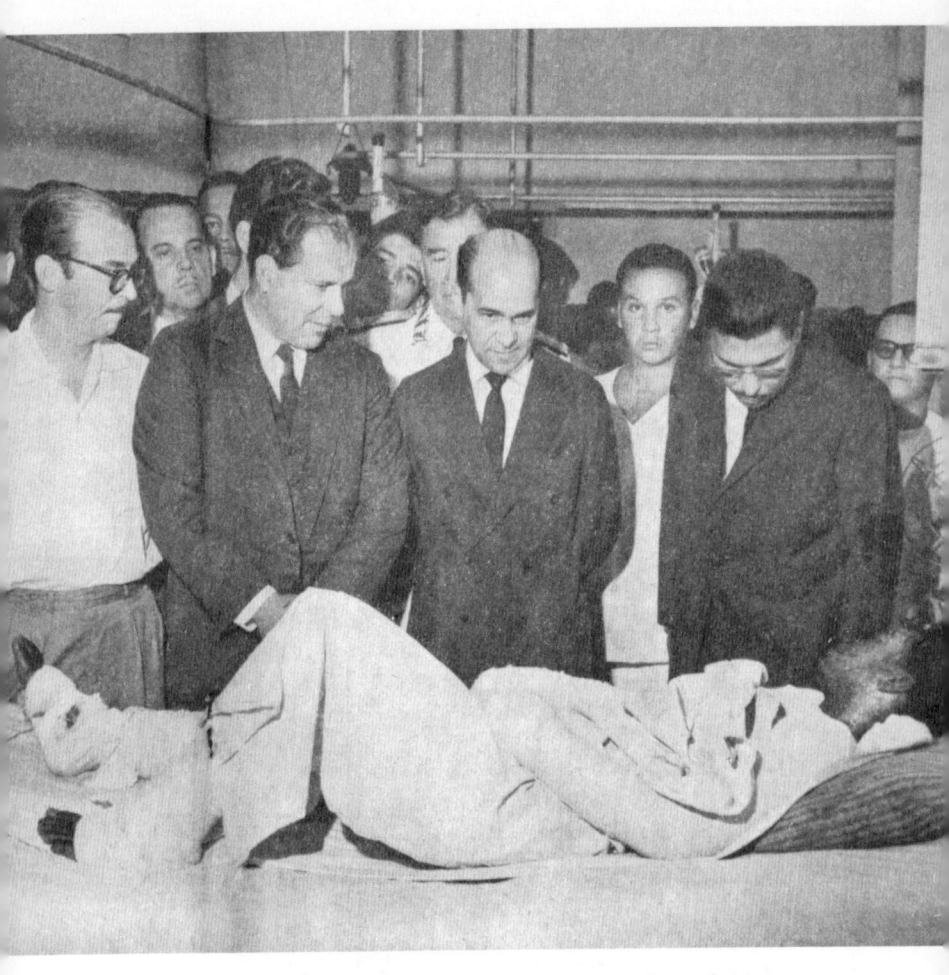

O presidente João Goulart, o primeiro-ministro Tancredo Neves
e o governador Celso Peçanha visitam os pacientes

AO LADO, DE CIMA PARA BAIXO:
O hospital Antonio Pedro estava fechado na hora do incêndio,
o que provocou demora no atendimento às vítimas

Irmã de caridade conforta um ferido: religiosos iam aos hospitais
oferecer auxílio espiritual e dar a extrema-unção

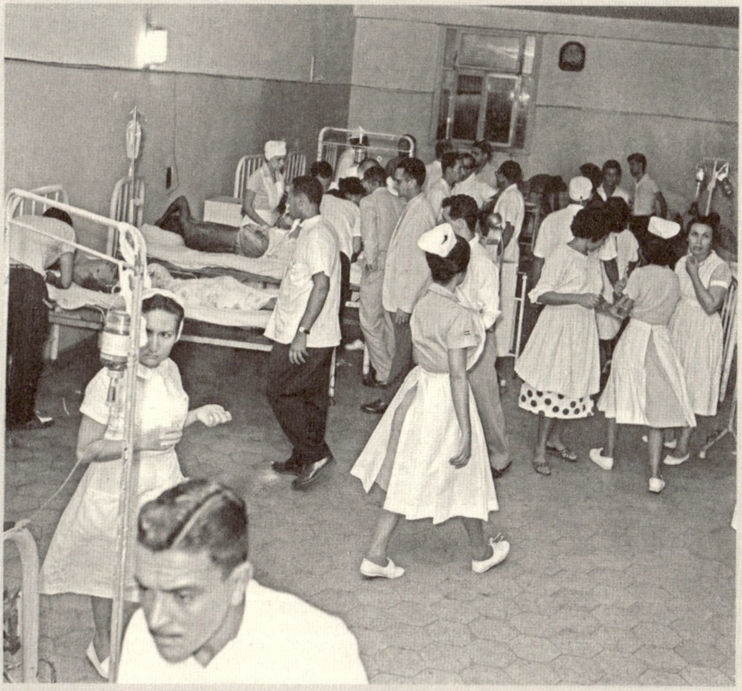

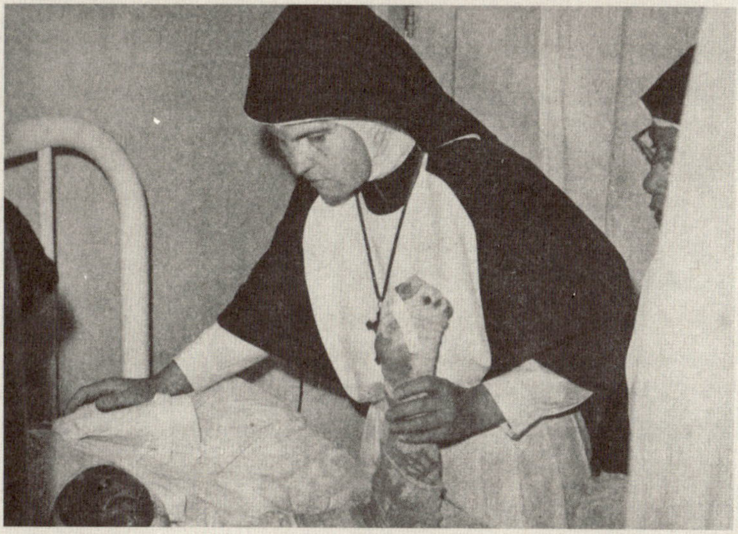

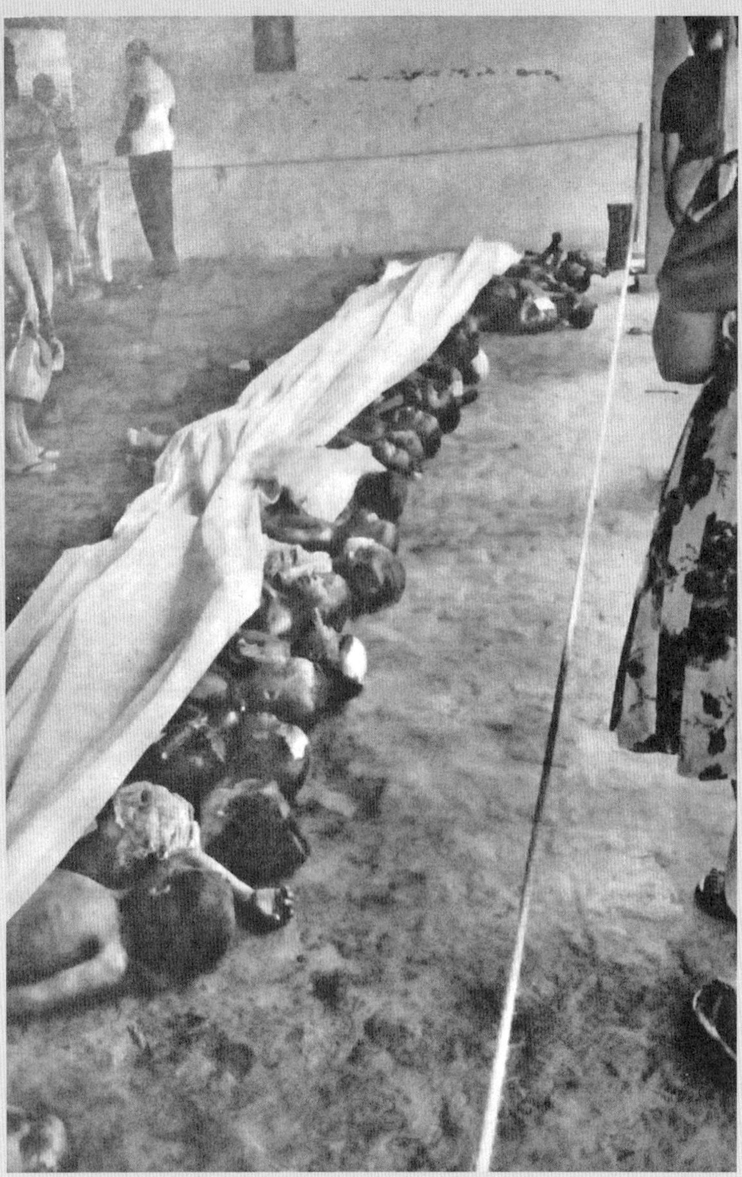

A população fez fila em frente ao Instituto Médico Legal
na tentativa de identificar parentes

AO LADO:
O fogo anulou diferenças e dificultou a identificação das vítimas

A girafa Regina, que tinha o mesmo nome da filha de Lenir

AO LADO:
O estádio Caio Martins virou uma carpintaria improvisada, com voluntários construindo caixões

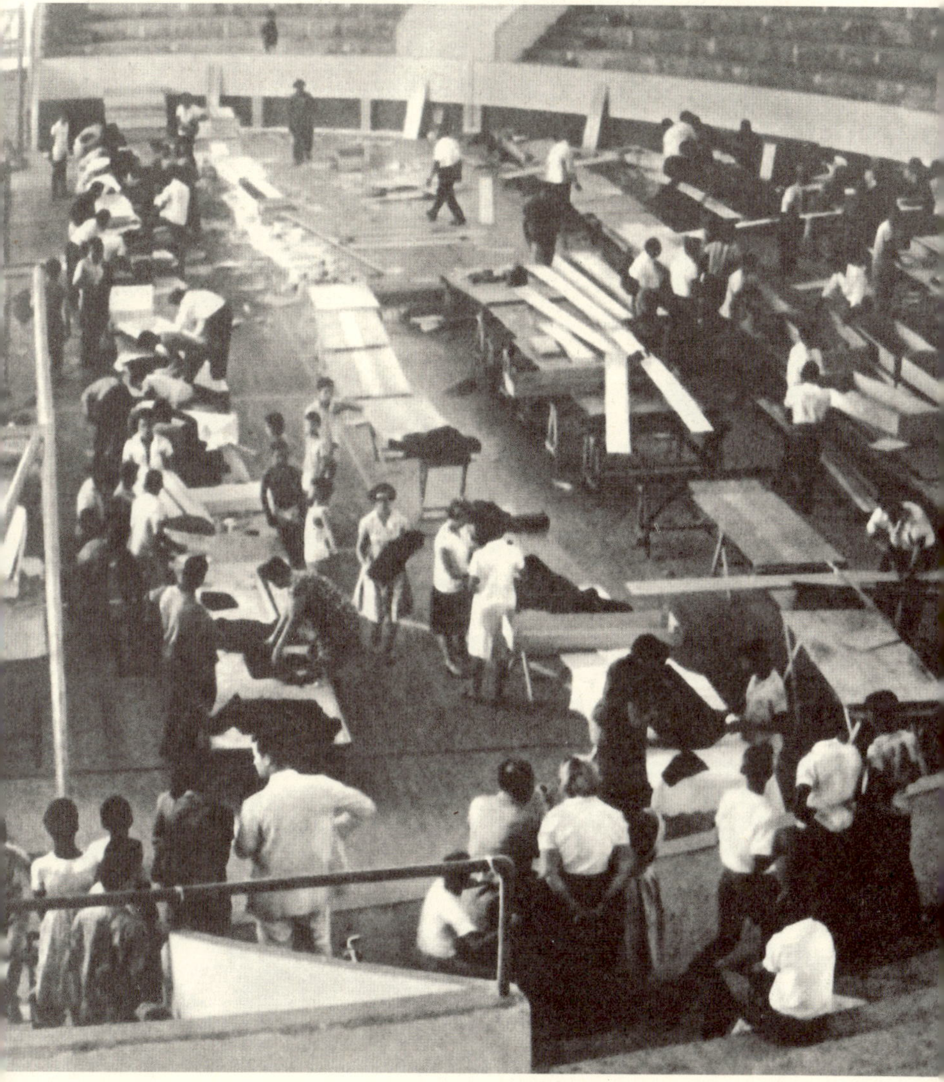

Lenir, que perdeu a família, nos dias de hoje:
alegria de viver

AO LADO:
Wilson, Lenir, Regina e Roberto, em foto tirada
dias antes da tragédia: as crianças usam a mesma
roupa com que foram ao circo

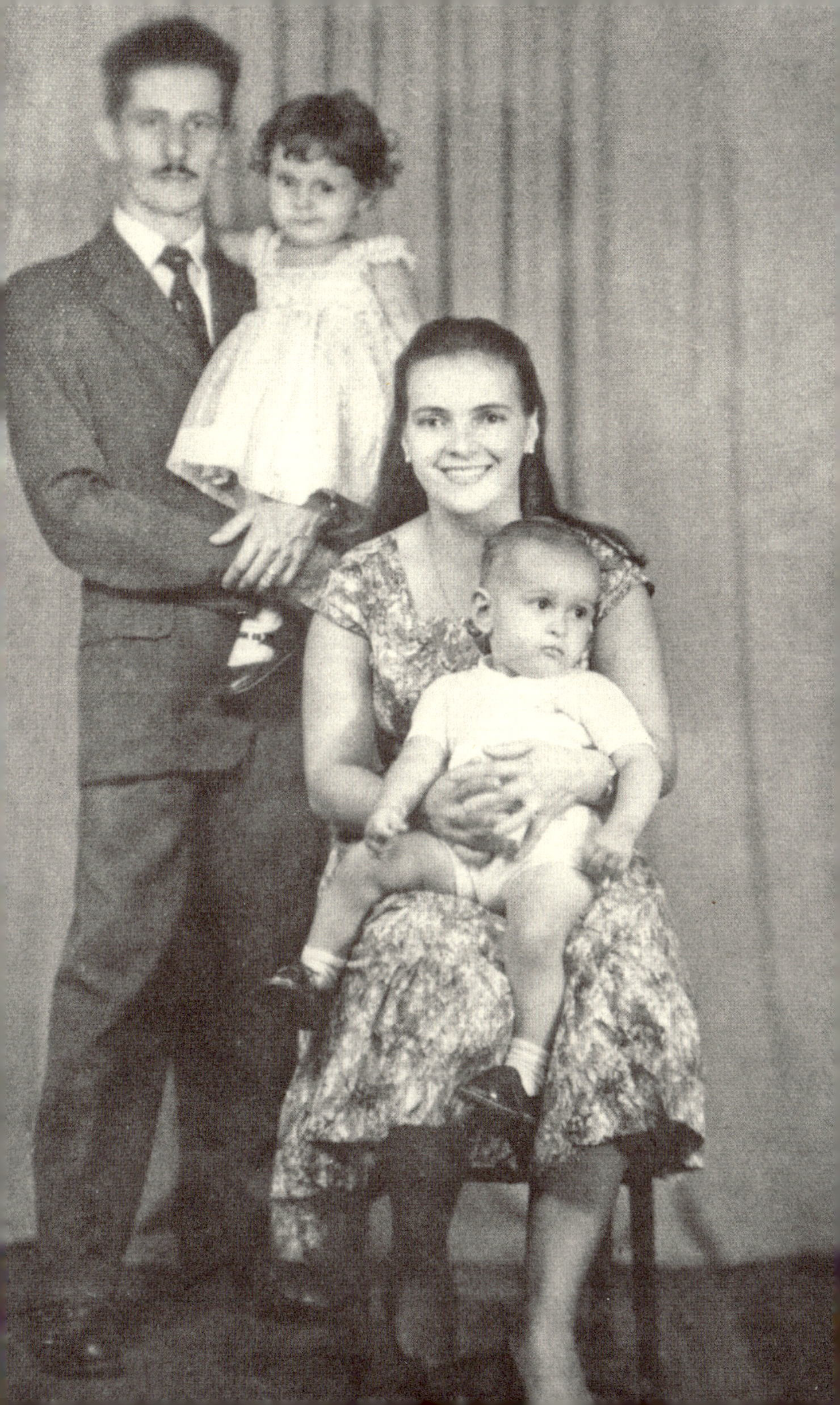

Dequinha (o primeiro, à esquerda), suspeito de provocar o incêndio, ajuda a carregar caixões

Eram tantos os mortos que a prefeitura mandou construir
às pressas um anexo ao cemitério Maruí, no alto do morro

PÁGINAS SEGUINTES:
Celso Peçanha interroga Bigode e Dequinha, suspeitos do crime:
críticas ao "governador de todas as fotografias"

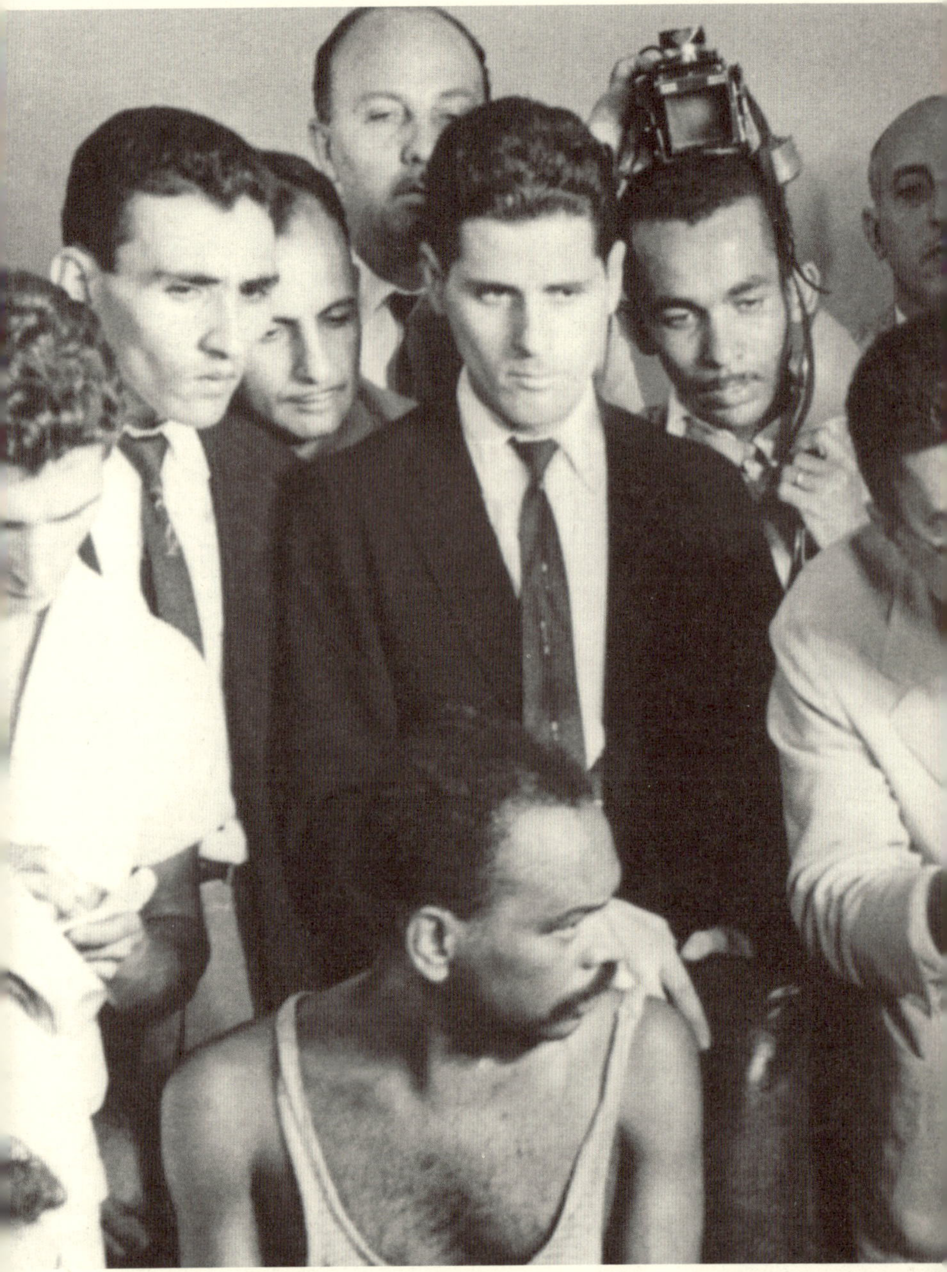

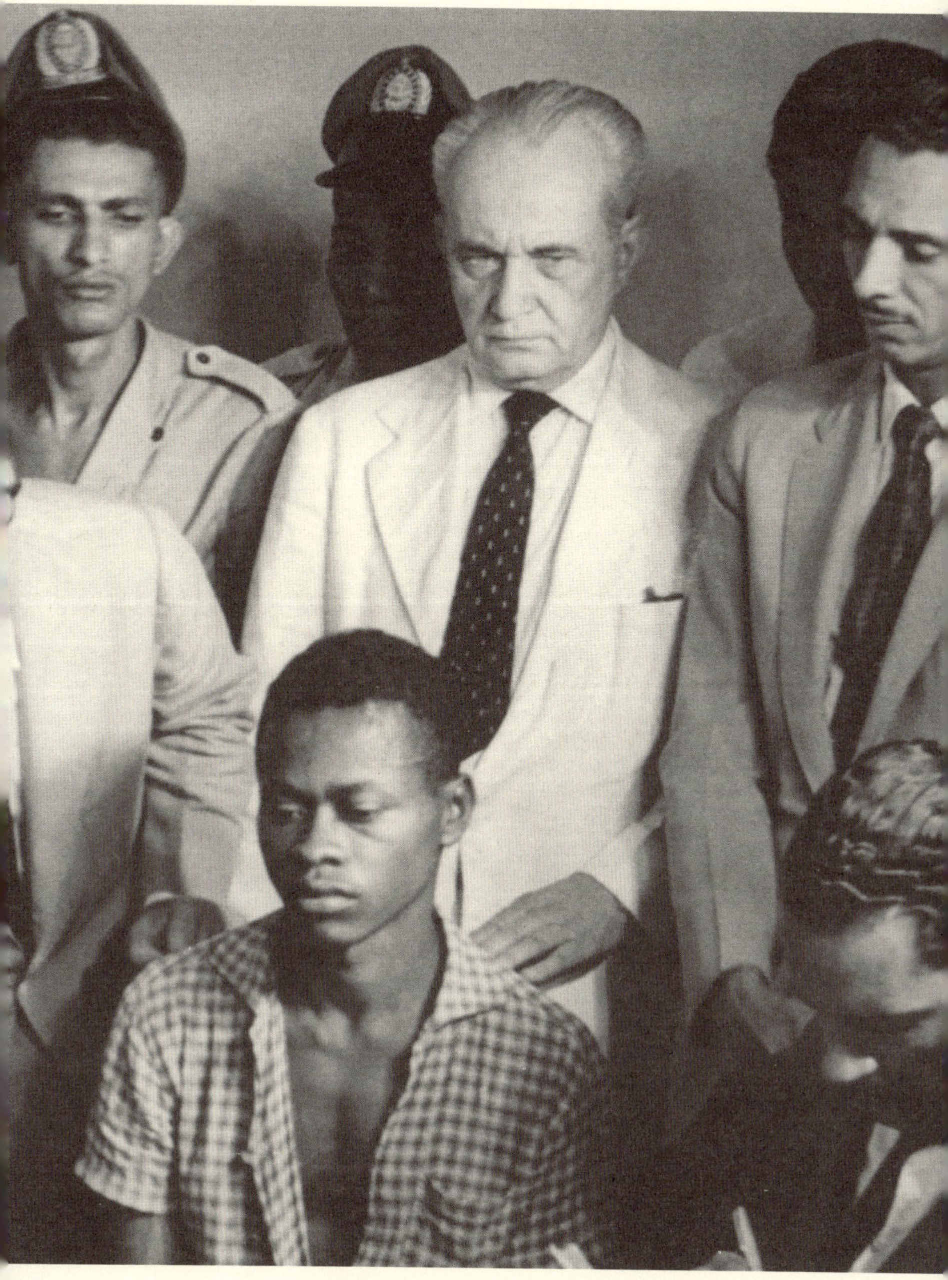

O CIRC

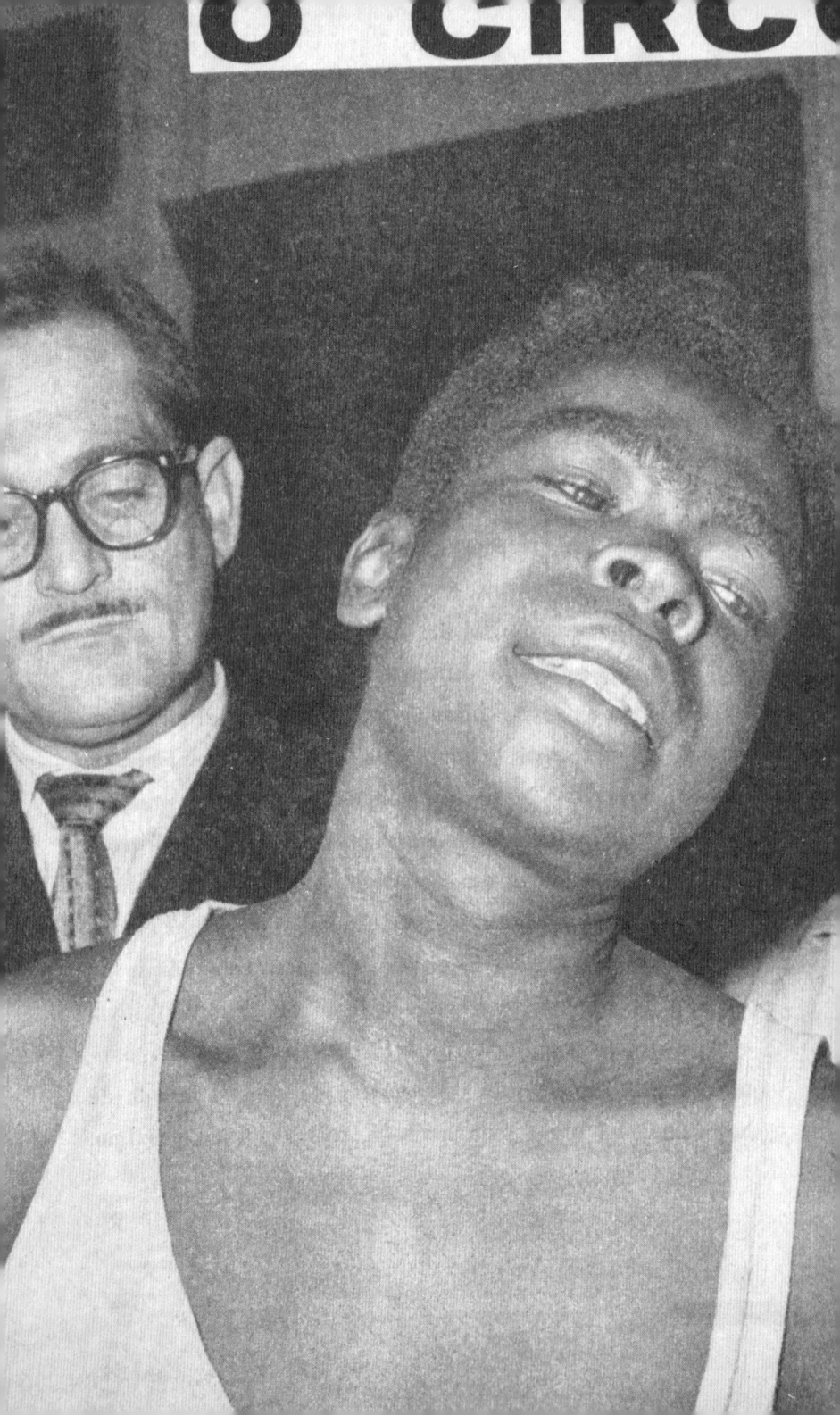

O porteiro Maciel Felizardo, o Sujinho, havia brigado com Dequinha dias antes do incêndio e acusou o ex-colega de ser o autor do crime

Teresa, amante de Bigode, foi inocentada pelo juiz, que no entanto escreveu que ela responderia perante Deus

AO LADO:
Dequinha afirmou que pôs fogo no circo, mas sua mania de confissão levou muita gente a duvidar de suas palavras

José Datrino teve uma revelação divina e se tornou o profeta
Gentileza após ouvir a notícia do incêndio

poder se mexer. Estava pele e osso. A balança confirmava o que a aparência indicava: despencou para 36 quilos — 46 a menos do que chegaria a atingir em 2003. Quando ouviu seu novo peso, corrigiu:

— Não é isso, eu peso 48 quilos.

Para não assustá-la, o jeito foi desconversar:

— Ah, é, estamos erradas. Estávamos falando de outra coisa — disse uma enfermeira, piscando o olho para outra, cúmplice.

De vez em quando as vítimas recebiam a visita de autoridades. Um grupo de políticos foi de cama em cama e um deles disse:

— Não vamos abandonar vocês. Vamos cuidar de todos. Vocês não estão sozinhos.

Ao se aproximar do leito de Lenir, perguntou:

— A senhora faz o que da vida? Trabalha fora?

— Não, senhor.

— Mas se a senhora quiser nós vamos lhe arranjar um emprego.

Anotaram o nome de todo mundo e disseram que arrumariam vagas no serviço público.

— A promessa ficou no hospital — constata hoje Lais, irmã de Lenir.

Naquele 17 de dezembro de 1961, Lenir carregava um segredo só compartilhado com seu marido: estava grávida pela quarta vez. Como moravam na casa da sogra, já tinham dois filhos e haviam perdido um terceiro, acharam melhor segurar a informação por mais algum tempo. Odete acabou sabendo da pior maneira possível, num dia em que foi convocada ao Antonio Pedro para ver a nora. De tão mal que estava, Lenir teve um aborto espontâneo, o segundo.

— Pelo jeito parece que era duplo — avisou o médico, indicando que eram gêmeos.

Outras vítimas, além de Lenir e Marlene Serrano, também haviam chegado grávidas ao hospital. Uma delas estava no sétimo mês de gestação. Após uma cesariana, a criança nascera sem problemas.

Muita gente morreu, mas teve quem nascesse por causa do incêndio. Uma espectadora havia marcado um aborto para a terça-feira seguinte à sessão, mas foi hospitalizada e teve que desistir da cirurgia. A criança acabou nascendo, meses depois.

Lenir chegou ao Antonio Pedro certa de que sua família estava viva. Pediu notícias de Wilson.

— Foi para outra ala — disseram.

— E como ele e as crianças estão?

— Passam bem — tranquilizaram-na.

Nos dias de visita, a família inteira ia vê-la. Ela estranhava a presença de tanta gente e perguntava para um parente:

— Ué, não está na hora de visitar o Wilson, não?

— O dia do Wilson não é hoje.

Indagava a outro familiar e escutava uma resposta diferente:

— O horário dele é diferente.

Teve quem dissesse que estava hospitalizado no Rio. Ou que ele tinha sido internado no Hospital dos Marítimos, em Niterói. Lenir fazia muitas perguntas, e os parentes tentavam escapulir, escondendo as lágrimas.

"Estão me enrolando", ela pensou, notando as contradições. "Tem coisa aí." Passou a desconfiar que Wilson, Roberto e Regina estavam mortos. Um dia, um primo que era padre veio visitá-la.

— Padre Francisco, o senhor vai ser minha salvação. Fale a verdade, como estão Wilson e as crianças?

— Lenir, eles estão melhor do que você.

— Mas estão muito queimados?

— Eu te garanto que eles estão muito melhor que você — repetiu.

Até que sua sogra se sentou a seu lado e começou um sermão.

— Lenir, você precisa compreender que não cai uma folha da árvore que não seja da vontade de Deus. Ele é soberano. Você tem que estar preparada e se conformar.

A mulher dava voltas:

— É muito triste mesmo o que está acontecendo com você. Não fica triste de saber que está sofrendo? Felizes os que já se foram.

— É por causa do Wilson, tia Odete? Eu sei que ele já se foi, eu sei que as crianças já se foram — cortou Lenir, para surpresa da sogra.

— Já falaram para você?

— Falaram — mentiu, e seus olhos ficaram úmidos.

— Graças a Deus — suspirou. — Você não imagina o sofrimento da família. Quem te contou?

— Eu soube.

Ninguém havia falado nada, mas ela já presumia. Wilson, que tinha certeza de que não sobreviveria à cirurgia de pulmão do dia 15 de janeiro de 1962, morreu menos de um mês antes. Só foi reconhecido pela aliança com o nome "Lenir" inscrito. Sua filha Regina acabou identificada pela roupa que usava. O corpo de Roberto seria encontrado mais tarde. Até que o achassem, chegou-se a falar em sequestro. No dia 31 de dezembro, o jornal *O Fluminense* noticiava seu sumiço misterioso, após ser levado do hospital por um desconhecido. "O pequenino, uma interessante criança alourada, de olhos castanhos-claros, tem dois anos de idade. Foi visto por diversas pessoas e reconhecido entre os sobreviventes", informava o jornal, completando que ele havia sido internado porque fora atingido por queimaduras leves numa das pernas. Mas era apenas um boato.

No dia 10 de janeiro, era realizada no cemitério Maruí a exumação de um menino, sepultado sob o nome de Paulo Roberto Abreu de Morais. Os coveiros desenterraram o corpo e ele foi reconhecido por um irmão e um cunhado de Lenir. Com seu nome verdadeiro, Roberto Ferreira de Queiroz Siqueira foi novamente enterrado, dessa vez ao lado da irmã, Regina.

Ao saber das perdas, Lenir cobrou do primo:

— Padre Francisco, você mentiu para mim?

— Não, eu nunca disse que eles estavam bem. Eu disse que estavam melhor do que você. Eles não estão sentindo tanta dor.

A certeza da morte da família levou Lenir a um estado de completa prostração. Ela não tinha mais vontade de viver. Preferia não dar desgosto à mãe e à irmã, mas não via mais sentido em nada. Coerente com o nome e com o parentesco, Maria Benigna não saía do lado do leito. Lenir observava seus olhos tristes pousados sobre ela, as lágrimas abundantes, o rosto doído por baixo da máscara branca de hospital, e dizia para si mesma:

— Não posso morrer antes que minha mãe. Tenho que viver.

Mas não conseguia se convencer. Definhava.

— Comer para quê? Para viver mais? Mas eu não quero viver.

O hospital convocou uma enfermeira de nome Elza, numa tentativa de evitar o pior. A mulher tinha fama de durona. E fez valer sua reputação.

— Essa menina aqui diz que é católica — ironizou, apontando para Lenir. — Mas está se suicidando. Ela não sabe, mas se morrer vai ser enterrada do lado de fora do cemitério. Porque quem se suicida não tem direito à terra lá de dentro, que é sagrada, que é benta. Suicídio é pecado, e ela vai pagar por isso.

Elza fez uma pausa dramática e continuou:

— E você pensa que vai para o céu? Você vai para o inferno, porque está se matando.

O comentário teve o efeito esperado. Lenir levou um choque,

começou a chorar e esboçou uma defesa, alegando que não estava se sabotando:

— O quê? Vou ser enterrada do lado de fora? Mas eu não estou querendo me suicidar!

— Como não? Você não come, não aceita os remédios e seu corpo está rejeitando todo o enxerto de pele. Você não está querendo viver — retrucava Elza, enquanto enfiava comida na boca de Lenir, como se faz com uma criança.

A partir daquele dia, a enfermeira mandona e enérgica tornou-se uma espécie de bicho-papão de branco.

— Lá vem dona Elza — diziam para assustar Lenir.

Só então ela começou a reagir.

Para enfrentar as dores, os pacientes recebiam anestésicos e entorpecentes como morfina, demerol, dolantina e dolosal. Lenir, sem saber que estava tomando narcóticos, experimentava delírios maravilhosos. Em suas fantasias, transportava-se para outro mundo — um mundo sem agonias, sem cicatrizes, sem perdas. Lá, encontrava-se com os filhos, que brincavam num balanço todo ornamentado por flores. Em outra ocasião, ela havia se transformado em Nossa Senhora. Tirava dinheiro de uma sacola e repartia entre as pessoas. As notas não acabavam nunca. Um dia acordou de um dos devaneios e se viu cercada por irmãs de caridade.

— O que aconteceu? — assustou-se.

— Você estava cantando o "Magnificat", de Bach, de forma maravilhosa. Você tem a voz linda. Canta mais — afirmou uma das religiosas.

— Mas eu não sei cantar o "Magnificat"! — disse, sinceramente espantada.

As irmãs garantiram que era verdade. Mais tarde, Lenir lembrou-se de que havia escutado a música uma vez na igreja e fez então uma promessa: quando sarasse, entraria para um coral e cantaria sempre o "Magnificat". Por vezes, quando passava o efeito dos narcóticos e a realidade se impunha, ela afundava na tristeza ou mergulhava nas piores alucinações. Numa noite, viu capetas se aproximarem ameaçadoramente de sua cama:

— Viemos te buscar! — disseram, antes de se afastar.

Eles passaram a madrugada indo e vindo, sem cessar. Aterrorizada, ela torcia para o fim daquela tortura. No dia seguinte, descobriu que os demônios eram na verdade as cortinas que separavam os leitos e que oscilavam com o vento. O calvário parecia não ter fim.

Lenir passou nove meses no hospital — o tempo necessário para nascer outra vez. Foi a penúltima a sair — antes apenas do adolescente Tomaz Carvalho. Ela deixou o Antonio Pedro em 8 de setembro de 1962. Teve pouco o que comemorar. No dia 30, sua mãe viajou para Minas a fim de separar roupas para voltar ao Rio e ficar cuidando da filha. No caminho, adoeceu e ficou acamada. Teve um derrame cerebral e, no dia 8 de fevereiro de 1963, morreu. Era mais uma perda, que se somava às do marido, dos dois filhos e do pai, que também tinha sido vítima de um derrame, uma semana antes do nascimento de Roberto. Grávida de nove meses, Lenir não pôde ir ao enterro dele, em Minas.

Pouco tempo após ter alta, ela foi à missa na igreja São João. Procurou o padre Luiz e disse:

— O senhor me deu a extrema-unção no Antonio Pedro. Mandou que eu fosse na santa paz de Deus. Mas eu falei para o senhor que não ia.

O padre arregalou os olhos e gaguejou, como se estivesse diante de um fantasma:

— Não é possível. A senhora estava mal demais, morrendo, não dava sinal de vida.

— Mas eu estava escutando o senhor.

Ele ficou assustado.

— Minha Nossa Senhora!

— Realmente não estava na minha hora.

O sacerdote ainda não havia se recuperado do susto quando Lenir perguntou se ele se lembrava de um menino e de uma menina que tinham ido à missa das 10h no dia do circo.

— O senhor passou a mão na cabeça deles — acrescentou, para ajudar sua memória.

Como não haveria de se lembrar? O padre se recordava com exatidão das duas crianças ajoelhadas. Lenir contou então que eram seus filhos e que tinham morrido no incêndio.

— Minha filha, aqueles meninos eram dois santinhos, uns anjinhos mesmo — confortou o religioso. — Era o dia deles.

19. Zezé e o presente de Natal que não veio

Homens, mulheres e crianças ficavam separados em enfermarias diferentes no Antonio Pedro. Na ala infantil, um dos leitos era ocupado por Maria José do Nascimento Vasconcelos, a Zezé, de onze anos. Ela entrara em coma após escapar correndo atrás da elefanta Semba e só acordaria dois dias depois. Assim que despertou, contou à enfermeira que morava em Rio Bonito e tinha ido ao circo com seu tio, José Bernardino, e seus dois primos, Tiago e Bruno. Acreditava que os três estivessem também no hospital. Foram então procurá-los pelas enfermarias, mas a busca foi em vão. Não havia sinal dos parentes. Nas macas, a visão de pacientes sem membros e com queimaduras extensas impressionou a garota, que foi consolada pela funcionária.

— Você até que está bonitinha, só não tem cabelo — ela disse, no que deve ter pensado ser um elogio.

Além de ter tido o cabelo queimado pelo fogo, Zezé estava enfaixada do pescoço até a cintura. Ela não tinha mesmo como achar seus familiares no hospital. Os primos tinham morrido e o pai deles, que se salvara, só os reconhecera num frigorífico do

Serviço de Inspeção Federal graças a um objeto que carregavam. José Bernardino era ourives nas horas vagas e tinha feito duas medalhinhas para os filhos. Na frente, traziam imagens de santos, e atrás, o nome deles. Elas ficavam penduradas no cordão de ouro que os garotos usavam. À dor da perda dos dois filhos, Bernardino somava o desespero pelo desaparecimento da sobrinha. Afinal, fora ele quem tinha insistido com a irmã para que Zezé fosse, e agora não tinha ideia de onde encontrá-la. Pior: talvez estivesse morta.

Aos poucos, Zezé foi dando outras informações ao pessoal do hospital. Disse, por exemplo, que sua mãe, Josefa, trabalhava como enfermeira no hospital Darcy Vargas, o principal da sua cidade, na região dos lagos. Mais por desencargo de consciência do que por acreditar na menina, uma funcionária decidiu telefonar para lá. Era verdade, e, no dia seguinte, a mãe da garota, aliviada, viajou para Niterói.

— Graças a Deus você está viva! — disse, antes de abraçá-la.

— Graças a Deus por quê? — não escondeu o desalento a garota.

A presença materna compensou a solidão, mas não resolveu de todo o problema. Josefa morava e trabalhava a 55 km dali, tinha mais três filhos para cuidar e só podia ver a filha às quintas e aos domingos, à tarde — às vezes só conseguia ir um dia por semana ao Antonio Pedro. À sua volta, Zezé via que a todo momento um médico estendia um lençol por cima de um paciente, depois de pronunciar a frase "Está em óbito" e anotar algo no prontuário. Devia ser uma coisa importante, porque sempre que ela ouvia a expressão uma criança era retirada da enfermaria. A curiosidade fez com que finalmente perguntasse a uma enfermeira o que era "óbito".

— É quando papai do céu chama e a criança vira anjo — disse a funcionária.

— Ah, então é que já morreu, né? — entendeu na hora a menina, precocemente amadurecida.

A partir dali, ela passou a achar que não era uma questão de "se", mas de "quando" iria ter o mesmo destino. De qualquer forma, a triste rotina no Antonio Pedro levou-a a desejar a morte. Era um pensamento recorrente. Rezava e pedia a santo Antônio para acabar com seu padecimento. Não aguentava os curativos das 7h. Não suportava as cinco, seis injeções por dia para combater infecções. Não tolerava os dias que se arrastavam e as noites sem distrações. Não havia televisão, e a trilha sonora era composta de gemidos, gritos e lamentos. Olhava para si mesma com visível desconforto e horror, toda enfaixada, e temia ficar cheia de marcas.

A enfermeira-chefe, Lúcia Lélia, ajudava a passar o tempo, cantando e assoviando valsas antigas e músicas populares. Voluntários visitavam o hospital e contavam histórias. Levavam livros infantis e narravam as lendas do saci-pererê, do boitatá e da mula sem cabeça. As palavras entravam por um ouvido e saíam pelo outro. Cheia de dor, Zezé não via graça em nenhuma das iniciativas que procuravam amenizar as dores dos pacientes. Ao contrário. Sentia ódio de tudo aquilo. Nem o Natal serviu para diminuir seu tormento. Papai Noel apareceu e demorou-se com os pacientes, mas ela não ganhou o que realmente queria: uma cara nova, livre de cicatrizes. Ou então a morte. Tampouco recebeu brinquedos. Sequer roupas. O único presente que lhe deram no hospital foi uma caixa de lenços estampada de rosa, que lhe foi ofertada pela mãe de outro paciente. "Deve ser alguma coisa que sobrou", pensou, com amargura.

E, como se não bastasse o sofrimento físico, as vítimas penavam ainda com os boatos, que aumentavam o clima de incerteza. No dia 22 de dezembro, surgiram informações de que os funcionários do Antonio Pedro entrariam em greve a partir da meia-noite do dia 23 por causa do "não pagamento de pelo menos um dos três meses de vencimentos em atraso, conforme lhes havia prometido o prefeito".[16] O movimento acabou sufocado pelo empréstimo de 4 milhões de cruzeiros junto ao Banco Predial. Cada funcionário recebeu um vale de 10 mil para passar o Natal. E o governo municipal garantiu que na semana seguinte pagaria o valor devido, já que receberia uma verba emergencial oferecida pelo presidente da República. Mas, no começo de janeiro, o atraso já ia para o quarto mês.

Outra reportagem preocupante foi veiculada pelo jornal *Diário do Povo* do dia 14 de janeiro: boatos que "se avolumam por toda a cidade" davam conta de que as crianças seriam despejadas dos hospitais por falta de pagamento das diárias. Por causa das denúncias, o deputado Simão Mansur apresentou um projeto instituindo uma comissão para fiscalizar o emprego dos donativos do Fundo de Assistência às Vítimas do Incêndio, o Favin, criado três dias após a catástrofe pelo governador Celso Peçanha para receber doações. As acusações foram desmentidas pelos integrantes do fundo, a primeira-dama Hilka Peçanha, o desembargador Ferreira Pinto e o presidente da Associação Comercial, Waldemar Vieira. Ao jornal *Diário do Comércio*, disseram: "Esta informação não procede, é até leviana, pois [...] os componentes do fundo todos os esforços vêm fazendo no sentido de amparar as vítimas e propiciar-lhes ampla e total assistência".

O que havia de concreto, explicaram, era a decisão de remover os pacientes internados em hospitais e casas de saúde particulares para o Antonio Pedro (os adultos) e o Getulinho (as crianças), para "com esse procedimento evitar despesas desnecessárias decorrentes da internação", considerando-se que nos hospitais públicos haveria "melhores possibilidades de se concentrar recursos técnico-científicos e materiais, ensejando assim assistência mais eficiente às vítimas do incêndio". Os doentes que desejassem persistir na rede privada passariam a arcar com as despesas de internação.

20. Uma Pérola em meio à dor

Se os escoteiros escreveram um comovente capítulo de dedicação e entrega nessa tragédia, Maria Pérola Sodré merece destaque especial: é a protagonista dessa história. Com esse nome carregado de significado, ela planejara formar uma família numerosa, a exemplo da sua. Mas era ainda mais ambiciosa que seus pais, que tiveram sete filhos. Sonhava com nove. Casou-se nova — no dia de seu 21º aniversário — e teria tempo suficiente para atingir sua meta. Dois anos depois, estava separada e com um menino de um ano e três meses no colo. Não se casou mais.

Ela e seus seis irmãos nasceram num intervalo de apenas onze anos.

— Não é uma escadinha, é uma rampa — brinca Maria Pérola, terceira de um total de cinco rapazes e duas moças.

Desde cedo todos ingressaram no escotismo. Era um caminho natural. O pai era escoteiro, e a mãe, bandeirante. As cunhadas e o cunhado também faziam parte da tradição. Aos poucos, os demais foram saindo, e só ela permaneceu. Tornou-se chefe do movimento bandeirante em 1940 e, em 1961, aos 39 anos, na hora em que o fogo amadureceu à força centenas de crianças que sobreviveram à tragédia, já contava uma década à frente dos lobinhos, como são conhecidos os escoteiros de sete a onze anos. Ela chefiava o grupo Gaviões do Mar e usava o codinome Gaivota Branca.

Quando souberam que a festa de fim de ano, marcada três meses antes, cairia no mesmo dia da matinê do circo, não foram poucos os meninos que reclamaram da coincidência e insistiram em trocar de programa. Mas os pais foram inflexíveis, alegando que escotismo não era brincadeira, para frustração dos filhos, contentamento de Maria Pérola e sorte de todos, como se perceberia depois. Logo após a notícia do incêndio, os escoteiros distribuíram-se pelos hospitais. Não era uma questão de escolha. Eles apenas seguiam a promessa do movimento, que diz: "Ajudar o próximo em toda e qualquer ocasião".

Uma turma foi para São Gonçalo, enquanto Maria Pérola rumou para o Antonio Pedro com alguns colegas. Seu filho era escoteiro sênior — de quinze a dezessete anos — e dirigiu-se ao estádio Caio Martins, ao lado de um conjunto de pioneiros — acima de dezessete. Foram ajudar a tranquilizar os que iam reconhecer os parentes. Havia muito o que fazer no Antonio Pedro, e a experiência do escotismo mostrou-se de grande utilidade. Um dos chefes foi coordenar a cozinha — desde os onze anos os escoteiros fazem sua própria comida. Outra turma encarregou-se da faxina — varreu os pisos, deu uma geral nos banheiros, passou pano no chão, limpou corredores. As instalações estavam caindo aos pedaços, e Maria Pérola, que havia terminado um curso de eletricista por correspondência, ajudou a ajeitar a fiação, trocou lâmpadas, instalou fios e consertou tomadas. Um grupo ficou responsável pela lavanderia. Outro passou a noite numa sala, separando os medicamentos enviados por farmácias, laboratórios e voluntários. Em todo lugar se viam escoteiros e bandeirantes. Um deles, Fernando José Caetano Lopes, de dezesseis anos, estava no cinema quando interromperam a sessão para avisar do incêndio. Foi para casa, ligou para alguns colegas e seguiram todos para o hospital. Mesmo morando perto, ficou três dias sem passar em casa, dormindo nas grades das camas de ferro. Ia e voltava do almoxarifado à enfermaria, da dispensa ao centro cirúrgico, com as mãos cheias de picrato de butesin e furacin, as duas pomadas mais usadas contra queimadura. Aos poucos, o caos inicial foi dando lugar a certa ordem.

Uma semana depois do incêndio, o tempo mudou na cidade. Bateu um vento noroeste, desabou um temporal e faltou luz no Antonio Pedro. Num gesto impulsivo, os chefes dos escoteiros começaram a acender velas. Era um procedimento natural — mas que se mostrou desastrado. No mesmo instante, a gritaria e o choro encheram o ambiente. A memória do fogo assustou crianças e adultos. As velas foram logo apagadas, e o hospital caiu de novo na escuridão.

O Getulinho viveu experiência semelhante. Cerca de três dias depois da tragédia, um problema no fogão fez com que o hospital se enchesse de fumaça. Mesmo feridas, as crianças correram em direção à escada, para escapar do que imaginavam ser outro incêndio. A irmã encarregada do centro cirúrgico abria os braços, tentando evitar a fuga, até que os ânimos se acalmaram.

Quinta-feira era dia de visita no Antonio Pedro. O comparecimento de amigos e parentes trazia alento à enfermaria. Maria Pérola observava a agitação no centro cirúrgico quando foram alertá-la sobre a presença de curiosos. Não era a primeira vez. Eles iam de cama em cama, aproximavam-se dos pacientes e, insensíveis, comentavam:

— Coitada. Será que avisaram a ela que o marido morreu?

Ou então:

— Será que essa senhora sabe que perdeu os dedos?

— Deixa comigo — indignou-se ela, e resolveu pôr fim àquele jardim zoológico humano.

Na visita seguinte, subiu até as enfermarias do terceiro andar e esticou uma corda de um lado a outro da porta, impedindo a entrada de estranhos na ala dos adultos. Só passava quem ela autorizasse.

— Não, você não é parente — proibia.

Foram queixar-se dela ao diretor do hospital, Almir Guimarães. Ele chamou-a ao gabinete e pediu explicações. Por que afinal ela estava vetando visitantes? Maria Pérola narrou o problema, e ele encerrou a conversa:

— Você está certa, muito bem.

Nas enfermarias, curiosos, voluntários, políticos, religiosos, jornalistas e parentes tinham a companhia de tipos inoportunos. Um suposto médico circulava à vontade pelos corredores. Com o uniforme branco habitual, começou a executar incisões. Depois dos cortes, passou a querer fazer curativos. Foi denunciado por sua inexperiência. Outros intrusos também aproveitavam a confusão para se fingir de doutores. Herbert Praxedes, chefe do laboratório do Antonio Pedro, aproximou-se de uma paciente e notou um corte de quase dez centímetros na parte interna da coxa, aparentemente para dissecar uma veia e fazer uma transfusão. Levou um susto.

— Quem fez isso não tem noção nenhuma de anatomia. Não há qualquer vaso nessa região — espantou-se. — Essa incisão é só mais uma porta de entrada de infecção.

A preocupação com as infecções também levou o cirurgião José Luiz Guarino a procurar o diretor do hospital e avisar:

— Almir, está todo mundo entrando. Eles mexem nos doentes, tiram os curativos, examinam. Não pode continuar como está.

O cirurgião havia visto um vizinho, funcionário público, entrar tranquilamente e anunciar:

— Eu sou doutor.

Como ele, outras pessoas arrumavam jalecos e invadiam sem constrangimentos as enfermarias. A partir da ação de Maria Pérola, de Guarino e de Fortunato Benaim, foram postos vigias para filtrar os penetras.

Várias crianças foram diretamente atingidas pela lona em chamas. Algumas tiveram melhor sorte e ficaram debaixo de outros espectadores, mas ainda assim saíram feridas. Para motivar todas, Maria Pérola teve uma ideia:

— Vocês não gostariam de ser escoteiros? — ela perguntou, sempre vestida com seu uniforme, a exemplo dos demais companheiros.

E assim, no dia 11 de janeiro de 1962, surgia o Grupo Escoteiro Antonio Pedro, fundado ali mesmo. Não se tratava mais da melancólica enfermaria de um hospital, era agora a orgulhosa sede de bravos escoteiros, formada por uma patrulha de escoteiros do mar, outra de básicos e uma matilha de lobinhos, além de dois meninos agregados. Na época, somente homens podiam fazer parte dos escoteiros, mas naquela situação-limite duas meninas tiveram autorização para participar.[17]

O espaço sofreu uma incrível transformação. As paredes foram decoradas com os símbolos e cartazes referentes ao movimento. As cabeceiras dos leitos receberam flâmulas de lobinho. O teto ganhou um moitão — espécie de roldana — por onde foi passada uma corda, que segurava a bandeira brasileira. Todo dia, às 8h, antes da reunião matinal, era feito o ritual de hasteamento. À tarde, por volta das 17h, acontecia o arriamento. Se estivessem deitados na cama, os integrantes esticavam os braços junto ao corpo, perfilados. Caso já tivessem passado para a cadeira de rodas, en-

direitavam-se e comandavam a cerimônia, cantando o Hino Nacional. O escotismo era levado tão a sério que os médicos diziam:
— Dá licença, podemos entrar? Viemos aqui visitar os escoteiros.

Seis meninos formavam a patrulha de escoteiros do mar. Maria Pérola arrumou uma bacia grande na sala de cirurgia. Sua irmã, que morava na Bahia, enviou-lhe um saveiro em miniatura. Um ventilador simulava o vento marinho. Mesmo de cama, sem poder se locomover, as crianças indicavam as manobras, como a direção em que deveria ser posta a vela. Barcos menores, fabricados com caixa de charuto, e miniaturas de boias de balizamento eram colocados sobre o corpo dos meninos, por cima do lençol, e eles ficavam responsáveis por fazer os movimentos. Também aprenderam a dar nós. As cordas eram mais finas, para facilitar o trabalho. Um garoto que tinha uma das mãos severamente queimada se virava com o pé.

Os pacientes, com os pulmões cheios de fumaça, ganharam apitos e estudaram o código Morse. Tinham que soprar para se comunicar e, com isso, o sistema respiratório ia descongestionando-se sem que percebessem. Como todo escoteiro, também dominaram o sistema de semáfora, em que o alfabeto é formado com o auxílio de bandeiras nas cores amarelo e vermelha, muito usado por marinheiros para conversar à distância. Quando ainda estavam acamadas, as crianças tentavam adivinhar as frases transmitidas pelos chefes. À medida que passavam a andar, elas se comunicavam entre si na enfermaria movendo os braços. Sem se dar conta, faziam exercícios que ajudavam na recuperação.

Uma ocupação que se tornou popular foi o jogo do Kim, que consiste em dispor numa mesa 24 objetos para serem memorizados durante um minuto, antes de serem cobertos. Cada jogador tem dois minutos para escrever o maior número de itens de que se lembrar. Se não souber o nome, desenha. No hospital, era preciso adaptar o jogo, e surgiu o Kim voador. Quinze objetos — como bolas, argolas, escovas de dente, lápis — eram jogados de um chefe para outro. Enquanto estavam no ar, tinham que ser decorados. Em seguida, as crianças anotavam o que lembravam. Se não tivessem condições de escrever, falavam. Outra habilidade estimulada era a de equilibrar livros na cabeça, fosse caminhando ou se deslocando em cadeiras de rodas. E alguns pacientes, de tão pequenos, tinham que ir no colo — mas levando um pequeno exemplar no alto do corpo.

Maria Pérola achou que já era chegada a hora de submetê-los à prova de acender uma fogueira usando apenas dois fósforos, e conseguiu autorização dos médicos para descê-los até o quintal do hospital. As crianças que já podiam se movimentar cataram no chão de terra gravetos finos e secos caídos das árvores, enquanto os que estavam em cadeira de rodas apontaram os pedaços que queriam. Maria Pérola sentia-se dividida. Animava-se com o entusiasmo que vinham demonstrando, mas estava tensa, temendo a reação deles diante das chamas. Apesar da empolgação, nenhum dos meninos ousava se arriscar. Até que ela perguntou, numa voz que não escondia a apreensão:

— Quem vai ser o primeiro?

No instante em que riscaram os fósforos, o alívio e a satisfação: nenhum deles se assustou.

O humor e as brincadeiras eram constantes, mesmo na hora dos curativos, e isso era fundamental para distender o ambiente. Antes da reunião da manhã, fazia-se uma chamada. Quando alguém demorava mais do que o habitual na sala de cirurgia, era saudado ao voltar à enfermaria com frases como:

— Perdeu o ônibus?

Era como se tivessem se atrasado para a reunião do grupo e fossem repreendidos. Afinal, uma das marcas do escoteiro é ser pontual. Os gracejos aliviavam o desconforto e devolviam coragem e altivez àquelas crianças sofridas nos momentos mais difíceis:

— Sou um escoteiro, sou um lobinho.

Também a música era usada para amenizar o processo de recuperação. Escoteiros e chefes cantavam acompanhados pelo acordeom de Maria Pérola. No repertório, canções populares, o hino dos escoteiros e músicas do movimento, como "O lobinho". Com o tempo, o hospital começou a esvaziar, e os adultos passaram a ser transferidos para a ala das crianças, atraídos pelas atividades recreativas.

Nos primeiros dias após a calamidade, o hospital fervilhava de voluntários, que empurravam macas, removiam obstáculos, limpavam o chão, carregavam os doentes, alimentavam-nos. Mas Maria Pérola, realista, sabia que o movimento logo arrefeceria. Não tardou a descobrir que estava certa. No dia 25 de dezembro, muitos não apareceram por conta do almoço de Natal. Tampouco voltaram nos dias seguintes. Na véspera de Ano-Novo, houve nova debandada. Só ficaram os mais abnegados. Maria Pérola reuniu-se com os outros chefes e fez uma tocante conclamação:

— Respeitamos a decisão de cada um, mas os escoteiros têm que ter disciplina. Agora a responsabilidade é só nossa, porque o pessoal está indo embora. Nosso dia não vai acabar hoje nem amanhã. Vamos ficar aqui por muito tempo.

Maria Pérola era professora dos colégios Santa Bernadete e Pio XI. Já que o incêndio ocorreu nas férias escolares, entre dezembro e fevereiro, pôde dedicar todo o seu tempo ao hospital. Chegava de manhã cedo e só ia embora no fim da tarde. Às vezes, emendava 48 horas sem sair de lá. O tradicional almoço de Natal, que reunia toda a sua família, daquela vez teve uma baixa. Só um dia interrompeu as atividades no hospital, ao perceber que, abalada com tanto sofrimento, precisava de uma pausa.

— Não adianta. Não estou aqui para descarregar minha

emoção. Vim para ajudar, não para atrapalhar. Tenho que me normalizar.

Foi para casa, tomou um banho demorado e no dia seguinte voltou refeita.

Quando as aulas recomeçaram, ela ia três vezes ao dia visitar as vítimas. Madrugava no hospital antes de seguir para o primeiro emprego. No Antonio Pedro, aproveitava para ensinar os pacientes. Passava a lição de português e matemática, corrigia exercícios, informava notas e saía para dar aula. À tarde, comia a merenda que tinha levado, deixava o colégio e voltava para a enfermaria infantil. Cumprimentava os doentes, brincava um pouco, comentava os deveres escolares, passava mais lições e partia para a outra escola. À noite, antes de retornar para casa, ia novamente fazer companhia às crianças hospitalizadas.

Um dia ela chegou um pouco mais tarde ao Santa Bernadete. Saíra do hospital, pegara um táxi e estaria no trabalho no horário caso o pneu do carro não tivesse furado. Exigente com a pontualidade, correu pela avenida, mas, compreensivelmente, demorou-se um pouco mais do que o costume. Não escapou da repreensão do diretor:

— A senhora está chegando atrasada!

— É que estou vindo lá do Antonio Pedro. O pneu do táxi furou — tentou justificar-se.

— Não tenho nada com isso — cortou seu chefe. — Seu dever é aqui, dando aula.

Dona de princípios rígidos, assentados no tripé formado pela Igreja, pelo escotismo e pelo magistério, ela concordou. De três em três meses, ainda arrumava tempo para doar sangue às vítimas. A entrega de Maria Pérola sensibilizava tanto os médicos que eles permitiam que entrasse na sala de cirurgia para acompanhar os curativos. Sabiam que sua presença aliviava o sofrimento das crianças. Ela vestia seu avental de enfermagem por cima do uniforme e confortava os pacientes.

— Estou aqui perto — dizia.

Na hora da anestesia, os médicos a liberavam para sair. Mas ela não arredava pé.

— Não, eu disse que ficava, vou ficar. Dei a minha palavra. Mesmo que eles não saibam que estou aqui, eu sei.

Eram tantos curativos que os médicos tiveram que reduzir as anestesias. Maria Pérola pensou numa forma de amortecer os suplícios. Ao entrar na sala de cirurgia, dizia à criança:

— Me dá a mão que sua dor passa para mim.

Na hora em que o cirurgião começava os trabalhos, a chefe dos lobinhos fazia caretas e fingia queixar-se:

— Ai, tá doendo.

Foi Maria Pérola quem convenceu Vasti, mãe de Nilson Rodrigues Bispo, de nove anos, de que era necessário amputar a perna do menino. O pai era da Marinha e estava viajando. Desesperada, ela se recusou a autorizar a cirurgia.

— Mandar cortar a perna do meu filho?! — horrorizou-se.

A mãe estava irredutível. Mas o garoto morreria se não operasse. Não podiam mais protelar. Maria Pérola lembrou-se de uma colega de escola de seu filho, que tinha perdido a perna num acidente de bonde uma década antes, aos sete anos. A adolescente não se privava de nada. Jogava vôlei e basquete, andava de bicicleta, montava a cavalo e até ia à praia. Tirava a prótese, deixava a perna mecânica na areia, pulava até a água e nadava. Seria a melhor pessoa para convencer a mulher e acabar com o impasse. Telefonou, explicou o problema e pediu que fosse à enfermaria. A moça chegou ao hospital, andou com desenvoltura de um lado para o outro e falou com algumas crianças internadas. Em seguida, aproximou-se do leito do garoto e conversou com Vasti. Maria

Pérola observava tudo sem se manifestar. Depois de algum tempo, virou-se para a mãe de Nilson e disse:

— Você sabia que essa menina aqui perdeu a perna até acima do joelho?

Diante do espanto da mulher, a jovem levantou um pouco a saia, que ia até o tornozelo, mostrou a prótese e explicou como funcionava.

— Eu tenho uma perna para o dia a dia e uma perna especial, mais caprichada, para as festas — acrescentou. — Você percebeu que eu tinha uma perna assim? Não? Pois é, ninguém percebe.

A mulher se convenceu e assinou a autorização para a cirurgia do filho, o mesmo menino que receberia dias depois a visita do presidente João Goulart. Até hoje, aos oitenta anos, Vasti atormenta-se com a decisão.

— Ela carrega esse peso — diz Nilson. — Já falei mil vezes: "A senhora não autorizou amputarem minha perna. A senhora autorizou salvarem minha vida. Eu estava com gangrena e morreria em poucas horas".

Ele havia entrado em coma pouco após a internação. Quando despertou, quase trinta dias depois, já estava sem a perna. A história de Nilson é um exemplo de como o nome do circo atraiu espectadores, que se equivocaram ao imaginar sua origem norte-americana.

— Meu pai tinha visto esse circo em Nova York e nos falava: "Se um dia ele vier ao Brasil, vou levá-los" — lembra. — Era um dos maiores do mundo, foi lá que rodaram o filme *O maior espetáculo da Terra*.

Assim, quando o Gran Circo, que jamais havia passado pelos Estados Unidos, chegou a Niterói era hora de cumprir a promessa. Só que, na véspera, no sábado de manhã, o pai de Nilson deu uma topada no quintal. O dedo inchou e o passeio foi suspenso. Mas Nelson, primo do menino, insistiu e convenceu o tio a deixá-los ir.

Compraram ingressos para a segunda sessão, às 18h. Aguardavam na fila quando, a quinze minutos do fim da matinê, resolveram entrar para garantir lugar. Falaram com o porteiro, que liberou a passagem antecipada dos dois. Ficaram de pé, atrás das cadeiras numeradas, até que um homem se levantou nas arquibancadas, apontou para cima e gritou:

— Fogo!

Nilson conseguiu escapar, mas, do lado de fora, deu por falta do primo e voltou para resgatá-lo. Ficou preso em meio a outras pessoas, até ser salvo pelos bombeiros. No pronto-socorro de São Gonçalo, ainda conseguiu dar o nome e o endereço, e pediu que avisassem seu pai que estava vivo. Mais tarde, foi removido para o Antonio Pedro, já em coma. A exemplo de Marlene Serrano, não teve que seguir nenhuma dieta. Estava numa lista de desenganados, junto a pacientes como Tomaz Carvalho e Sérgio Tanaka. Uma presença assídua entre os visitantes era seu tio Jessé, também com nove anos, irmão de Vasti. Quase vinte anos depois, em 1980, Jessé se tornaria conhecido no país inteiro ao ganhar o prêmio de melhor intérprete no festival MPB/Shell da Globo com a música "Porto solidão". Nilson passou oito meses no hospital. Acostumou-se tanto ao ambiente e aos novos amigos que teve dificuldades em retornar para casa. Quando chegou à portaria do Antonio Pedro, não queria sair. Acabou indo para casa, mas estranhou. Passou o fim de semana com a família e voltou para o hospital, onde ficou mais uma semana. Após um período de adaptação, saiu de vez.

Maria Pérola nunca recebeu um centavo. E se lhe tivesse sido oferecido, não teria aceitado. Foram quinze meses de abnegação quase integral. Ficou até que o último paciente, Tomaz Carvalho, tivesse alta. Ela foi um caso extremo de entrega. Mas outros personagens também se destacaram, como Carmen Barilli.

Enfermeira formada pela Cruz Vermelha, ela decidiu servir como voluntária no hospital Antonio Pedro no dia seguinte à tragédia. Chegou com um inadequado sapato de salto alto porque era o único calçado branco do seu guarda-roupa. Ex-aluna do Colégio Sion, Carmen falava francês e espanhol fluentemente, e por isso foi designada para trabalhar junto a médicos e enfermeiras estrangeiros. Funcionava como atendente e intérprete.

A sua decisão de ajudar deveu-se a um episódio de traços sobrenaturais. No dia anterior pela manhã, seu filho, Jorge, estava na praia de Icaraí, com água pelo joelho, de costas para a areia, quando o som da banda circense chegou aos seus ouvidos. Moravam em Jacarepaguá, no Rio, mas uma vez por mês ela o levava para Niterói. O menino de dez anos virou-se para a rua, viu alguns palhaços, dois ou três instrumentistas e um elefante. Foi o suficiente para se aproximar de Carmen, que estava sentada à sombra de uma grande amendoeira, e implorar que o levasse ao circo. Foram comprar ingresso, mas, à medida que a fila diminuía, ela começou a ouvir gritos de duas crianças:

— Não entra, vai embora, vai embora!

Inexplicavelmente, vinham de dentro dela. Carmen olhou assustada para o filho e, com medo de desapontá-lo, resolveu desafiar as tais vozes infantis interiores. Continuou na fila, até que, na sua vez, um novo berro foi ainda mais impositivo:

— Vai embora!

Indiferente aos protestos de quem vinha atrás, ela parou, imobilizada, e só saiu do torpor ao ouvir a cobrança do filho:

— Cadê o dinheiro? Não vai comprar?

Carmen desconversou:

— Vamos almoçar e depois a gente volta.

Jorge não desconfiou. Somente na hora em que chegaram à

estação das barcas é que se deu conta de que tinha sido enganado pela primeira vez na vida pela mãe. Ela estava consciente de que tinha decepcionado o filho. Ao chegarem ao Rio, pararam primeiro no restaurante da Tijuca em que habitualmente comiam. Mal apareceram na porta e o garçom, velho conhecido, veio contar-lhes a novidade que tinha acabado de escutar na rádio. À medida que ouvia o homem, Carmen ficava pálida. No fim, caiu num choro que atraiu a atenção dos demais clientes. Eles se aproximaram e tentaram consolá-la, enquanto o garçom pedia calma. Carmen soluçava, sem conseguir explicar a razão do descontrole. Aos poucos recuperou o fôlego e narrou o que sucedera. No dia seguinte, acordou o filho, avisou que ele ficaria com uma vizinha e disse:

— Tenho um dever a cumprir.

Quatro dias depois, Jorge passou a acompanhá-la ao hospital. Acordavam às 5h, chegavam ao Antonio Pedro às 7h30 e só saíam de lá doze horas depois. Não eram propriamente as férias com que o menino sonhara, mas ele até que gostou de sentir-se útil. No hospital, ao cair da tarde, dividia com a mãe um bife a cavalo e suco de maracujá. A bebida servia também para acalmar os parentes que vinham reconhecer os corpos. Jorge já conhecia o ritual: o familiar levantava o lençol, confirmava a identidade do morto e agarrava seu braço, amparando-se, desconsolado. Ele então estendia o copo e dizia:

— Toma o suquinho, dona, toma o suquinho.

O ímpeto solidário contagiava Niterói, mas o que a princípio movera a assistente social da prefeitura Morgana Teixeira fora a curiosidade. Seu irmão, o médico Hervê Teixeira Caldas, visitara o local do circo e voltara para casa pálido.

— Não vai, não, é horrível — avisou a ela. — Tem pilhas de corpos carbonizados, crânios de fora.

A advertência foi inútil, e Morgana seguiu com uma amiga médica para lá. Nas imediações, carros com megafones pediam que médicos, enfermeiras e assistentes sociais se dirigissem ao Antonio Pedro. Ela fez sinal para uma das caminhonetes e partiu para o hospital. Na porta, uma multidão queria invadir o prédio, em busca de informações. Não via como ultrapassar a barreira de policiais até que avistou na janela o chefe de gabinete do prefeito, Noé Cunha, tentando controlar a entrada. Como ela trabalhava numa instituição municipal, a Liga Fluminense Contra o Câncer, acenou para ele, que a reconheceu e autorizou sua passagem. Subiu as escadas, vestiu um avental masculino que sobrava naquele corpo de 1,58 m e encaminhou-se para a enfermaria. Os pacientes estavam sedentos. Erguiam as mãos e imploravam:

— Água, água!

Os médicos pediram às enfermeiras e assistentes sociais que pegassem cubas com água, molhassem algodão e passassem nos lábios dos doentes. Ou então espremessem e pingassem o líquido na boca. Um homem estava tão queimado que ela só reconheceu o sexo pela compleição robusta e pela voz grossa. Procurou aliviar sua sede, mas a aflição era tamanha que ele tentou engolir o algodão. Morgana tratou de evitar o gesto, sem coragem de olhar. Ao passar mais tarde pelo paciente, viu um médico estender o lençol e dizer:

— Óbito.

Menos perturbadora mas ainda assim angustiante era a outra tarefa que lhe foi confiada: percorrer os leitos com uma fronha nas mãos, enquanto os médicos retiravam documentos e objetos dos doentes. No fim, ela deu um laço na fronha e tratou de entregar todo o material na administração. Às 2h, desnorteada, deixou o hospital e caminhou pela avenida Amaral Peixoto. Na pressa de sair de casa, havia esquecido a bolsa. Fez sinal para um táxi e explicou que estava sem dinheiro. Contou que passara o dia no Antonio Pedro ajudando. Ao ouvir a justificativa, o motorista tranquilizou a mulher:

— A senhora pode entrar.

Não lhe cobrou nada pela corrida até sua casa, na vila Pereira Carneiro. No outro dia, ela voltou ao hospital, onde ficaria pelos meses seguintes.

Nos hospitais, a adrenalina e a compaixão neutralizavam o cansaço. Rosa Teixeira Passos permaneceu sete dias sem voltar para casa. Empregada do Getulinho, filha de uma trapezista e um palhaço, ela se desdobrava, carregando crianças e adultos de um lado para o outro, dando banhos, botando soro, alimentando os pacientes. Cruzou com uma conhecida deitada na maca, com os olhos abertos, fixos nela.

— Fecha esses olhos — brincou.

Seguiu em frente, para a sala de cirurgia. Na volta, viu que a moça se mantinha na mesma posição, com os olhos escancarados. Mexeu em sua mão e não obteve reação. Chamou um médico. Ele constatou o óbito. Rosa passou todo o tempo sem tomar banho — limitava-se a uma higiene mínima. Assim que chegou à sua casa, permitiu-se uma chuveirada de uma hora. Ela conciliava o trabalho no hospital com o emprego de datilógrafa num escritório de cobranças. Ao aparecer, seu chefe perguntou-lhe:

— Ué, dona Rosa, a senhora ressuscitou? O que houve?

— Eu estava socorrendo as vítimas do incêndio — tentou justificar, sem ter tempo de dizer que não era possível ligar do hospital.

— Sua função não é essa — ele disse, antes de demiti-la.

21. Tomaz já estava subindo para o céu

No dia 17 de fevereiro de 1963, um ano e dois meses após a tragédia, deixava o Antonio Pedro a última vítima do circo. Aos treze anos, Tomaz Carvalho tinha ido ao espetáculo acompanhado de um amigo que viera de Patos, em Minas. Conseguira sair ileso do incêndio, mas notou a ausência de seu companheiro de passeio. Sentindo-se responsável pelo garoto, voltou ao circo para resgatá-lo. Não se perdoaria se algo acontecesse a ele. Tomaz não tinha ideia de que seu amigo já havia saído. Sua bravura rendeu-lhe queimaduras por todo o corpo, com exceção do rosto. Em sua autobiografia, Ivo Pitanguy narra, com tintas ficcionais — já que não estava presente à cena —, a impressionante saga do menino, chamado no livro de Pablo.

> Seus lábios tremem, tamanho o pavor que havia sentido antes de poder escapar da fornalha. Com o olhar alucinado, ele procura seu amigo entre os queimados. E depois grita:
> — Ele continua lá no fogo!

Sem que ninguém possa interferir, tão fulminante é sua decisão, o menino se arremete na direção do inferno.

— Volte!

— Fique aqui!

— Desista!

Os apelos são inúteis. A pequena silhueta é novamente tragada pela armadilha de fumaça. Petrificados, estamos convencidos de que ele não escapará mais. De repente, as pessoas começam a gritar e correr. Urrando de dor, um elefante que arrasta em seu dorso panos incandescentes do circo rasga uma passagem entre as chamas. Aproveitando-se do buraco, espectadores conseguem escapar.

— Olhem! O menino está ali... ali!

Uma enfermeira é a primeira a vê-lo e se precipita em sua direção para socorrê-lo. Ele caminha penosamente. Está no fim de suas forças.

O cirurgião plástico jura salvá-lo. As chances de mantê-lo vivo são quase inexistentes. Ele "conserva uma dignidade que chama nossa atenção, e seguimos a lenta evolução de seu estado como se fôssemos parentes", conta Pitanguy no livro.

Tomaz era um fenômeno de recuperação. Tinha dia em que o cirurgião plástico Carlos Caldas dizia ao anestesista Fernando Laranja:

— Hoje você puxou o Tomazinho num pulo muito alto, porque ele já estava subindo para o céu e você pegou-o pelo pé e o trouxe de volta.

Certa manhã, uma religiosa foi ao encontro de Pitanguy muito animada. Com as mãos juntas como numa prece, anunciou ao médico que Tomaz sobreviveria.

— De onde vem essa sua certeza, irmã?

— Venha ver comigo.

Ele a seguiu até o quarto. A irmã entreabriu a porta, pôs um dedo sobre os lábios e cochichou:

— Olhe.

Sobre o parapeito da janela uma pomba branca permanecia imóvel.

— Deus a enviou para anunciar sua cura — disse a religiosa.

Tomaz nunca se arrependeu de seu gesto de sacrifício em favor do amigo. O hospital inteiro tinha especial apreço por ele. O menino integrava a patrulha de escoteiros do mar. Em 17 de junho de 1962, chegou o dia da promessa dos primeiros escoteiros: ele, Antônio Augusto Muniz da Motta e Sérgio Tanaka. Na solenidade, os três tiveram que vestir os uniformes por cima dos curativos. Foi preciso abrir a roupa pelo lado, e Tomaz não pôde botar a calça. Nada que tenha diminuído o brilho da cerimônia, que foi acompanhada por médicos, enfermeiras, escoteiros e chefes. Estavam presentes dois representantes do Conselho Interamericano de Escotismo, além do presidente da região do Rio de Janeiro, o desembargador Pache Faria.

Ao completar quinze anos, Tomaz ganhou uma festa, com direito a bolo e parabéns. Era o segundo aniversário que passava no hospital. Durante muito tempo, ele teve que se locomover pelos corredores em cadeira de rodas. Um dia, o médico disse:

— Hoje você vai andar.

Maria Pérola, chefe do grupo de lobinhos Gaviões do Mar, achou a decisão precipitada. Pensou em argumentar, sentiu vontade de socar o doutor, mas conteve-se. Observou aflita quando ele tirou cuidadosamente Tomaz da cadeira, botou-o em pé, afastou-se até uns dois metros de distância e disse:

— Vem, Tomaz!

O menino apavorou-se. Após mais de um ano deitado numa

cama ou sentado numa cadeira de rodas, era a primeira vez que tinha que se sustentar em pé.

— Me segura que eu vou cair!

Mas o homem mantinha-se determinado.

— Não, ninguém vai segurá-lo. Você tem que dar um passo. Vamos logo, Tomaz, vamos firme.

As enfermeiras, Maria Pérola e outro médico assistiam a tudo, impotentes. A chefe dos escoteiros sofria com ele.

— Me segura, eu vou cair! — dizia o paciente, aos prantos.

— Você não vai cair coisa nenhuma. Venha até aqui onde estou.

— Eu não aguento!

— Vambora, Tomaz, você tem que vir.

Era extremamente penoso para Maria Pérola ver aquilo. Teve anseios de interromper a tortura e gritar: "Para com isso!".

Com muito custo, o garoto conseguiu levantar um pé e botá-lo um pouco à frente.

— Mais um passo, Tomaz.

O menino ergueu o outro pé e movimentou-o em direção ao médico. Nesse primeiro dia, foram apenas quatro passos, suficientes para chegar até o doutor. Abraçaram-se emocionados.

— Você realmente foi um escoteiro — parabenizou Maria Pérola, feliz de ter refreado a vontade de intervir.

No dia seguinte, ele caminhou um pouco mais, até voltar a andar. A recuperação dos movimentos trouxe um desdobramento: Maria Pérola conseguiu vaga para ele num dos colégios em que dava aula, o Santa Bernadete. O tio do menino, que era taxista, ia todo dia buscá-lo no Antonio Pedro e mais tarde ia pegá-lo na escola e devolvê-lo ao hospital.

Maria Pérola havia levado um tabuleiro de xadrez para o Antonio Pedro e, no fim, restaram somente ela e Tomaz jogando.

22. O fim de José Datrino e o começo do profeta

Se há um personagem identificado com a tragédia do circo esse alguém é o profeta Gentileza, embora por motivos que a maioria desconheça.

O corpo franzino, que se manteve assim até a morte, não livrara o jovem José Datrino da labuta pesada na roça. Ele vendia lenha nas cidades próximas e chegava a fazer duas viagens numa mesma noite. Ia a pé conduzindo o burro, que puxava a carroça atulhada de madeira. Nascido em 11 de abril de 1917 em Cafelândia, interior de São Paulo, segundo dos onze filhos de Paulo Datrino e Maria Pim, ele aprendeu a amansar o animal para o transporte de cargas. Anos depois, já renomeado profeta Gentileza, distante dos bichos do campo, intitulava-se "amansador dos burros homens da cidade que não tinham esclarecimento".

Embora a dimensão religiosa atinja o auge em 1961, quando o incêndio no circo provoca a conversão, o sagrado já faz parte de sua vida desde o nascimento. Está contido no próprio nome Datrino, que em italiano quer dizer "de três", numa referência à Santíssima Trindade. Aos doze anos, ele achava que tinha uma missão:

teria uma família e conquistaria bens, mas um dia largaria tudo. Os pais, temendo que estivesse louco, levaram-no a um centro espírita, sem sucesso.

Aos vinte anos, seguiu para São Paulo, sem avisar a família. Ficou quatro anos sem dar sinal de vida. Quando seus parentes tiveram notícias, ele já morava no Rio, onde acabaria se casando com Emi Câmara, que lhe deu cinco filhos, "três femininos e dois masculinos". Na cidade, passou a fazer pequenos fretes, numa reedição urbana de seu trabalho na roça. Tornou-se pequeno empresário e acumulou três caminhões, que ele mesmo dirigia, três terrenos e uma casa. Certa noite, no começo dos anos 1960, recebeu a visita de um homem interessado em se tornar sócio de sua transportadora de carga. Conversaram. Após a partida de seu interlocutor, Datrino correu para o quintal. Cobriu todo o corpo de terra e lama, e soltou os pássaros e galinhas das gaiolas. Era como se estivesse se reesculpindo no barro, primeira etapa da mudança que aconteceria meses mais tarde, com o incêndio.

— Esse evento mostra como Datrino já não cabia mais em si. Havia uma predisposição para a conversão — observa o professor da UFF Leonardo Guelman, autor do livro *Univvverrsso Gentileza*, e maior especialista no tema no país.

Tanto é verdade que ele já havia sido tachado de maluco e internado em hospício. Mas é somente quando chega a seus ouvidos a notícia da catástrofe que é hora de dar um basta. O fim trágico do circo, lugar por excelência da diversão e do entretenimento, simboliza, para Datrino, a derrota da inocência e a crise de valores no mundo. Numa modinha que ele próprio compôs, Gentileza deixa clara essa associação entre circo e mundo:

Diz que o mundo ia se acabar,
pois o mundo não se acabou,
a derrota de um circo queimado em Niterói

é um mundo representado,
porque o mundo é redondo e o circo é arredondado.
Por este motivo então, Gentileza não tenha sossegado.
O profeta do lado de lá passou pro lado de cá
Pra consolar os irmãos que eram desconsolados
É isso que aconteceu, e o mundo é redondo e o circo é arredondado,
Por este motivo, então, o mundo foi acabado

Em seu universo particular, o capitalismo — ou "capetalismo" — surge como responsável pelo egoísmo, pela negação do outro, pelo individualismo e pela competição. Datrino assume uma nova identidade e começa a pregação anticapitalista. O intervalo de tempo entre a tragédia, no dia 17 de dezembro, e o advento de Gentileza, no dia 23, encontra um paralelo bíblico, como nota Leonardo Guelman:

— O profeta é aquele que surge no sexto dia da criação de um novo mundo ressurgido.

Ao receber o chamado divino, ele reuniu a mulher e os filhos na sala e anunciou que havia escutado uma "voz do além" e que iria deixar a família, pegar o caminhão e se dirigir ao circo, para consolar as pessoas. Emir ainda tentou argumentar:

— José, mas o que é isso?

Ele insistiu:

— Eu tenho que largar a vida material para viver a vida espiritual.

Virou-se em seguida para uma das filhas e disse:

— Faz de conta que sua mamãe ficou viúva. Hoje eu morri para o mundo.

A menina saiu chorando:

— Papai ficou maluco!

Ele explicou:

— Eu morri para o mundo material. Estou vivendo para

Deus. Eu volto, minha filha, não se incomode que não vou deixar vocês. Deixei de ser o papai de vocês materialmente para ser o papai do mundo espiritualmente.

A família imaginou que estava doido. E assim, no dia seguinte, 24 de dezembro, ele apanhou um de seus caminhões, comprou em Nova Iguaçu duas pipas de vinho com cem litros cada e dirigiu-se para Niterói. No caminho, adquiriu copos de papel e gelo. Estacionou o veículo num terreno baldio, na rua Rio Branco, próximo à praia, e anunciou:

— Oh, meus irmãos. Olha eu aqui. Tô distribuindo vinho geladinho, do Rio Grande do Sul. Quem quiser tomar não precisa pagar nada, é só pedir "por gentileza" que eu dou o vinho. É só dizer "agradecido" que já está pago — repetia, para perplexidade dos passantes.

Ao solicitar em troca apenas três palavras, ele tinha um objetivo: "por gentileza" significava colocar Jesus nas palavras, no dia a dia, na vida e no coração, e "agradecido" era a graça, o Espírito Santo de Jesus. Mas teve quem não achasse graça no gesto. Após a distribuição de quase toda a bebida, ele foi abordado por policiais. Um delegado havia passado de carro pouco antes, vira a cena e mandara os guardas prenderem-no. O PM percebeu que o homem não estava embriagado, mas, como tinha que cumprir ordens, avisou-o que seria detido para averiguações. O percurso até o batalhão foi feito no próprio caminhão de Gentileza. Enquanto dirigia, ele perguntou ao policial se por acaso não estavam indo para perto do circo que se incendiara. Ouviu que sim. Após dar explicações na delegacia, foi liberado. Dirigiu-se em seguida para o terreno do circo, estacionou o veículo e passou a morar naquela área desolada e vazia. Antes, tratou de arrumar a casa e fazer dali o seu Éden. Cercou o espaço, aplainou o solo, pôs uma cruz preta, abriu um poço onde corria água limpa, plantou flores, cultivou um jardim circular e fez uma horta. Na entrada, colocou dois portões e uma placa, onde estava escrito: "Bem-vindo ao Paraíso do Gentileza. Entre, não fume, não diga palavras obscenas". Recém-instalado em seu campo santo, deu início à sua missão: "ser o consolador de todos aqueles que perderam seus entes queridos" no incêndio.

A aparição daquela figura magra e exótica atraiu a curiosidade da população, que passou a espalhar que ele enlouquecera após perder toda a família no circo. No dia 17 de março de 1962, o jornal *O Fluminense*, "tendo em vista o vulto que começou a tomar a história", enviou o repórter Saulo Soares de Sousa para conhecer o "homem do caminhão repleto de tabuletas esquisitas, que escreve frases estranhas e impossíveis de serem entendidas".

Assim que chegou ao local, o repórter procurou os funcionários da Inspetoria de Trânsito, já que o veículo tinha sido apreendido pela repartição e recolhido ao pátio externo do órgão, que ficava à direita de onde se instalara o Gran Circo. Eles negaram a relação entre o circo e a "loucura" do homem do caminhão. Informaram que ele já havia sido internado no Hospital Psiquiátrico de Jurujuba, mas que recebera alta do manicômio, "com a alegação de um médico de que não se tratava de um louco". Em seu texto, Saulo ironizava o laudo do psiquiatra:

> Vários sapatos de vítimas, que ficaram esquecidos no lugar do incêndio do circo, foram recolhidos pelo homem — considerado são pelo Hospital de Jurujuba — e colocados em cima do caminhão. Disseram até mesmo alguns servidores da Inspetoria de Trânsito que vários sapatos ainda continham dedos humanos, mas que foram lavados cuidadosamente pelo homem do caminhão.

Ainda segundo Saulo, por duas ou três vezes a mulher do homem aparecera no local, tentando levá-lo para casa, sem sucesso. A presença no local do desastre do "estranho personagem, que não foi ao circo e reside, com seus cinco filhos, na rua Manoel Barata, 441, bairro de Guadalupe, em Deodoro, estado da Guanabara", estava ligada, concluiu o repórter, somente à apreensão do caminhão pela Inspetoria de Trânsito do estado do Rio.

O jornalista acertou apenas em parte. Estava correto ao desmentir as informações de que ele havia perdido a família no incêndio, mas equivocara-se ao minimizar a influência do circo no episódio. Em seguida, Saulo "procurou avistar-se com o principal personagem da história que vinha prendendo a atenção do povo". Encontrou-o capinando e tentou uma aproximação. Perguntou seu nome e ouviu que devia chamá-lo de "Por Gentileza". Pediu informações sobre o circo. Gentileza disse: "Não perdi ninguém, minha família reside em Deodoro. Por isso, dizem que eu sou maluco. Mas eu sou além de maluco, sou remédio de maluco, porque ensino o caminho do Paraíso. As chaves para o Paraíso são 'por gentileza' e 'agradecido'".

Na sequência, Saulo escutou de Gentileza a pergunta:

— És pobre?
— Somos — foi a resposta.

E veio outra pergunta estranha:
— Quais são os brilhantes mais brilhantes dos brilhantes do mundo inteiro?

Não respondemos e ele respondeu por nós:
— São os nossos olhos.

Continuamos esperando outras palavras e ele tornou a perguntar:
— Você troca os seus olhos por 30 caminhões, iguais aos meus, cheios de brilhante?
— Não — foi a nossa resposta.

E o homem completou:
— Então não és pobre, porque os teus olhos valem muito mais.

No fim, o entrevistado surpreendeu o repórter com os versos:

Pedindo "Por gentileza"
E dizendo "Agradecido",
É colocar-se logo
Na porta do Paraíso.

Em sua reportagem, Saulo advertia os leitores que a conversa poderia parecer absurda. "Ela, contudo, serviu para patentear — embora contrariando a opinião do Hospital de Jururuba — que há mais um louco pelas ruas desta cidade e que nenhuma providência foi tomada. A não ser que tenham o desejo de transformá-lo em tipo popular de Niterói, exibindo-o nas ruas para turistas."

Mas, apesar da correção do jornal, a lenda de que perdera a família no circo se perpetuou por toda a vida, para desgosto de Gentileza. Era comum alguém passar por ele e fazer o comentário:

— Ele ficou doidinho assim porque a família morreu no incêndio.

E Gentileza dizia:

— Calúnia!

Felizmente, as autoridades não deram ouvidos à advertência de Saulo e deixaram-no em paz. Mais que isso: militares do vizinho Serviço de Subsistência do Exército alimentavam-no. Durante os quatro anos em que viveu no terreno do circo, dormindo em seu caminhão, ele confortava os parentes das vítimas com frases como:

— O seu papai, a sua mamãe, a sua filha, o seu filho não morreu, morreu o corpo, o espírito não. Deus chamou. Até o pior pecador se salvou, porque Deus não é vingativo. Todos vieram aqui alegrar o coração, foram vítimas de uma traição.

Muitos chegavam transtornados, querendo se suicidar, e

eram demovidos por aquela figura de cabelos longos, barba farta e estandarte enfeitado com flores tiradas do jardim.

— Gentileza, o senhor é Deus? — ouvia.

— Não, meu filho, eu não sou Deus, eu sou um enviado de Deus e vim consolar vocês.

— Ah, seu Gentileza, parece que eu encontrei Deus aqui. Eu estava desesperado, querendo me jogar embaixo de um trem, e o senhor me consolou para o resto da minha vida. Não vou me desesperar mais.

— Vai, meu filho, seu papai, sua mamãe, seu filho estão no céu, dando luz para vocês aqui que ficaram. Morreu o corpo, o espírito não.

Ao longo de sua vida, o profeta foi por diversas vezes motivo de incompreensão ou chacota. Teria tido uma revelação ou um surto psicótico? No curta-metragem *Gentileza*, de Dado Amaral e Vinícius Reis, há um depoimento em que ele corrige os críticos: "Qualquer um de vocês pode ser maluco igual a mim. Mas seja maluco beleza. Sabe o que quer dizer maluco beleza? Quer dizer maluco da natureza, das coisas divinas". E acrescentava: "Se eu fosse um pateta não serviria para essa missão".

Cinquenta anos depois, a filha mais velha de Gentileza, Maria Alice Datrino, de 67 anos, diz que no início a família ficou balançada, mais tarde conformada e, finalmente, orgulhosa.

— Vimos que era uma coisa que ele estava fazendo do coração, para aliviar a dor e amenizar a tristeza das pessoas. Não perdi meu pai para um botequim ou para o crime. Perdi meu pai para Deus. Se ele estava achando que aquilo era bom para ele, então era bom para nós também.

23. Irreconhecíveis

Pense numa cidade que precisa desesperadamente se comunicar, mas que não dispõe de celular, Twitter ou Facebook, e onde até telefone fixo era um luxo. Imagine agora essa cidade tentando ao mesmo tempo identificar, sem recursos suficientes, seus incontáveis mortos e feridos em meio às cinzas do maior incêndio de sua história.

Naquele trágico domingo, Niterói era uma cidade doída e confusa. Sem destino certo, famílias vagavam pelas ruas atrás de notícias. As sessões de cinema foram interrompidas. Funcionários entravam nas salas e perguntavam se havia espectadores com parentes no circo. Outras pessoas esperavam encontrar na plateia familiares que tivessem trocado de programa na última hora. O Exército e a polícia precisaram ser chamados para conter as pessoas que se aglomeravam em frente aos hospitais, atrás de notícias ou querendo ajudar.

Enquanto isso, as filas no necrotério avançavam penosamente. Como o fogo anulou as diferenças, nivelando feições, cor de pele, idade e tipo de cabelo, a identificação dos corpos, muitos deles calcinados, tornou-se difícil. Para complicar, muitas crianças nunca tinham ido ao dentista, impossibilitando o exame da arcada dentária. O Instituto Médico Legal tinha apenas uma geladeira, com capacidade para nove corpos. Às 21h30, cinco horas após a tragédia, 150 cadáveres já se espalhavam pelos corredores do prédio — fora os outros tantos enfileirados na calçada em frente. Quando o formol acabava, a solução era borrifar perfume sobre os corpos. Era uma busca incessante por vivos e mortos. Pior para os que moravam longe. Completar uma ligação para outra cidade era um teste de paciência. A Embratel só surgiria em 1965, e a discagem direta à distância (DDD), em 1969, ligando inicialmente São Paulo e Porto Alegre. Telex, só no ano seguinte.

Por isso foi tão importante o papel dos radioamadores operando na estação a céu aberto que instalaram do lado de fora do Antonio Pedro. Eles recebiam dos parentes os dados sobre os pacientes, iam atrás das informações sobre o estado de saúde da vítima e voltavam a entrar em contato mais tarde.

Também prestavam outros serviços. Graças a mensagens que chegaram à Argentina o grupo liderado pelo médico Fortunato Benaim foi para Niterói.

No necrotério, os dramas se sucediam. A dona de casa Ivete da Silva Pinho, que estava grávida e desceu o morro Boa Vista com a família para ir ao circo, só foi reconhecida pela roupa, assim como seu filho Eduardo. Seu marido, Estevão, funcionário do estaleiro Cantareira, foi identificado pelo braço esquerdo, que era torto. A mãe de Marlene Serrano foi descoberta por uma prima, dentista, que tinha feito sua dentadura. Vários colegas do estudante Vicente de Percia do Colégio Brasil só foram achados graças ao nome bordado na parte interna do calção de educação física. Um garoto escapou de ser enterrado como indigente porque o irmão conhecia o short que ele usava.

Ao filho do prefeito coube a tarefa de identificar Beto, um dos amigos que ele convidara para o camarote oficial. Ricardo Oberlaender percorreu inutilmente a longa fila de mortos espalhados pela calçada e voltou para casa. Uma vizinha da família de Beto, Lair, resolveu então tentar. O corpo à sua frente estava desfigurado, o rosto, distorcido. Telefonou para d. Tuta, mãe de Ricardo, para saber como Beto estava vestido. Ela perguntou ao filho, e o rapaz contou que o amigo tinha ido com uma blusa verde e uma calça azul-marinho do colégio em que estudavam, o Bittencourt Silva. Lair quis mais detalhes e Ricardo disse à mãe:

— Pede pra ela ver se no bolso direito tem uma nota de cinco cruzeiros. E olhe no bolso esquerdo pra ver se acha uma propaganda de uma máquina de retratos Capsa e uma cordinha.

Passou-se algum tempo até que d. Tuta desligou o telefone e disse:

— O Beto morreu.

De tão carbonizado, o corpo do comerciante Augusto Cezar Vieira jamais teria sido achado se não fosse uma medalhinha de ônix com uma renda de ouro na borda e a imagem de são Jorge incrustada. Ele a havia ganhado de presente da mulher, Marilia, mas dissera, de brincadeira, que não a usaria por ser "santo de macumbaria". Como de hábito, ele estava com o objeto quando saíra mais cedo para o circo com Marilia, duas empregadas e três dos quatro filhos: Carlos Augusto Rabelo Vieira, de catorze anos, Ana Maria, de doze, e Ângela Maria, de sete. O mais velho, também Augusto Cezar, de dezoito, fizera uma excursão a Itacoatiara. Na bilheteria, não havia mais ingressos para as cadeiras, e o grupo desistiu, para tristeza de Ana Maria e alívio de Carlos, que tinha uma pelada marcada na rua, e de Ângela, que preferia ficar brincando no quintal de casa. Na hora de pegar o carro, Augusto encontrou um amigo que comprara quatro entradas, mas não podia ir por causa de uma visita inesperada. Augusto ofereceu-se para pagar, mas o colega não aceitou o dinheiro e presenteou o comerciante. E assim ele se acomodou com a mulher e as filhas nas cadeiras, enquanto Carlos e as empregadas se sentavam na arquibancada.

Aos 49 anos, Augusto tinha problemas do coração e não podia ficar junto a muita gente. Por isso, enquanto os trapezistas se apresentavam, ele levantou-se para sair. A multidão em fuga atingiu-o quando já estava quase na porta. Segurava as filhas e a mulher, mas na confusão perdeu-se das três. Marilia caiu embaixo da arquibancada e desmaiou. Foi a sua sorte. Escapou de ser pisoteada e de ser atingida pela lona. Ângela conseguiu fugir, mas feriu-se e ficou internada um ano no hospital Santa Cruz, aos cuidados de Ronaldo Pontes. Ana Maria saiu ilesa, mas voltou para procurar o pai e acabou atingida pelo fogo. Resistiu apenas dois dias, no Antonio Pedro. Carlos havia escapado subindo os degraus da arquibancada com as empregadas. Pulara e saíra por baixo da lona. Do lado de fora, viu que o pai havia caído, provavelmente vítima de um enfarte, e retornou para resgatá-lo. Mas um bombeiro pegou-o pelo braço e o afastou. Foi a sua salvação. Nesse instante, um dos mastros de sustentação desabou em chamas ao lado de seu pai.

Augusto construíra um ano antes um prédio de dez andares em Niterói e instalara ali um supermercado e a galeria Chave de Ouro. Era uma das mais concorridas casas comerciais da cidade. Seu slogan ressaltava um símbolo de modernidade à época: "O edifício das escadas rolantes". Somente no vizinho Estado da Guanabara havia algo semelhante, a Sears, em Botafogo. Por causa da ousadia, foi chamado de maluco. No fim de 1960, porém, recebeu uma placa de ouro como o melhor comerciante do ano.[18]

Em meio a tanta tragédia, pelo menos há histórias que terminaram bem, como a de Carlos Ruas. Em 1961, a televisão, inaugurada apenas onze anos antes, era objeto raro. Em todo o país, havia somente 200 mil televisores para uma população de 70 milhões de habitantes. Em compensação, o rádio espalhava-se por toda parte — só em Niterói eram mais de 40 mil. Como de hábito, o aparelho na casa de Ruas estava ligado na Rádio Continental. Ao escutar a notícia, ele pegou sua máquina Rolleiflex, catou dois rolos com 36 fotos cada e mandou-se de lambreta para o circo. Repórter fotográfico do jornal *O Estado*, movia-o, além da razão profissional, uma questão pessoal: a irmã de sua mulher, o marido dela, os três filhos e a empregada tinham ido à sessão. Quando chegou ao local e viu que o fogo havia consumido o circo, seu lado jornalístico impôs-se friamente: "Tenho uma grande reportagem nas mãos", pensou, ainda sem se dar conta da magnitude da tragédia.

Saiu fotografando "como um louco". Retratou bombeiros e voluntários em operações de resgate, capturou sobreviventes andando desnorteados, flagrou vítimas sendo atendidas e registrou o que restou do Gran Circo.[19] Terminado o trabalho, seguiu enfim em direção ao necrotério, para ver se encontrava os parentes de sua mulher. Pilhas de cadáveres acumulavam-se no chão. Com os pés, virava os corpos amontoados, na tentativa de descobrir alguém conhecido. Ninguém da família estava lá. Voltou para casa e, como não tinha telefone, passou a noite sem notícias. No dia seguinte, rumou para São Gonçalo, onde moravam os parentes, para ver se estavam hospitalizados. Só então soube que todos haviam se salvado, passando por debaixo da lona.

Os moradores corriam às cegas pelas ruas. Pode-se ter uma ideia do desamparo que se abateu sobre a cidade acompanhando o caso da família Cardoso. Os irmãos Servio Túlio, de doze anos, e Júlio César, de catorze, já tinham programa para aquele domingo: a matinê de carnaval do clube Fluminense Natação e Regatas. Mas a chegada de Nazareth, uma prima de Santana de Japuíba, distrito de Cachoeiras de Macacu, alterou os planos da dupla. Ela vivera seus mais de quarenta anos sem conhecer um circo. Atrações como aquela passavam ao largo de onde morava, e agora não ia perder a chance. Sobrou para os dois irmãos a tarefa de fazer companhia à prima. Durante o espetáculo, foram esquecendo a frustração de não terem ido ao baile, fascinados pelos animais e trapezistas. Nazareth não sabia quando teria oportunidade igual e queria aproveitar cada momento. Perto do fim, pegou a mão de Júlio César e desceu as arquibancadas. Os dois ficaram no corredor atrás das cadeiras, mais próximos do picadeiro. Servio preferiu permanecer onde estava. Ao ouvir o grito de fogo, ele enfiou seu corpo entre as tábuas da arquibancada, pulou na serragem e correu para a porta principal. Quando viu o ajuntamento, retornou e percebeu que era possível passar por baixo da lona. Já do lado de fora, começou a procurar pelo irmão mais velho e pela prima. Avistou-a e quis saber de Júlio César, com quem ela estava de mãos dadas na última vez que os vira.

— Pensei que ele estava com você — surpreendeu-se Nazareth.

O pânico tomou conta do menino, que pediu à mulher que continuasse procurando, enquanto ele ia para casa descobrir se o irmão tinha voltado. No caminho, encontrou o amigo Carlos Lanzetti, que disse ter visto Júlio César.

— Ele passou por aqui. Estava um pouco machucado, com o braço chamuscado de queimadura.

Mais aliviado, Servio foi encontrar os pais sozinhos em casa, comendo calmamente, sem saber da tragédia. Ao ver que o irmão não estava lá, Servio apavorou-se novamente, reiniciando a busca. No necrotério, um primo, Abelardo, viu um corpo com um sapato parecido com o que Júlio César usava. Mas não havia condições de identificar a vítima, de tão queimada que estava. O relato foi recebido com ressalvas, porque o amigo Carlos dissera que ele só se queimara no braço.

Ficaram sem pistas até que, numa revista, viram a foto de um rapaz semelhante, hospitalizado em Campos, a 257 km dali. Mas não fazia nenhum sentido ele ter sido transferido para lá. O desencontro de informações, somado à escassez de recursos e ao excesso de distância impediram a família de viajar. Meses depois, brincando em frente à sua casa, Servio pensou ter visto o irmão passar na garupa de uma bicicleta. Correu para avisar a mãe e voltou rapidamente para fora, mas perdera o ciclista de vista.

Os pais de Júlio César morreram sem reencontrar o filho. Ele era o xodó da família. Despachado e comunicativo, havia sido o primogênito após três partos malsucedidos. Servio não perdeu a esperança de tornar a vê-lo.

Os peritos trabalharam incessantemente para identificar os corpos, mas, dezenove dias depois da tragédia, ainda havia vítimas anônimas a enterrar. De vez em quando, no IML, ouvia-se um grito desesperado. Os funcionários separavam o corpo e removiam-no para junto de outros já identificados. Uma ficha, com um nome rabiscado a lápis, era amarrada ao braço do morto, assinalando sua identidade e retirando-o do anonimato. Caso a busca no necrotério se revelasse improdutiva, recorria-se ainda ao pátio do Antonio Pedro, à Assembleia Legislativa fluminense, para onde eram encaminhadas as listas dos mortos, ao IML de São Gonçalo e à Maveroy.

O comendador Ugo Rossi havia fundado dez anos antes o que viria a ser um dos maiores parques de refrigeração da América do Sul. A Maveroy Indústrias Frigoríficas fabricava geladeiras, máquinas de lavar roupa, condicionadores de ar e grandes frigoríficos. Tinha a concessão exclusiva para fabricação e venda no Brasil das marcas americanas Kelvinator e Leonard. Segundo a propaganda, era um "símbolo de qualidade em refrigeração industrial e doméstica". Costumava servir ainda para o armazenamento de peixe. Era comum os colegas brincarem quando alguém saía à noite mais agasalhado, com casaco e bota:

— Vai ao baile na Maveroy?

A empresa ficava a seis quarteirões do necrotério. Diante da superlotação do IML, o comendador pôs à disposição do governo duas enormes câmaras de baixa temperatura. Lenda ou não, o que se diz é que um homem foi reconhecer uma vítima do fogo e acabou prisioneiro do gelo: perdeu-se em meio à imensidão das câmaras e só foi achado no dia seguinte, congelado. Mais tarde, houve quem se recusasse a comer peixe estocado no frigorífico, por ele ter abrigado cadáveres.

Embora não tivesse parentes no circo, o governador Celso Peçanha foi aos hospitais e ao Instituto Pereira Faustino, que expedia as carteiras de identidade, ajudar no trabalho de identificação. Ele pediu aos diretores que facilitassem o acesso do público e chegou a conduzir familiares até onde se achavam as vítimas. Dias depois do incêndio, parentes ainda visitavam o terreno do circo na esperança de achar algum corpo em meio aos escombros.

O jornal *O Fluminense* de 5 de janeiro anunciava que seriam sepultados no dia 8 quatro corpos que não tinham sido reclamados: uma mulher de cor parda de 1,64 m, "pessoa bem tratada", de cerca de trinta anos; outra mulher de cor parda, também de 1,64 m, com cabelos castanhos ondulados; uma menina de cor branca, aparentando sete anos; e um menino de cor branca, louro, com cerca de três anos.

Ainda permanecia no necrotério uma menina entre cinco e oito anos, em estado irreconhecível. O coronel Joaquim Silveira Varjão, que dirigia os trabalhos de identificação, acreditava que podia ter havido uma troca. Ele fez um apelo nos jornais para que famílias que tivessem sepultado garotas nesta idade comparecessem ao necrotério. "Em caso contrário, não será mais possível esperar, e o pequeno cadáver, infelizmente, será enterrado sem identificação", lamentava. Seu pedido não foi atendido e, no dia 13, *O Fluminense* noticiava:

> Diante da falta de interesse pelo único cadáver ainda não identificado no necrotério, [...] a polícia vai intimar as famílias que sepultaram meninas de três a doze anos, pois acredita que Angela Pinto da Silva, de cinco anos, tida como desaparecida, tenha sido enterrada sob a identidade daquela que permanece no necrotério, sem identidade. A menina, cujo corpo até hoje não foi procurado, é de cor branca e bom trato. Vestia anágua e calcinha branca, com renda fina. Faltam-lhe dois dentes superiores e um inferior.

O mistério foi desfeito dois dias depois, quando *O Globo* informou: "No Instituto de Polícia Técnica Pereira Faustino, foi identificado o último corpo que dependia daquela formalidade para ser sepultado". Tratava-se de Angela Oliveira, de sete anos, filha de Paulo Oliveira e Maria dos Prazeres Oliveira, moradores de São Gonçalo. Paulo havia sepultado equivocadamente Angela Pinto da Silva como sendo sua filha. Na verdade, ela era filha de Aurélio Francisco da Silva, que perdeu ainda na tragédia a mulher e outro filho.

O problema da identificação atingia também os vivos. Crianças hospitalizadas aguardavam a aparição de alguém conhecido. No Antonio Pedro, ansiosa para avisar a mãe, Jurema Guedes, que tinha acabado de fazer doze anos, acenou para um repórter da Rádio Continental que estava na porta da enfermaria. Durante a conversa, teve um estalo:

— Você pode escrever meu nome, o nome da minha mãe e o meu endereço em papéis picados e jogar janela abaixo? — ela pediu, esperando que alguém visse as informações e fizesse a caridade de ir à sua casa avisar. — E também noticiar no rádio que eu estou aqui esperando por ela?

No dia seguinte, a enfermeira Sydnéa aparecia no hospital segurando um dos papéis, que havia sido entregue por um vizinho. Sydnéa procurava a filha havia três dias. Ela iria ao circo com Jurema, mas uma enxaqueca de última hora a fez desistir de acompanhar a menina, que estava acostumada a sair sozinha. Após ter conhecimento do incêndio, a mulher e o namorado dividiram-se entre hospitais, necrotérios e cemitérios, sem sucesso. Ele remoía-se de culpa, mais ainda que ela, pois havia convencido a garota a trocar o cinema pelo circo, alegando que o filme ficaria em cartaz por muito mais tempo.

Jurema tinha se sentado nas cadeiras numeradas e, na fuga, foi derrubada. Caída de bruços, pôs as mãos na cabeça e rezou o pai-nosso. Começou a rastejar em direção à saída principal até ver um homem em pé, paralisado de terror. Agarrou-se à sua perna, levantou-se e escapou, com queimaduras de terceiro grau em dois terços do corpo. Foi levada inicialmente para o Samdu, indo no dia seguinte para o Antonio Pedro, onde passou quase quatro meses, dos nove em que ficou internada, entre a vida e a morte.

A menina sofria com as histórias que ouvia de pacientes que dormiam e acordavam amputados. Recebeu mais de vinte enxertos. Os médicos não podiam mais recorrer às anestesias, tantos os curativos, e apelaram para outros recursos. Um deles foi a hipnose, que não funcionou, por causa de seu ceticismo.

— Você vai ficar com sono. Veja essa luzinha. Olha para a direita, olha para a esquerda — ela repetia, zombando do médico.

Outro expediente foi o suborno. Se permitisse que fizessem os curativos, ela recebia bombons de prêmio. E se comesse o bife ganhava um cruzeiro. Nada funcionava, e os curativos acabavam tendo que ser feitos na marra:

— Então tá, você é forte? Vai ter que ser feito de qualquer maneira — diziam, antes de segurá-la.

Sua mãe ficou todo o tempo a seu lado, cochilando, quando dava, em duas incômodas cadeiras de ferro, dispostas uma em frente à outra.

Jurema chegou a estar na lista de óbitos publicada por um jornal — a confusão naqueles dias era tanta que por vezes a imprensa sepultava vivos. A edição do dia 19 do jornal *Luta Democrática* registrava, equivocadamente, os falecimentos de Marlene Serrano, Tomaz Carvalho, Sérgio Tanaka e Nelson Bispo, e *O Globo* do dia 20 noticiava a morte de Vicente Garrido. Quem havia morrido, na verdade, era seu sócio, Augusto Cezar Vieira, fundador da Chave de Ouro. Alarico Maciel, "cronista social, jornalista e alto funcionário da Assembleia", queixou-se em sua coluna em *O Fluminense* dos rumores de sua morte, já que sequer havia ido ao circo: "Não sabemos por que as notícias más correm céleres, se aprofundam, têm muito mais ressonância, vivem muito mais do que as notícias boas".

O Globo noticiava no dia 26 a internação, no Getulinho, de "uma linda menina". "Cabelos alourados, levemente ondulados, pele clara, olhos azuis, Lucinha (parece ser esse o seu nome) aparenta ter três anos. As unhas dos pés e das mãos estão pintadas de esmalte rosa. A menina adora café", descrevia o jornal. Sua rápida recuperação criava "um sério problema" para o diretor do hospital, Carlos Guida Risso: a quem entregar a menina quando ela tivesse alta? Um pediatra, que não tinha filhos, confidenciou a alguns colegas que se não aparecesse ninguém ele adotaria a criança. Certo dia, Risso reuniu-se com jornalistas e também disse:

— Se ela não for reclamada, vou adotá-la.

Ao ouvir a frase do chefe, o pediatra, que estava na porta,

abaixou a cabeça e saiu da sala, tentando disfarçar a tristeza. Dias depois, porém, a babá da garota a identificou. Como os pais haviam morrido junto com outra filha, ela ficou com uma tia. Risso não escondeu o desapontamento, pois se afeiçoara a "Lucinha".

24. Iguais na dor

Por causa da superlotação nas capelas de Niterói, organizavam-se velórios coletivos nas igrejas e vigílias dentro das próprias casas. A morte simultânea de tanta gente criou um problema logístico para as autoridades: onde enterrar os corpos? No próprio domingo à noite, o administrador do principal cemitério de Niterói, o Maruí, avisou a Dalmo Oberlaender que não haveria sepulturas suficientes para acolher todos os mortos. O prefeito resolveu criar um anexo ao Maruí, no alto do morro. Os trabalhos foram intensos. Cerca de trezentos operários da prefeitura, auxiliados por voluntários, passaram 24 horas abrindo covas às pressas. Tiveram uma ajuda inusitada: por determinação do governador Celso Peçanha, cinquenta presidiários de bom comportamento foram deslocados para o trabalho. Não há registro de nenhuma tentativa de fuga.

Mas a ampliação parecia insuficiente, e o prefeito foi pedir ajuda a São Gonçalo, mais especificamente a seu amigo Joaquim Lavoura, vereador e ex-prefeito da cidade vizinha. Dalmo sondou o colega sobre a possibilidade de usar o cemitério de São

Gonçalo. O vereador fez uma contraproposta: a criação de um novo cemitério.

Na verdade, São Gonçalo já carecia de um espaço para enterrar seus próprios mortos. Tanto que, no dia 13 de junho de 1960, a prefeitura havia baixado um decreto desapropriando, "em caráter de urgência", um terreno de propriedade da Alberti Standelis Indústria e Comércio S.A., com 170 m de frente e de fundos, e 240 m nas laterais, para a construção de um cemitério. Mas, apesar da pressa, as obras não saíram do papel. Foi preciso que, um ano e meio mais tarde, viesse o incêndio e, junto, um novo decreto, de número 28/61, para que fosse criado enfim o São Miguel, depois que o prefeito Geremias Mattos Fontes acolhera a ideia de Lavoura, seu antecessor. A sugestão foi aprovada pela Câmara dos Vereadores, convocada em caráter extraordinário por seu presidente, José Alves Torres.

De acordo com Ricardo Oberlaender, filho do prefeito de Niterói, o governador só teria tomado conhecimento do novo cemitério pelas rádios e procurado Fontes para se queixar de não ter sido avisado — uma hipótese considerada possível pelo então secretário da prefeitura de São Gonçalo, Osmar Leitão. Mas, pragmático como todo político, Peçanha logo mandou chamar seu assessor direto e enviou-o às 21h de segunda-feira à casa do engenheiro Isac Jacob Milner, responsável pelo equipamento operacional do Departamento de Estradas de Rodagem (DER). Milner deveria providenciar, com a máxima urgência, todo o material necessário para terraplanar a área em São Gonçalo.

O São Miguel levou apenas 48 horas para ser feito. Caminhões basculantes, pás mecânicas, retroescavadeiras e patrolas tiveram pouco trabalho — o local já era apropriado para este fim. Bastou derrubar o arvoredo, aplainar a entrada para nivelar a rua e o terreno, delimitar as quadras e instalar um muro provisório pré-moldado de cimento armado na frente e cercas de arame nas laterais. A 20 de dezembro, três dias após o incêndio, já havia quarenta carneiros disponíveis.

Enquanto as obras em São Gonçalo eram feitas a toque de caixa, iniciavam-se os sepultamentos em Niterói. Os funerais em Maruí começaram às 8h de segunda-feira. Tiveram que acontecer de maneira improvisada, pela escassez de funcionários para tanto trabalho. O repórter Mário de Moraes escreveu na revista *O Cruzeiro*: "Chegaram os primeiros enterros. Os de gente humilde, em caixões doados pelo governo estadual, subiam a elevação, iam para as sepulturas rasas. Os outros, féretros de luxo, baixavam a jazigos particulares".
Se entre os mortos os sepultamentos evidenciavam as desigualdades sociais, entre os vivos o sofrimento eliminava as hierarquias. Na parte baixa, mais nobre, num túmulo cercado de coroas, uma mulher impedia que os coveiros descessem dois caixões, um de adulto e outro de criança. Jogada sobre eles, gritava:
— Meu Deus, por que foi levar logo os dois? Com quem ficarei agora?
Na parte alta, mais modesta, um cortejo fúnebre aproximou-se de uma sepultura. "O homem pobremente vestido adiantou-se para o fotógrafo: 'Moço, eu vi quando o senhor bateu a fotografia. Por favor, arranje-me uma cópia. É do caixão da minha filhinha. Quero guardá-la como recordação'", narrou *O Cruzeiro*. "Veio a noite e não paravam os enterros. Postes de luz, colocados à tarde, iluminavam o sombrio cenário." Não raro se viam ataques histéricos, desmaios, gritos de desespero e quedas de pressão. Um pronto-socorro foi instalado provisoriamente no cemitério.
Famílias ilustres de Niterói perderam seus parentes, como Joaquim Pinho, proprietário do Café Icaraí, e o capitão-tenente Dagoberto Nunes Martins, de 34 anos. Ele foi enterrado no cemi-

tério da Confraria Nossa Senhora da Conceição, colado ao Maruí, em Niterói. "O extinto, descendente de tradicional família fluminense, era sobrinho do senador Lutterback Nunes, do desembargador Jacintho Lopes Martins e do general Mário Lopes Martins, e irmão do dr. Antônio Carlos Nunes Martins, defensor público em Niterói", ressaltou O *Fluminense*. Seu pai, Alcides Lopes Martins, um médico famoso na cidade, também estava entre as vítimas.

Na manhã do dia 23, seis dias após o incêndio, o São Miguel finalmente era aberto. Mas, ao contrário do esperado, a inauguração nada teve a ver com o circo. A primeira sepultura trazia a portuguesa Sílvia Glória, de 52 anos, acometida de mal súbito.

O número de vítimas do incêndio enterradas no novo cemitério de São Gonçalo é um ponto nebuloso. O então prefeito Geremias Mattos Fontes calculava 78 corpos, mas talvez seja uma estimativa exagerada. Na época, a cidade já contava com três outros cemitérios administrados pela prefeitura — o de São Gonçalo, o Pachecos e o Ipiíba. E pelo menos no primeiro deles é possível ver umas poucas sepulturas com a inscrição: "Vítima do incêndio do circo". Fora os particulares. Um homem mandou construir num deles duas sepulturas de mármore, para a mulher e para o filho, uma ao lado da outra. De cada uma sai um braço delicadamente entalhado. A escultura termina com as mãos da mãe e da criança unidas.[20]

25. Montanhas de folhas de bananeira

O incêndio deixou a cidade desorientada, mas seus moradores logo trataram de se reagrupar e pôr mãos à obra para minimizar os estragos. "Atônita diante da tragédia, sem um táxi, com seus hospitais e necrotérios cercados por muitos soldados, com todo o povo nas ruas e tendo apenas o rádio para informar sobre os mortos e feridos, Niterói em peso dedicou-se à tarefa de salvar como fosse possível os que estavam internados", narrava o jornal *Tribuna da Imprensa*. A ajuda transcendia fronteiras, estratos sociais e credos. Restrições ideológicas foram deixadas de lado. Contribuições individuais se somavam a doações institucionais numa rede solidária até então inédita no país.

Tudo o que entrava era criteriosamente anotado pela primeira-dama, Hilka Peçanha, presidente do Fundo de Assistência às Vítimas do Incêndio, o Favin. No dia 29 de dezembro, o total de doações chegava a 6 394 818 cruzeiros. A 20 de janeiro, o valor atingia 14 215 146 cruzeiros. Era uma demonstração de generosidade jamais vista no Brasil.

A imprensa tinha por costume detalhar as quantias. Entre os

doadores estavam a embaixada da Alemanha (500 mil), o Instituto Brasileiro Judaico de Cultura (200 mil), o cidadão Venicio de Morais (100 mil), a colônia japonesa de Duque de Caxias (10 mil), moradores da Vila São João, em Queimados, Nova Iguaçu (3145), o centro espírita Amor ao Próximo (3 mil), a menina Maria Anna Prestes de Menezes (vinte cruzeiros) e um anônimo (cinco cruzeiros). Uma campanha promovida pelo jornal *O Estado de S. Paulo* arrecadou 1 278 440 cruzeiros. O apoio ultrapassava as divergências religiosas. No dia 27 de dezembro, representantes da igreja evangélica Assembleia de Deus, de Madureira, no estado da Guanabara, entregavam ao católico Celso Peçanha um cheque de 100 mil cruzeiros.

No dia 19 de dezembro, uma loja publicava no jornal *O Globo* o anúncio "Em prol das vítimas da catástrofe de Niterói". Não trazia fotos nem ilustrações, somente o texto da Cobras Artigos Domésticos S. A. prometendo destinar a esse fim "1% do valor das vendas na loja durante o mês". A Associação Comercial de São Gonçalo lançava o Dia da Contribuição, fazendo um apelo para que cada comerciante contribuísse com até 2% das vendas efetuadas na antevéspera do Natal. Um camelô chegou com suas bijuterias ao hospital Antonio Pedro e doou tudo o que tinha. Taxistas e motoristas de ônibus se puseram à disposição das autoridades para transportar feridos.

O altruísmo se estendia aos gramados, com a partida beneficente entre Botafogo e Santos no dia 3 de janeiro, no Maracanã. Eram os campeões do Rio e de São Paulo abrindo a temporada de 1962, ano de Copa do Mundo. Em campo estavam nada menos de oito jogadores que haviam sido campeões mundiais quase quatro anos antes, na Suécia, em 1958. Pelo Botafogo, Garrincha, Nilton Santos, Didi e Zagalo. Pelo Santos, Pelé, Zito, Pepe e Gilmar.

Antes da partida, o público respeitou um minuto de silêncio, com o toque de clarim de um fuzileiro naval. "Nunca vimos um silêncio tão profundo cercando uma multidão de cem mil pessoas", escreveu *O Fluminense*. Contrariando as expectativas, que apontavam o favoritismo santista, o time carioca venceu por três a zero, com dois gols de Amarildo e um de China. *O Fluminense* e o *Jornal do Brasil* mostraram que numa cobertura esportiva a objetividade é por vezes jogada para escanteio, enquanto a emoção entra em campo. Os dois jornais divergiram frontalmente em sua avaliação. Para o primeiro, Pelé e Garrincha, os dois maiores jogadores brasileiros, decepcionaram: "Pena que a chuva impiedosa não só afastasse muita gente do Maracanã como também tirasse muita beleza do jogo que, em campo seco, teria sido espetáculo incomparável. Basta que se diga que os dois maiores ases nacionais, dribladores eméritos, individualistas soberbos, não apareceram" como poderiam. O *Jornal do Brasil* não foi tão duro: "Em resumo, foi uma partida de primeira categoria, que só teve alguns instantes mais fracos quando a chuva caiu forte. Fora disso, do princípio ao fim, apresentou lances bonitos, boas tramas, jogadas pessoais excelentes (e Pelé, Zagalo, Amarildo e Pepe foram os responsáveis pelas melhores) e três gols".

Mesmo com o tempo ruim, a renda foi de 15 834 492 cruzeiros, a maior arrecadação da história do país em partidas interestaduais. No dia 11, um cheque de 2 340 985 cruzeiros foi entregue a Hilka por João Havelange e Abílio de Almeida, da Confederação Brasileira de Desportos (CBD), e por Antônio do Passo e Ícaro França, da Federação Carioca de Futebol. Cada clube embolsou cerca de 4,8 milhões.

Dinheiro era apenas parte do que chegava. A ex-primeira--dama Sara Kubitschek reassumiu a presidência das Pioneiras Sociais e despachou remédios e material hospitalar para o estado do Rio. No dia 19, todos os 34 voos da ponte aérea São Paulo-Rio que partiram de Congonhas levaram medicamentos, roupas, alimentos e vidros de plasma sanguíneo. Até o dia 20, helicópteros da FAB já tinham transportado 2880 kg de medicamentos do Rio para Niterói, num total de 165 missões. As doações também encheram três caminhões da Rede Ferroviária Federal. O transporte de plasma e medicamentos era feito ainda por integrantes da Patrulha Aérea Civil da Guanabara, em três viaturas, duas delas emprestadas pela embaixada dos Estados Unidos e uma, pela embaixada da França.

Para fazer frente aos estragos e aparelhar o Antonio Pedro, o governador Celso Peçanha pleiteou 50 milhões de cruzeiros ao governo federal. O presidente João Goulart autorizou o pedido emergencial e aumentou o valor para 60 milhões. Em boa hora. Num primeiro momento, faltava tudo: remédio, gaze, algodão, seringa, tubo para instalação de oxigênio, soro fisiológico, plasma, cobertor, colcha, fronha. Mas por pouco tempo. Bastava os hospitais solicitarem café e leite ou requisitarem heparina, morfina, cobertor e lençol que rádios e TVs repassavam o pedido e eram prontamente atendidos. Com as campanhas, a população levava seus estoques caseiros de açúcar, arroz, frutas, carne e medicamentos.

No Palácio do Ingá, o trabalho era ininterrupto. Sogra de Peçanha, Maria Lidia de Oliveira Araujo passava noites em claro, com a ajuda dos quatro netos e da filha, administrando as doações, organizando os remédios nas prateleiras e encaixotando o material para enviar aos hospitais. A família morava na ala esquerda do Palácio, num anexo, e Lucia, filha de Peçanha e Hilka, então com oito anos, dormia com a irmã ao lado do escritório da mãe. A história de que uma caixa de isopor com pele liofilizada ficava guardada numa sala de refeições provavelmente era invenção de algum irmão para assustá-la. E funcionava.

— Eu tinha um medo louco — ela diz hoje.

A mobilização juntava desde homens e mulheres humildes, que apareciam com duas laranjas, meio quilo de açúcar ou rolinhos de esparadrapo, até figuras conhecidas da sociedade. O diretor do Getulinho, Carlos Guida Risso, mandou chamar seu chefe de cirurgia, Edgard Stepha Venâncio. Risso estava acompanhado de uma senhora. Antes mesmo das apresentações, Venâncio já reconhecera a mulher do conde Ugo Rossi, dono do frigorífico Maveroy.

— Do que vocês estão precisando? — perguntou a condessa ao cirurgião pediátrico.

— Os pacientes vão ficar aqui por muito tempo — ele respondeu, lembrando-se de que só havia refrigeração no centro cirúrgico. — As enfermarias não têm ar-condicionado.

A mulher olhou o ambiente e despediu-se. Pouco depois, voltava acompanhada de vários empregados, que carregavam caixas com aparelhos de ar-refrigerado. Os homens examinaram o hospital e viram que ele não tinha capacidade para suportar a carga elétrica. Saíram e puxaram corrente da rua. Em algumas horas, o Getulinho estava climatizado.

Um repórter da Rádio Continental ouviu Risso pedir:

— Traz uma pedrinha de gelo para essa criança.

A notícia se espalhou e os moradores começaram a limpar seus congeladores. Esvaziavam fôrmas e enchiam de água novamente, para repor o estoque. No Barreto, a população subia o morro até o Hospital dos Marítimos com as pedrinhas guardadas em canecas e em caixas de sapato. Muitas vezes, já chegavam ao alto derretidas. A oferta maior do que a demanda serviu para resolver a falta de salas refrigeradas do Getulinho. Risso chamou alguns funcionários e dirigiu-se a um depósito nos fundos. Pediu que forrassem o compartimento com gelo e improvisou um frigorífico, onde era guardado material como sangue e albumina. A boa vontade era tanta que uma pirâmide de gelo ergueu-se na cozinha do Antonio Pedro. O hospital recebeu ainda meia tonelada de jornal, para embrulhar o gelo. Alguém avisou que a água de coco fora usada no tratamento do governador Roberto Silveira, por causa de sua capacidade de reidratação, e logo o hospital Antonio Pedro encheu-se do fruto.

Cada um ajudava como podia. O dono de uma concessionária cedeu quatro automóveis Chevrolet Belair para que queimados do Marítimos e do Antonio Pedro pudessem passar o sábado em casa. No domingo à tarde, eles retornavam a seus leitos.

O mutirão uniu anônimos e famosos, como o governador Celso Peçanha e o prefeito Dalmo Oberlaender. Dalmo seguiu, com a mulher e dois filhos, pela rua Gavião Peixoto, com um lençol de casal aberto, recolhendo doações. Por todo o caminho entre a rua Miguel de Frias e a avenida Sete de Setembro, os quatro berravam, segurando cada um numa ponta:

— Gente, precisamos de gelo, precisamos de remédios, o Antonio Pedro está vazio!

Quando atingiram o fim da rua, olharam para trás e viram que sua atitude havia sido copiada por cerca de quarenta pessoas. Dalmo tinha pedido à Rádio Tupy que solicitasse carros particulares para encontrá-los na esquina da Sete de Setembro. Assim que chegaram lá, havia mais de cem automóveis esperando para levar o material aos hospitais. O governador Celso Peçanha e seu secretário de Segurança, por sua vez, convocavam pelo rádio todos os delegados para participar da coleta de medicamentos. Ao ouvir o chamado, Wilsom da Costa Vieira, de 25 anos, titular de Cachoeiras de Macacu, no interior do estado, pegou o jipe antigo da delegacia e começou a recolher remédios, algodão, gaze, esparadrapo. Nem era preciso bater nas portas. Terminado o trabalho, já na madrugada de segunda-feira, ele foi para o hospital Antonio Pedro entregar o produto recolhido. No dia seguinte, deslocou-se para o terreno do circo a fim de guarnecer o local, impedindo a invasão de curiosos e permitindo o trabalho da polícia.

Voluntários partiam de diferentes cantos da cidade. Saíam de carro, de bicicleta ou a pé, iam de casa em casa e recolhiam toalhas, cobertores, roupas de cama, talheres, artigos de limpeza e remédios. Walter Dias pegou emprestado o jipe de 1951 do futuro sogro e deslocou-se com o irmão de sua noiva para o circo. Removeu sobreviventes e seguiu para os morros da cidade em busca de folhas de bananeira, que eram cortadas e levadas aos hospitais. Segundo a crendice popular, elas eram eficazes no tratamento dos queimados. Isso porque possuem uma substância chamada tanino, usada em pequenas queimaduras. Mas, naqueles casos, não serviam para nada — e ainda podiam provocar infecções.

Assim que soube da chegada de veículos repletos de folhas de bananeira, Ivo Pitanguy desceu as escadas do Antonio Pedro, aproximou-se dos motoristas e evitou desiludi-los. Agradeceu-os entusiasticamente pelo gesto e indicou um canto onde eles poderiam descarregar as plantas sem obstruir a passagem.

Certo dia, apareceu um grupo de mulheres se dizendo feiticeiras, acompanhadas de discípulos. Com maquiagens rituais e vestes características, carregavam misturas e pomadas que, segundo garantiam, saravam os ferimentos. Aí já era demais. Bem à mineira, o cirurgião plástico tratou de dispensar a ajuda, sem melindrá-las.

Um caminhão carregado de folhas de bananeira também estacionou na porta do Getulinho. Um senhor humilde desceu da cabine e disse que vinha de Cachoeiras de Macacu, a mando de seu patrão, dono de uma fazenda. O clínico David Telles usou de tato para dispensar a ajuda:

— Muito obrigado, mas a indústria farmacêutica melhorou, agora tem uns remédios mais modernos que a gente está mandando vir.

Não conseguiu evitar a decepção do homem, que dirigira quase oitenta quilômetros até ali. Um voluntário do hospital, que assistia à cena, gracejou:

— Doutor, pede para ele trazer umas garrafas de uiscana — disse o rapaz, afirmando que se tratava de uma espécie de uísque feito de banana, comum naquela região do estado.

Às 16h do dia seguinte ao incêndio, a direção do Antonio Pedro fez um apelo à população para que interrompesse o envio de gêneros alimentícios, de tão abarrotado que estava o hospital. Nesse instante, chegava o vice-prefeito de Maricá, Waldomiro Félix de Oliveira, trazendo um caminhão lotado de arroz, açúcar e frutas.

— Vocês avisaram muito tarde, pois aí atrás vêm outras viaturas cheias de mantimentos — reclamou.

Era tanto alimento que a Comissão Federal de Abastecimento e Preços (Cofap) pôs à disposição do hospital três caminhões frigoríficos, com capacidade para seis toneladas cada um. Uma carreta mal dava para guardar o volume de laranjada e limonada enviado. Também foram entregues roupas, ventiladores, perfumes para combater o mau cheiro e mosquiteiros.

Duas horas após o incêndio, Raimundo de Brito, diretor do Hospital dos Servidores do Estado, na Guanabara, mobilizou dez médicos e dez enfermeiros, além de medicamentos, um caminhão e um jipe. O diretor do Antonio Pedro dispensou a equipe e ficou com os remédios: 1800 litros de soro, cinquenta litros de plasma sanguíneo, gaze, algodão, anestésicos, álcool, detergentes, politênio, mercurocromo e todo o estoque de furacin, entre outros medicamentos e materiais de enfermagem.

Do Rio Grande do Sul, por determinação do governador Leonel Brizola, chegou uma equipe médica, além de albumina, picrato de butesin e fio de sutura de nylon, comprados com 1 milhão recolhido entre a população de Porto Alegre.

A rede de saúde do estado da Guanabara tentou suprir a carência de Niterói. Cerca de dez hospitais ofereceram leitos, ambulâncias e medicamentos.

Também não faltou mão de obra especializada. Uma revista italiana, que dedicou seis páginas ao incêndio, contou que a transmissão do jogo Botafogo e América no rádio foi interrompida por um apelo do locutor a médicos e enfermeiros. "Há muitos feridos que precisam de vocês, imediatamente. Corram!" A maioria dos consultórios particulares de Niterói interrompeu seus trabalhos, e seus profissionais acudiram as vítimas.

O médico paulista Nélson Picolo levou três enfermeiras de sua clínica em Marília a pedido do Sindicato dos Jornalistas Profissionais do Rio de Janeiro, numa viagem custeada pela Câmara Municipal da cidade paulista. Picolo, que ficou apenas alguns dias em Niterói, já utilizava um medicamento, por ele descoberto, que prometia "grande eficácia no tratamento de queimaduras, provocando rápida cicatrização das feridas" — mais tarde ele fundaria com a mulher, em Goiânia, um hospital dedicado exclusivamente a queimados.

Havia ainda o auxílio espiritual: muitos padres dirigiram-se aos hospitais para ministrar a extrema-unção aos moribundos e os sacramentos aos doentes. As irmãs de caridade dos hospitais e colégios foram autorizadas a colaborar nos trabalhos de enfermagem. A igreja atuava em duas frentes, com um pé no céu e o outro na terra. Na manhã seguinte ao incêndio, no dia 18 de dezembro, o papa João XXIII celebrava missa em sufrágio das almas dos mortos. E, no dia 28, por intermédio de d. Antônio de Almeida de Moraes Júnior, arcebispo de Niterói, ele entregava à primeira-dama do estado o cheque número 534 321 do Banco da Lavoura de Minas Gerais, no valor de 500 mil cruzeiros. Num degrau bem abaixo na hierarquia eclesiástica, o arcebispo auxiliar do Rio de Janeiro, d. Hélder Câmara, pôs o Banco da Providência a serviço das vítimas, com o envio de lençóis e roupas aos hospitais.

Mensagens de condolência chegavam de toda parte. No dia 20, a bordo do navio Auckland, na costa da Nova Zelândia, o ex-presidente Jânio Quadros enviou telegrama a Celso Peçanha, manifestando solidariedade e "nossa mágoa fraterna diante do irreparável sinistro". No dia 22, eram os humoristas Ronald Golias, Manuel de Nóbrega e Carlos Alberto que se solidarizavam. O ex-presidente Juscelino Kubitschek demorou mais tempo para se manifestar. No dia 28, onze dias depois do incêndio, enviou telegrama tentando justificar sua ausência por "motivos inarredáveis". Tinha sido paraninfo de uma formatura numa faculdade em Curitiba.

Em seu *O pequeno livro do grande terramoto*, sobre o terremoto de Lisboa, o escritor português Rui Tavares diz que o mundo sentiu como um todo o ataque às torres gêmeas e o tsunami na Ásia porque a globalização aproximou fisicamente o planeta. Quarenta anos antes de 2001, a tragédia de Niterói já tinha repercutido em escala global. A primeira a reagir foi a embaixada de Israel, que apenas duas horas após o incêndio providenciou a remessa de remédios e roupas. Também o governo e a Cruz Vermelha dos Estados Unidos se apressaram, enviando pela Varig oitocentos vidros de plasma sanguíneo e de soro no valor de 20 mil dólares. A embaixada americana doou ainda todo o estoque de antibiótico, ataduras e soro glicosado de que dispunha.

Da Inglaterra e da França chegaram medicamentos. O avião da Boac levava cem vidros de plasma e a aeronave da Air France, dez litros. O Unicef deu 1 milhão de cruzeiros. Os próprios funcionários da instituição da ONU organizaram-se e reuniram 100 mil. A cada dia chegavam contribuições e mensagens de países como Portugal, Indonésia, Paraguai, Suécia, Guatemala e Noruega.

No dia 16, véspera do incêndio, a escritora Rachel de Queiroz publicava na revista *O Cruzeiro* um apelo dramático em modo de crônica pela doação de sangue. "A verdade é que não se pode imaginar forma mais perfeita de caridade do que essa de doar um pouco de sangue das nossas veias para quem dele precisa mais do que nós".

    No dia seguinte ao artigo premonitório da futura acadêmica — ela seria eleita em 1977 para a Academia Brasileira de Letras —, mais de duzentos doadores formavam fila no hospital Antonio Pedro. Um rapaz que escapou do fogo fugindo por baixo da lona fez questão de ir. O esforço de Fred Cabral Pereira foi recompensado. Ninguém se preocupou em conferir a idade do adolescente — quinze anos, abaixo do mínimo. Mas faltava material para a coleta, e numerosas pessoas foram obrigadas a desistir. Pela madrugada, começaram a chegar voluntários dos subúrbios mais distantes do Rio e de cidades do interior fluminense. No estado da Guanabara, mais de setecentas pessoas apresentaram-se no dia 18 ao Instituto de Hematologia. Eram tantos os interessados que às 15h o hospital parou de aceitar inscrições para atendimento no mesmo dia. No Hospital dos Estrangeiros, funcionários da embaixada dos Estados Unidos e cidadãos americanos integravam a lista de doadores. No Banco de Sangue, na Lapa, os militares eram maioria entre o enorme contingente de voluntários. A cadeia de sangue chegou aos presídios: os presos do Rio colaboraram com 120 litros. As filas em todos os pontos do país eram de tal ordem que foi necessário suspender o serviço de doação às 14h do dia 18.

    Tocada pelas notícias, a atriz italiana Gina Lollobrigida, estrela do filme *Trapézio*, realizado cinco anos antes, decidiu se juntar à corrente doadora e dirigiu-se a um posto de coleta em Roma.

Como é comum nas tragédias, ao mesmo tempo que despertou sinceras compaixões, o incêndio ofereceu perspectivas ilimitadas para oportunistas. A imprensa informava que "indivíduos inescrupulosos foram presos, saqueando feridos quase agonizantes". O *JB* contava que a Delegacia de Plantão havia recolhido 1,2 milhão em joias e carteiras com dinheiro, mas os policiais calculavam que mais de 400 mil tinham sido roubados por "marginais do Aterro de São Lourenço".

O Globo do dia 18 noticiava que o secretário de Segurança determinara prontidão geral na polícia fluminense "para poder atender aos pedidos de policiamento em hospitais, necrotérios, bancos de sangue e casas de saúde particulares, que estão sendo assaltados por aproveitadores". Os policiais volta e meia detinham, dentro e fora do Antonio Pedro, pessoas desviando alimentos, roupas, toalhas, ventiladores. Até galinhas foram furtadas, sem falar em geladeiras e mesas cirúrgicas. A população doou lençóis simples e lençóis bordados, de linho. Depois de algum tempo, só restavam os primeiros. Meses após o incêndio, uma assistente social levou seis jogos que sobraram para uma sobrevivente que havia recebido alta. Ao estenderem os lençóis doados, as duas tiveram uma surpresa: quatro estavam rasgados, e só serviram para fazer fronhas.

Darci Couto, que passou a madrugada entregando álcool com o pai nos hospitais, ouviu dizer que chegaram 72 aparelhos de ar-condicionado ao Antonio Pedro. Uma semana depois, não havia mais nenhum. Vasti, mãe do paciente Nilson Rodrigues Bispo, de nove anos, teve que correr atrás de um homem que ia furtando o ventilador que ela havia levado para a enfermaria. Conseguiu evitar e reclamou:

— Isso aqui está um roubo. Uma coisa amanhece, mas não anoitece.

Quatro funcionários públicos — três deles do próprio Antonio Pedro — foram presos por desviarem mantimentos que eram encarregados de transportar ao hospital. Elsio Correia ouviu seu nome ser anunciado pelo alto-falante e foi detido ao se apresentar ao administrador. Na sua casa, foram encontrados oito quilos de leite em pó e duas caixas de maçã. À medida que foram chamados, outros dois servidores tiveram o mesmo destino. Também foi capturado um empregado da Comissão Estadual de Energia Elétrica. Ouvidos na Delegacia de Vigilância, onde foram autuados, declararam-se culpados e disseram ter cometido o furto por necessidade: alegaram que suas famílias passavam fome porque havia três meses não recebiam o salário.

Golpistas usavam diferentes artimanhas, como se lia em *O Fluminense* do dia 22 de dezembro: "Quando angariava dinheiro na Ilha da Conceição, em Niterói, alegando que seria para mandar celebrar missa em sufrágio das vítimas, o vigarista Nilton Gomes Cardoso foi preso e autuado". Estava com 2700 cruzeiros, dinheiro que acabou utilizado na compra de remédios para o Antonio Pedro.

26. Explicações divinas

Para quem sofre a amputação de um membro, tem o rosto deformado ou a pele crestada pelo fogo, o abalo inicial costuma ser na crença divina. A fé em Deus é a primeira vítima das grandes tragédias. Como no terremoto que em 1755 devastou Lisboa e abalou inicialmente a confiança no Iluminismo, não faltou aqui quem se perguntasse: se Deus é bom e onipotente, por que permitiu a morte de tantos inocentes? Por que submeter uma cidade e seus moradores a tamanha provação? Dois dias depois do incêndio, o poeta Augusto Frederico Schmidt, autor dos discursos do ex-presidente Juscelino Kubitschek e inventor do slogan "Cinquenta anos em cinco", falava em sua coluna no jornal *O Globo* que motivos o levaram a evitar o tema do circo. Primeiro, explicava, porque aos que "se atiram", como ele, ao debate político-econômico, "não são permitidas de público demonstrações de sensibilidade". Depois, porque não desejava "contemplar mais de perto a horrível morte e pousar meus olhos, cansados de terem visto tantas coisas nesse mundo, sobre essas criaturas de Deus que foram queimadas no incêndio".

Inútil. Incapaz de se desviar do assunto, Schmidt, criador de frases repetidas por JK como "Deus me poupou o sentimento do medo", rendia-se:

> Todos os outros acontecimentos se tornam irrelevantes diante da notícia do circo que pegou fogo anteontem em Niterói. O mundo está ameaçado, as cidades portuguesas de Goa foram invadidas, o presidente Kennedy recebeu ovações na Venezuela e na Colômbia — há muitas coisas importantes em toda parte —, mas o que pesa, atordoa e comove é mesmo o caso do Gran Circo Norte-Americano que foi devorado pelas chamas em poucos minutos.

Ele continuava: "Tentei em vão distrair-me com o que vi pelo mundo e com os desconcertos nacionais. Mas tudo me pareceu inexistente, superficial, longínquo, vazio diante dessas crianças que encontraram a morte numa hora de magia, de esplendor, de deslumbramento, de alegria".

O que mais assombrava o poeta era a tragédia acontecer justamente naquele espaço. "Se há um lugar em que a criança se integra, se justifica, se sente dona da vida, perde o sentimento do seu próprio absurdo que o convívio com os homens lhe inflige — é no circo."

Schmidt via no episódio um sinal da decadência moral do planeta.

> A inquieta pergunta que me faço agora busca saber se essas crianças mortas no circo não descobriram de repente o segredo de que nós, homens adultos, já temos conhecimento, o segredo de que estamos realmente desprotegidos, abandonados, conduzidos ao léu pelo absurdo, pelo acaso; e que o Pai que enviou um dia em missão o seu próprio Filho — se vai distanciando cada vez mais desta cruel terra dos homens.

Os espíritas também se ocuparam da tragédia. Cinco anos mais tarde, em 1966, o médium Chico Xavier psicografou o livro *Cartas e crônicas*, ditado pelo Espírito Irmão X. No capítulo "Tragédia no circo", ele escreve que, no ano 177 d.C., em Lyon, na Gália, era comum a matança de cristãos, fossem eles homens ou mulheres, crianças ou velhos, saudáveis ou doentes. Mais de 20 mil já haviam sido entregues aos animais para divertir a plateia. Numa noite, a multidão se aglomerou para decidir que atração oferecer a Lúcio Galo, famoso cabo de guerra que visitaria a cidade no dia seguinte. Álcio Plancus presidia a reunião, programando os festejos. Várias opções foram sugeridas para entretê-lo, da promoção de lutas entre os melhores guerreiros à exibição de dançarinas e brigas de bois selvagens. Nenhuma delas, porém, parecia à altura do ilustre visitante. Até que se ouviu um grito de "cristão às feras!".

Plancus argumentou que isso não constituía novidade. Além do mais, os leões recém-chegados da África se mostravam preguiçosos. Mas ele não descartou de todo a ideia. Após ouvir alguns companheiros, fez uma contraproposta, como narra o livro:

— Poderíamos reunir, nesta noite, aproximadamente mil crianças e mulheres cristãs, guardando-as no cárcere. E, amanhã, coroando as homenagens, nós as ajuntaremos na arena, molhada de resina e devidamente cercada de farpas embebidas em óleo, deixando passagem estreita para a liberação das mais fortes. Depois de mostradas festivamente em público, incendiaremos toda a área, deitando sobre elas os velhos cavalos que já não sirvam aos nossos jogos. Realmente, as chamas e as patas dos animais formarão muitos lances inéditos.

A multidão reagiu entusiasmada e foi convocada a cooperar. Centenas de espectadores, "incluindo mulheres robustas", prontificaram-se a capturar os cristãos, "pragas que jazem escondidas por toda a parte", segundo Plancus. Para ele, "caçá-las e exterminá-las" era o "serviço da hora".

Durante toda a noite, mais de mil pessoas vasculharam as casas de Lyon e, no dia seguinte, "ao sol vivo da tarde, largas filas de mulheres e criancinhas, em gritos e lágrimas, no fim de soberbo espetáculo, encontraram a morte, queimadas nas chamas, ou despedaçadas pelos cavalos em correria". O texto conclui: "Quase 18 séculos se passaram sobre o tenebroso acontecimento. Entretanto, a justiça da lei, através da reencarnação, reaproximou todos os responsáveis, que, em diversas posições de idade física, se reuniram de novo para dolorosa expiação, no dia 17 de dezembro de 1961, na cidade brasileira de Niterói, em comovedora tragédia num circo".

Segundo a doutrina espírita, era como se os mortos do Gran Circo estivessem resgatando uma dívida passada.

27. A investigação continua

Mas era preciso buscar uma explicação terrena para a tragédia. O delegado Péricles Gonçalves, da Delegacia de Homicídios, tinha um lema: "Não existe crime perfeito, e sim investigação imperfeita". Após descartar a família Stevanovich e dois outros homens da lista de suspeitos, Gonçalves sabia que, mais cedo ou mais tarde, surgiria uma pista importante. E ela não demorou a aparecer, graças a um de seus investigadores. Em Campos, onde trabalhava antes de ser transferido para Niterói, Marco Aurélio estava acostumado a lidar com um ou outro crime de menor expressão. Por furtos e pequenos assaltos já detivera um ladrão conhecido como Sujinho. Nada que lhe garantisse a posteridade. Na capital do estado, tinha enfim um grande caso nas mãos.

No dia seguinte ao incêndio, o investigador foi para o terreno do circo e começou as diligências. Marco Aurélio fez perguntas, tomou notas e circulou pelo local até ter a atenção despertada por um homem. Levou um susto ao ver ali o ladrão que tantas vezes capturara em Campos. Deu-lhe voz de prisão e levou-o à presença de seu chefe.

Diante de Péricles Gonçalves, Sujinho — ou melhor, Maciel Felizardo, de 21 anos — contou que tinha se emendado. Fora para Niterói atrás de trabalho, vira a armação da lona e pedira emprego no Gran Circo Norte-Americano. Havia sido contratado dois dias antes do incêndio — como servente, vigia, armador ou porteiro, dependendo do jornal que dava a notícia. Felizardo trazia um fato novo: disse que um rapaz conhecido como Dequinha trabalhara como armador do circo e fora dispensado por vadiagem. Suspeitando que Felizardo era o responsável por sua demissão, vivia provocando-o com piadas. Na manhã de sábado, por volta das 10h, Dequinha reapareceu e repetiu as afrontas. Sujinho não se conteve e lançou-lhe um pedaço de arame, que não o atingiu. Dequinha revidou arremessando uma pedra, que tampouco acertou o alvo. E foi-se embora advertindo:

— Você ainda vai ver no que isso vai dar. Vou botar fogo no circo.

Felizardo caiu do céu para a polícia. Surgia finalmente um suspeito de peso, numa investigação até aqui marcada por insinuações e especulações. Ele acrescentou que, no domingo pela manhã, Dequinha, vestido com calça clara, camisa verde com listras pretas verticais e sapato de lona, estivera nas proximidades do circo, retornando por volta das 14h30. O servente estava ajudando nos trabalhos quando viu o acusado entrar no terreno do circo.

— Observei quando ele se dirigiu para o lugar onde o fogo se iniciou. Ao olhar para o local, no flanco esquerdo, vi chamas. Ele desaparecera — afirmou Felizardo, que se tornara testemunha, acrescentando que Dequinha era maconheiro e ladrão conhecido da polícia.

Após a denúncia de Felizardo, os investigadores foram atrás do suspeito e o capturaram na noite de 19 de dezembro, apenas dois dias depois da tragédia, mas Dequinha escapou, de uma forma que permanece obscura. Segundo um relato, foi levado para depor na Delegacia de Vigilância e, apesar do aparato policial, fugiu de modo espetacular, saltando do segundo andar. Machucado, não pôde deixar Niterói, como era sua intenção. O ponto fraco da história é que não há indícios de que estivesse ferido.

De acordo com outra versão, após a prisão um investigador da Delegacia de Homicídios tentou arrancar sua confissão ainda na rua. Dequinha desvencilhou-se das mãos do agente e desapareceu. Em qualquer dos casos, era uma situação vexatória. A fuga provocou uma caçada por parte de toda a polícia fluminense.

No dia seguinte, aparentemente sem desconfiar que havia se transformado em inimigo público número um do país, Dequinha entrou calmamente em uma loja próxima ao morro Boa Vista para comprar sabão. Um homem reconheceu o suspeito e imaginou que ele talvez fosse lavar sua roupa numa bica existente na favela, conhecida entre os moradores da região como fontinha. Estava certo. Outra pista veio da dona de uma tendinha no morro, que disse tê-lo ouvido se gabar de ter "acabado com o circo". Os policiais da Delegacia de Homicídios deram-lhe voz de prisão e ele se rendeu sem resistência. Foi enfiado dentro da viatura justo na hora em que um homem se aproximava com um revólver na mão. Era o pai de Djalma, aquele menino que tinha voltado ao circo para resgatar o irmão e não conseguira sair. Ele pretendia se vingar de quem acreditava ter causado a morte de seu filho. Os policiais fecharam a radiopatrulha antes que conseguisse atirar.

Levado à Secretaria de Segurança Pública, Adilson Marcelino Alves, o Dequinha, deu um depoimento minucioso. Segundo informou a *Tribuna da Imprensa*, "Adilson, preto", de 22 anos, apontou um cúmplice, "Walter, preto", de 31 anos. Ele disse que queria se vingar de um empregado, Maciel Felizardo, que o "esbofeteara", e dos donos do circo, que o expulsaram quando foi pedir emprego, na quinta-feira. Contou que voltou na sexta e foi repelido por Felizardo por entrar sem comprar ingresso, e que no sábado foi até

lá novamente, apedrejou o circo e os artistas e jurou vingança. Disse que retornou no domingo e assistiu ao espetáculo sentado na arquibancada, perto da entrada principal, e que estava gostando dos números.
— Ri muito com o palhaço.
Cinco minutos antes do fim, saiu por baixo da lona. De acordo ainda com Dequinha, Walter Rosa dos Santos, conhecido como Bigode, comprou a gasolina e derramou o combustível no toldo, do lado de fora, enquanto ele ateou o fogo. Queria desmoralizar o proprietário Danilo Stevanovich, mas não imaginava que as chamas sè propagariam tão rapidamente.
Teria Dequinha realmente minimizado as consequências? Um argumento a seu favor é que, entre as vítimas do incêndio, poderiam estar suas duas irmãs e seus seis sobrinhos, caso não tivessem desistido em cima da hora para ir a uma festa — isso, claro, se ele fosse de fato o autor da trama e estivesse a par dos planos familiares.
A confissão dividiu as autoridades. O secretário de Segurança Pública, Gouveia de Abreu, garantiu que ela foi feita sem coação e assistida por um promotor. Mas o próprio chefe de gabinete do secretário, o delegado Wilson Frederich, desconfiou da autenticidade das declarações. Para ele, tratava-se de um louco que queria ter seu retrato nos jornais — uma suspeita que sempre rodeou as investigações. Diante das dúvidas, a polícia resolveu reconstituir o crime. Mas àquela altura as rádios tinham noticiado a confissão de Dequinha, e o povo já chegava à delegacia, gritando "lincha!, lincha!" e ameaçando invadir o prédio. Era preciso arranjar uma forma de sair com o acusado sem que a multidão percebesse.
O grupo que partiu às 19h20 da delegacia não despertou suspeitas, embora um observador mais atento pudesse notar algo de estranho num dos policiais. Ele estava fardado, de quepe, mas

descalço. Após despistar a massa em fúria, o cortejo com Dequinha disfarçado seguiu para a praça do Expedicionário. Quando as viaturas entraram pelo lado direito do local do circo, um investigador tentou enganar o acusado, afirmando que fora ali que o fogo começara.

— Não, senhor. Foi lá do outro lado — corrigiu Dequinha.

O policial insistiu, e o suspeito se aborreceu:

— Foi lá. O senhor quer saber mais do que eu, que botei fogo na lona? — e na sequência reconstituiu com detalhes o ato extremo.

O diálogo entre o soldado e o acusado teve uma testemunha: a argentina Nora. O problema é que ela era mulher de Danilo Stevanovich, dono do circo, maior interessado em provar a origem intencional do incêndio.

Agora que confessara o crime na Secretaria de Segurança, era a hora de apresentar Dequinha à imprensa e promover uma acareação entre ele e Bigode. Como a polícia temia linchamento, levou-os primeiro para o 3º Regimento de Infantaria e, depois, para a Fortaleza de Santa Cruz. O secretário de Segurança solicitou autorização ao Comando do Exército para que os presos fossem fotografados ali. O pedido foi recusado, e eles foram removidos para o 1º Batalhão da Polícia Militar, na avenida Feliciano Sodré.

A informação de que seriam exibidos aos jornalistas provocou uma corrida à Polícia Central. Depois de uma longa espera e munidos de passes especiais, repórteres, radialistas, fotógrafos e cinegrafistas foram reunidos num salão. O chefe da Casa Civil quis saber se alguém carregava armas. Diante das negativas, saíram todos para o quartel da PM. A comitiva deu várias voltas pela cidade para afastar possíveis curiosos, embora tivesse à frente uma radiopatrulha com a sirene ligada. Para surpresa dos jornalistas reunidos no gabinete do comandante-geral da Polícia Militar, quem apresentou Dequinha foi ninguém menos do que a autoridade máxima do Estado.

— Este é Adilson, o indigitado incendiário. Confessou sem coação seu nefando crime — disse, todo empolado, Celso Peçanha, exibindo um rapaz franzino, de lábio grosso.

Vestido com um short e uma camisa sem mangas aberta quase até o umbigo, Dequinha confirmou as palavras do governador, que em seguida apresentou um "mulato" de rosto encovado, cabelo crespo, olhar desconfiado, testa larga e uma grossa tira de pelos sobre o lábio, que lhe rendera o apelido de Bigode:

— Coube a Walter Rosa comprar a gasolina e espalhá-la na lona — ele disse, conforme relatou o jornal *Correio da Manhã*.

Walter — ou Gualter, como chegou a ser chamado pela imprensa — interrompeu a apresentação de Peçanha:

— Doutor, não me meta nessa história. Já disse que não tenho nada com o incêndio do circo. Na hora do fogo, eu estava na casa do meu compadre.

— Mas sua mulher o acusa — insistiu o governador, estabelecendo um inesperado diálogo.

Imperturbável, Bigode desdenhou:

— Aquela mulher é uma beberrona. Está sempre de cara suja e não sabe o que diz.

— Mas nós descobrimos o homem que lhe vendeu a gasolina. Temos provas seguras — persistiu um constrangido Peçanha, referindo-se ao frentista Geraldo Firmino de Almeida, que afirmou ter vendido o combustível num posto em frente ao circo.

— Essa, não, doutor. Eu não comprei gasolina em parte alguma. Esse homem não existe.

O governador achou melhor desviar o foco novamente para Dequinha, que se sentia importante como alvo de tanta atenção. O rapaz explicou então que Bigode comprara a gasolina porque ele estava sem dinheiro. Contou que desde os catorze anos praticava furtos e roubos, tinha várias passagens pela polícia e conhecera o colega numa cadeia em Niterói, quando Bigode estava preso por embriaguez.

— Adilson, por que você incendiou o circo? — perguntou Peçanha.

O acusado respondeu que era para se vingar de uma humilhação: fora chicoteado no rosto pelo porteiro do circo, Maciel Felizardo, que não o deixara entrar.

— Ele não quis me dar uma carona. Se eu soubesse que ia morrer tanta gente, não teria feito o que fiz. Depois, quando o fogo começou a tomar conta de tudo, fugi para o barraco em que moro, no morro Boa Vista. Contei à minha mãe o que eu tinha acabado de fazer. Ela me repreendeu, chorou muito e acabou desmaiando. Saí de casa e andei pela cidade, sempre longe do circo.

Um jornalista insinuou que ele ateara fogo para saquear as vítimas. Ele concordou que pretendia tirar proveito da situação. Primeiro planejava roubar a féria do dia, mas a desordem era tanta que desistiu. Voltou mais tarde para pilhar os mortos, porém teve que mudar de ideia ao ver que havia policiais por perto. Foi tomar um trago e seguiu para casa. Mas não saíra de todo no prejuízo. No dia seguinte, lucrara quatrocentos cruzeiros doando no Rio trezentos mililitros de sangue para as vítimas. Em seguida, fez outra doação, recebendo o mesmo valor, sem o risco de ser preso.

A pergunta que todos ali se faziam era se ele teria sido torturado para confessar. Prevendo isso, Peçanha quis saber de Adilson se havia sofrido alguma violência. Dequinha tirou a camisa e exibiu o torso sem qualquer equimose.

O interrogatório do governador, que durou cerca de oito horas, foi recebido com ceticismo. O *Jornal do Brasil* estranhou o fato de Adilson "concordar com tudo o que lhe era perguntado pelo governador, ficando sempre indeciso quando as indagações partiam dos repórteres, até que alguém da polícia o ajudasse". O jornal duvidava também da perícia, cujo laudo "cheirava a coisa teleguiada".

No dia seguinte, duas correntes se formaram na cidade: de um lado, a de que o incêndio fora intencional e, de outro, a de que Dequinha era megalomaníaco e irresponsável, "um paranoico exibicionista". Ou seja, o bode expiatório ideal para encerrar o caso e dar uma satisfação à sociedade.

O *Correio da Manhã* do dia 22 resumiu a polêmica: "Os adeptos do governador Celso Peçanha acham que foi criminoso o incêndio; seus opositores políticos julgam ter sido acidental e estar o chefe do Executivo procurando atrair a atenção para um moço infeliz, com o intuito de esconder sua grande responsabilidade".

O próprio encarregado do inquérito, o delegado José Gonzaga Alarcão, titular do 1º Distrito Policial de Niterói, encarava com reservas o depoimento: "Desgraçadamente, a confissão é tão brutal, tão fria, que nós somos obrigados a ter cautela". Para Alarcão, tratava-se de um psicopata. Ele havia mostrado a Dequinha fotos de crianças que foram vítimas do incêndio e não vira nenhuma reação. Perguntara-lhe se sabia o que ia acontecer e ouvira: "Vou tirar cadeia". O delegado insistira: "E se morrer?". A resposta veio fria e seca: "É a mesma coisa". Alarcão também não acreditava que Bigode, alcoólatra e preso três vezes por suspeita de furto, fosse capaz de ter comprado a gasolina. Se tivesse dinheiro para gastar, argumentou, ele teria torrado em bebida, no primeiro botequim que aparecesse.

A polícia estava cheia de reticências e parte da população, incrédula, mas mesmo assim o jornal *O Globo* levou a sério a confissão de Dequinha e parecia achar que o caso fora desvendado. No dia 21, indignava-se, em editorial: "Não há no dicionário palavras, nem no coração revoltado de seja lá quem for sentimentos capazes de traduzir ao menos palidamente o atordoado furor que nos invade ao saber que tantas vidas se perderam [...] apenas por culpa dos sentimentos inferiores, da alma baixa, do desejo indigno de vingança ou de publicidade de um homem".

Cinquenta anos depois da tragédia, o governador Celso Peçanha, falando com o autor deste livro, alegou que conduziu a apresentação de Dequinha à imprensa porque, como jornalista — ele havia começado a carreira em 1937, no jornal *O Estado*, tendo como colega Rubem Braga —, tinha experiência em entrevistas. Em seu livro *A planície e o horizonte*, Peçanha deu mais uma versão para a atitude: "A ação [de identificação e prisão dos acusados] havia sido realizada com tanta eficiência que fiz questão, em pessoa, de conversar com os delinquentes para inteirar-me de que não haviam sido coagidos, de alguma forma, a assumirem a autoria do crime". Isso não impediu que fosse apelidado pela *Tribuna da Imprensa* de "estadista Sherlock" e pelo *Jornal do Brasil* de "o governador de todas as fotografias".

O *JB* reprovava também o trabalho da polícia, pedia a punição das autoridades que autorizaram a sessão e lamentava a existência de outro circo que não o Norte-Americano, "o grotesco e cruel circo da irresponsabilidade, da demagogia sentimental com fins políticos, do aparato policial sem controle nem discrição". A analogia tinha como alvo a atitude de políticos que buscaram vantagens eleitorais, como um deputado federal que anunciou um projeto regulamentando o funcionamento dos circos. A crítica maior do jornal recaía sobre Peçanha:

> Ninguém conseguiu, porém, derrotar — nessa corrida — o próprio governador do estado. Este chegou a fazer-se fotografar carregando um pacote de medicamentos, ao lado de escoteiros. Foi ouvir, na polícia (a mesma polícia que diz que vai, para a proteção do principal acusado, levá-lo a local seguro — e diz aonde), a confissão do marginal. Em seguida, deitou entrevista, prometendo com-

prar uma escada para o Corpo de Bombeiros e anunciando a sua candidatura a senador. Assim, o circo pegou fogo, centenas de pessoas morreram ou se feriram, um homem confessou o crime, mas o espetáculo — o mais deprimente dos espetáculos, que é o do aproveitamento da dor alheia — continua.

À medida que prestava novos depoimentos, Dequinha ia fornecendo outros detalhes da ação — ao mesmo tempo que criava mais incertezas. Além de Bigode, passou a apontar como cúmplice José dos Santos, o Pardal, que foi preso e também negou sua participação, alegando que no momento da tragédia estava num botequim no largo do Marrão bebendo com amigos, o que aliás fizera durante o dia todo em outros bares com sua companheira Dirce. Cumprindo dez anos de prisão por homicídio, disse que só saíra no domingo graças a uma licença especial dada pelo diretor da Casa de Detenção. Na verdade, segundo o *JB*, ele estava foragido havia oito dias do presídio. Escapara quando trabalhava na limpeza do canal do clube Canto do Rio. Pardal fazia parte de uma das "turmas do coronel", assim chamadas porque eram organizadas pelo militar que dirigia a cadeia. A descoberta revelava que a promiscuidade entre autoridades e criminosos já era prática antiga no estado do Rio.

Pardal contou ao *JB* que limpava ruas e canais e trabalhava como ajudante de pedreiro na construção de uma casa de veraneio, no bairro das Charitas, de propriedade de Altamirando Peçanha — irmão do governador. Dirce deu mais detalhes da rotina do companheiro. Disse que ele tinha autorização do coronel para dormir em casa e andar livre pelas ruas. E que sempre chegava bêbado trazendo objetos roubados. A benevolência do diretor mereceu críticas do jornal *O Fluminense*: "O coronel incluiu Pardal na turma mesmo sabendo-o ser marginal irrecuperável, além de, assim procedendo, ter desobedecido portaria do secretário do Interior e Justiça, João Rodrigues de Oliveira, segundo o qual nenhum ladrão, autor de latrocínio ou toxicômano deve ser liberado para qualquer espécie de serviço fora da Casa".

O episódio provocou, como sempre, promessas de providências das autoridades superiores. Uma portaria do secretário do Interior e Justiça passava a proibir a saída de presos sem a autorização prévia do juiz criminal.

Bigode continuava negando o crime, até que, após intenso interrogatório no Dops, que se estendeu por toda a madrugada, acabou confessando ter auxiliado Dequinha. A reviravolta no depoimento levantou suspeitas de que o acusado havia apanhado — um ritual que já era muito usado na polícia brasileira. E, de fato, ele apresentava ferimentos na cabeça, de acordo com denúncias da imprensa. O *Jornal do Brasil* anunciava: "Na madrugada de sábado, segundo declarações de pessoas idôneas, Bigode foi torturado no pau de arara da Casa de Detenção. Até aquele momento, vinha negando participação no crime".

Ouvido pelo *Correio da Manhã*, o próprio delegado José Gonzaga Alarcão voltava a manifestar cautela. Como encarregado do inquérito, não confirmava nem desmentia a versão de que a confissão fora feita sob coação. Apesar da omissão de Alarcão, dos machucados e das fontes confiáveis do *JB*, o médico legista do Instituto Pereira Faustino que examinou Bigode considerou-o, segundo o *Jornal do Brasil*, em perfeitas condições de saúde.

Conforme o acusado, ele passava na avenida Jansen de Melo quando viu sua companheira, Regina Maria da Conceição, conhecida como Teresa, com Dequinha e uma mulher de nome Rosalina, de quem só vai se ouvir falar esta vez, já que seu nome desaparece misteriosamente da trama. Os quatro, já alcoolizados, seguiram até as proximidades do Antonio Pedro, onde se encontraram com Pardal e Dirce. Em seguida, retornaram pela rua Marquês de Paraná até a Jansen de Melo, dirigindo-se ao Mercado Municipal, onde voltaram a beber.

A certa altura, Dequinha virou-se para Bigode e repetiu a tal história de que ia incendiar o circo por vingança, pois havia perdido o emprego e sido expulso pelo porteiro. Depositou um frasco de um litro vazio e vinte cruzeiros nas mãos de Bigode e pediu que comprasse gasolina. Solidário ao amigo, ele foi até um posto na avenida Feliciano Sodré, entre o Mercado Municipal e o armazém Vieira & Irmãos. Encheu o vasilhame e escondeu-o num terreno baldio próximo ao *Diário Oficial do Estado*.

O grupo rumou para a casa de um conhecido, Ademar, na rua Magnólia Brasil, onde participou de uma peixada, regada, como de hábito, de generosas doses de bebida. Após o almoço, foram para o Gran Circo. Pardal, Teresa e Dirce ficaram do lado de fora. Os outros dois invadiram o terreno aproveitando-se de uma brecha entre duas folhas de zinco. A partir daí não fica claro se Bigode entrou com Dequinha dentro da lona ou não. De qualquer forma, Dequinha se instalou no último degrau da arquibancada e, pouco antes do fim, saiu por baixo da cobertura. Ordenou a Bigode que fosse buscar a gasolina. Ele voltou com o combustível e o entregou ao colega, que se recusou a segurar o vasilhame. Sempre conforme o mesmo depoimento, Bigode falou baixinho:

— Jogue você.

— Não, jogue você — disse Dequinha.

Bigode então abriu a garrafa, segurou na parte de baixo do recipiente, despejou o conteúdo na lona e falou:

— O meu serviço está feito. Se você quiser botar fogo, bote. A consciência é sua — disse.

De acordo com ele, Dequinha riscou o fósforo. Em seguida, os dois deixaram o terreno pelo mesmo buraco no zinco por onde haviam entrado. Saíram em disparada e encontraram os amigos:

— Vamos correr que Dequinha botou fogo no circo — alertou Bigode, indo todos para o aterro de São Lourenço, de onde assistiram ao incêndio.

Bigode alegou ter cometido o crime em estado de embriaguez e justificou-se com os policiais:

— Só fiz isso porque Dequinha disse que queria se vingar do dono do circo que não lhe pagava por um trabalho que tinha feito.

Esse é um aspecto curioso da história. Ora os dois acusados citam como alvo da desforra Maciel Felizardo, ora Danilo Stevanovich — ou ainda ambos. Sem contar a versão de Dequinha de que tocara fogo para saquear as vítimas. Um dado em comum é que, assim como seu cúmplice, Bigode ressalvou que não pensava que ia morrer tanta gente.

— Se soubesse, não fazia.

Outro que voltou atrás na sua negativa foi Pardal, que resolveu confirmar o depoimento dos comparsas e admitiu sua participação. Justificou que não contara nada antes por medo de "entrar numa fria". E acrescentou que Dequinha foi aconselhado a desistir, mas recusou-se:

— A cabeça é minha e faço o que quero.

À medida que as investigações avançavam, a confusão aumentava. Foi assim que, no dia 27, Dequinha deu novo depoimento, contradizendo-se. Alegou que Felizardo batera em seu rosto com um arame farpado e lhe dissera palavrões diante de sua irmã Lucinda. E contou que, após atear fogo, correra para a casa da mãe, que já sabia o que ele tinha feito pelo noticiário. O problema é que ela não teria como saber, pois o nome do filho só fora divulgado como suspeito dias depois.

Outra incoerência: Dequinha relatou que estava dentro do pavilhão vendo o número do trapézio quando saiu para comprar gasolina no Ponto de Cem Réis. Ao retornar, os mesmos artistas continuavam se exibindo. Acontece que para ir e voltar ele gastaria vinte minutos, e a apresentação só durava oito. Além disso, afirmara antes que fora Bigode quem comprara o combustível. Uma terceira discrepância é que ele alegava agora que voltara ao circo depois do incêndio para se entregar à polícia, quando dissera anteriormente que retornara para saquear as vítimas.

Pardal também se desdisse, alegando maus-tratos. Afirmava ter confessado o crime porque havia sido torturado na subdelegacia de Charitas. Um dado impressionante é que não apareceu ninguém que tivesse presenciado a cena descrita por Dequinha e Bigode. Uma possível explicação é que eles estavam no ponto mais deserto do terreno do circo, ao lado do prédio do Serviço de Subsistência do Exército. O mais próximo de uma testemunha que surgiu durante as investigações foi o vereador Jorge Silva, de Maricá, mas seu relato contribuiu para tornar mais intrincada a história. Ele aguardava a sessão seguinte com os filhos quando disse ter visto três "negros" — entre dezessete e dezenove anos — prepararem uma fogueira, a cerca de trinta centímetros de onde começou o fogo. Gritou com os jovens, que correram, e logo notou uma parte da lona se incendiar. O *JB* noticiou que Jorge identificou Dequinha e Bigode, mas um repórter do *Correio da Manhã* mostrou ao vereador fotografias dos dois e ele não os reconheceu. Disse que havia "certa semelhança" entre Dequinha e um deles, mas ressalvou que os três rapazes que viu pareciam bem mais novos. E havia outro porém: os dois acusados afirmaram que estavam sozinhos, já que Pardal e as duas mulheres não tinham entrado no terreno do circo. As contradições só faziam crescer o mistério.

O açodamento policial e a falta de fiscalização das casas de espetáculo motivaram o poeta Ferreira Gullar a escrever uma crônica falando da "necessidade" de um culpado e lembrando os pais das vítimas, com os brinquedos de Natal já comprados — "brinquedos agora insuportáveis de olhar". Gullar criticava o que dizia ser uma grande injustiça: "A impressão que se tem é que o circo era uma vasta armadilha que foi montada em praça pública, à vista de todos". O poeta ironizava: "Cada jornal descobriu um incendiário, acusou-se mesmo um menor, com entradas na polícia".

Era Dequinha, que aparentava menos que seus 22 anos. Segundo o noticiário da época, Dequinha nasceu como Adilson Marcelino Alves, sadio e forte, de parto normal, sem complicações. Mas, depois de uma febre violenta, nunca mais se comportou direito. A idade em que sofreu a mudança varia conforme o relato de sua mãe, a lavadeira Maria Alves. A uma revista, ela disse que foi aos três meses. A outra, aos três anos. A um jornal, aos sete anos. O único ponto coincidente é o diagnóstico dos médicos: meningite. E as prováveis sequelas.

— Toda vez que a doença o ataca ele sai correndo como louco, balançando a cabeça e dando verdadeiros urros de dor. Quando o ataque passa, ele fica em estado de coma e tem febre que chega a quase quarenta graus — contou Maria, acrescentando que, desde que contraiu a doença, ele "ficou ruim da cabeça e nunca mais endireitou". — Pobre do meu filho! É completamente maluco. Foi salvo por um milagre, pois não teve tratamento adequado.

Como que ilustrando a personalidade doentia do filho, Maria apareceu na revista *Fatos & Fotos* apontando uma fotografia que mostrava Dequinha no estádio Caio Martins entre os voluntários que carregavam caixões confeccionados para as vítimas.[21]

Entrevistados, Pardal e Bigode falaram que o amigo sempre foi "abobalhado". O próprio Dequinha admitiu que ficou "meio maluco e perturbado" depois de levar com uma panela na cabeça, tempos antes. Ele teria sido internado umas duas ou três vezes em hospícios. Em dúvida sobre a sanidade mental do suspeito, a polícia pediu que ele fosse examinado por especialistas. Mas ninguém menos que o secretário de Saúde, Nélson Rocha, foi contra: — Isso é um jogo da polícia para inocentar o assassino de mais de duzentas pessoas.

Mesmo assim, o exame foi feito e um dos médicos, o ex-secretário estadual de Saúde Newton Guerra, deu o diagnóstico, após avaliá-lo por duas horas:

— É epiléptico com baixo nível mental.

Dois outros psiquiatras, Ary Miranda e Teixeira Brandão, afirmaram que ele tinha características de "imaturo emocional, fronteiriço ao psicopata". Miranda disse não acreditar que Dequinha fosse piromaníaco, transtorno em que o indivíduo provoca incêndios de forma proposital, agindo por "impulso imediato e incontrolável", e depois se arrepende. A complexidade do acusado levou a revista *O Cruzeiro* a perguntar em sua "Conversa com o Leitor" se ele era o "mais desumano dos assassinos ou o mais irresponsável doente mental".

A mãe parecia também sofrer de epilepsia. Em entrevista à revista *Manchete*, Maria disse que, a partir da doença, Dequinha tornou-se uma criança triste. Aos oito anos, começou a estudar com uma professora, mas nunca aprendeu a ler nem a escrever direito. Aos nove anos, "rasgava as roupas, quebrava os pratos e só havia um jeito: servir a comida dele em cima de um jornal. Mas, às vezes, sabia ser esperto. Ia à casa dos vizinhos pedir dinheiro, em nome da família". Acontecia-lhe de dormir com os porcos e as galinhas, amanhecendo imundo. Por causa disso, a mãe o internou no Patronato São Gonçalo, onde fez a primeira comunhão. "Foi o único dia em que percebi certa alegria em Adilson. Eu também fiquei alegre." Alegria de pouca duração. Dias depois, ele escapou do colégio.

Com doze anos, Dequinha entrou para o abrigo Cristo Redentor, no Rio, de onde fugiu, foi apanhado e tornou a fugir. Disse à mãe que não podia voltar porque tinha jogado uma panela de feijão quente num dos inspetores. Desde os quinze anos, vivia no meio de desocupados. Sempre dormiu no mato e em manilhas de aterros.

Fumando um cigarro atrás do outro, segundo a reportagem, ela desconcertou tudo o que se apurou sobre o filho, ao revelar que ele sempre teve a mania da confissão.

— Uma madrugada, acordou minha filha aos gritos, dizendo que uma tal Eunice me matara com cinco facadas. Tinha quinze anos. Foi quando eu o larguei de mão. Todos os dias pedia a Deus para tirá-lo do mundo. Só vivia dando trabalho, a mim e à polícia. Tem mais de vinte e oito entradas nas delegacias. Todas por furto. Sempre confessa os furtos que quiserem que ele confesse. Mas não presta conta das coisas furtadas. Ele não pode ter cometido um crime tão monstruoso quanto o incêndio do circo. Mas se quiserem que ele confesse uma, duas, dez, vinte, trinta vezes, ele o fará.

A outras publicações, Maria reforçou o lado delirante do filho.

— Ele sempre teve essa mania de procurar a polícia para confessar roubos. Mas nunca ninguém foi capaz de achar o que ele dizia ter roubado. Desde criança que assume a culpa pelas coisas que os outros fazem. Toda vez que havia um roubo em Niterói, meu filho era caçado pela polícia. Confessará tudo o que quiserem.

De fato, certa vez Dequinha procurou a polícia e afirmou ter furtado sessenta latas de salsicha. Os policiais perguntaram:

— E onde estão?

— Ora, onde... — estranhou Adilson. — Aqui na minha barriga. Fui furtando e fui comendo.

O hábito de assumir delitos não era o único ponto que levantava dúvidas sobre a autoria do incêndio. Na *Fatos & Fotos*, o repórter Luiz Carlos Sarmento sintetizou: "Contra Dequinha acumulam-se alguns depoimentos, mas a favor de Dequinha amontoam-se contradições nos depoimentos e, sobretudo, a pressa e o aparato da polícia e das autoridades fluminenses em geral" de aparecerem como "prodigiosos solucionadores do mistério".

Quando criança, Dequinha gostava de ficar à beira do terreno onde se instalaria depois o circo. Para os meninos do vizinho aterro de São Lourenço, ali era o Campo de Farelinho, batizado assim devido à proximidade com o prédio do Moinho Atlântico, que produzia farinha de trigo. Para outros garotos, era o Campo da Subsistência, porque estava colado ao prédio do Exército que vendia produtos a preços subsidiados para os militares. Dequinha ficava assistindo aos jogos e, apesar da má fama posterior, não há registro de que tenha alguma vez mexido nas sacolas e bolsas onde os jogadores guardavam suas roupas. Tanto que, por vezes, lhe pediam que tomasse conta do material.

Entre a garotada que jogou bola naquele campo estavam o futuro maestro Eduardo Lages e o adolescente Astolfo Barroso Pinto. Mas a participação de Astolfo era eventual.

— Para o jogo que eu quero entrar — dizia o jovem que mais tarde viraria a transformista Rogéria.

Como era irmão de Assis, artilheiro do time, tinha lugar garantido no gol. Mas seu papel se limitava a pegar as bolas atrasadas pelo craque e repô-las em jogo. Na hora em que alguém chutava, Astolfo saía da frente. Os outros rapazes reclamavam, e ele dizia:

— Não quero mais ficar aqui. Só queria mostrar a vocês que eu podia entrar.

Astolfinho costumava fugir da dividida, mas outro rapaz que também frequentou aquele campo fazia o oposto. De vez em quando, o goleiro faltava e o técnico Toninho Moringa botava Dequinha para agarrar. Eram raros os que queriam assumir a função, mas ele aceitava de bom grado a convocação.

— Era capaz de loucuras. Não tinha medo, jogava-se de qualquer maneira nos pés das pessoas. Ninguém tinha coragem de fazer isso. Era meio doidão, mas não tinha má índole. Volta e meia alguém mexia com ele, que não reagia às provocações — lembra um colega de pelada, Damião, à época com doze anos, que escapou do circo com uma tia, três outras crianças e três adolescentes, mas que perdeu vários colegas de turma.

Da última vez que visitou a mãe, Dequinha disse que lhe trazia um presente. Estendeu o braço e entregou-lhe uma pena de galinha. Ela aceitou, para não ter que dizer que era uma bobagem. Ele ficou por algum tempo na casa de Maria e depois sumiu novamente. Ela notou depois que o filho tinha levado seu melhor vestido.

— Para quê? — quis saber um jornalista.

— Eu não sei... Talvez para dar. Talvez para vender. Talvez para rasgar e jogar no lixo. Adilson é assim: uma criança grande.

Esse era o homem que iria a julgamento, acusado de provocar o maior incêndio da história do Brasil.

28. A mesma pena de Eichmann

Com a prisão de Dequinha, Pardal e Bigode, surgiu na imprensa um intenso debate público sobre pena de morte e prisão perpétua. O jornal *O Globo* publicava diariamente a pergunta: "Que castigo merecem os incendiários do Gran Circo Norte-Americano?". O psiquiatra Heitor Perez, da Academia Nacional de Medicina, não tinha dúvidas de que os três eram doentes mentais e deviam ser "recolhidos a hospitais" e "segregados, eternamente, da sociedade". O procurador da Justiça do Estado da Guanabara e antigo curador de menores Eudoro Magalhães situava-se entre os que defendiam a prisão perpétua:

— Trata-se de um dos crimes mais brutais de todos os tempos em qualquer país do mundo. Acredito que seria preferível que ele [Dequinha] fosse mantido afastado da sociedade pelo resto da existência.

O próprio *O Globo*, em editorial, manifestava a mesma opinião: "Confiemos em que as leis [...] proporcionem às autoridades os meios de evitar que o homem tão cheio de culpas e de alma tão sumida nas trevas volte a enodoar a sociedade com sua presença ou a ameaçá-la com a sua inconsciência". O *JB*, também em editorial, seguia linha parecida. O texto dizia que o responsável devia ser punido de acordo com as leis, mas ressaltava: "Se fôssemos tribunal, nós o puniríamos, depois de reconhecida a culpa, até invocando os argumentos especiais que permitem medidas de caráter excepcional (a reclusão, praticamente, indefinida) para a proteção da sociedade".

Havia quem fosse ainda mais rigoroso. Segadas Viana, secretário do Interior e chefe de polícia da Guanabara, dizia-se, a princípio, contra a pena de morte. Mas fazia a ressalva:

— No caso, e desde que o delinquente não se situe no quadro dos loucos ou dos mentalmente degenerados, ela seria perfeitamente cabível.

O advogado e professor Alcino Salazar tinha avaliação semelhante:

— Embora contra a pena de morte, admito que as demais penas não satisfazem a consciência coletiva em casos dessa natureza.

O professor Henrique Roxo afirmava que deveria ser aplicada a pena máxima prevista no código penal brasileiro, mas reconhecia que trinta anos era pouco "ante a monstruosidade" do gesto. E fazia uma comparação de efeito:

— Ele bem que merecia a mesma pena imposta ao carrasco nazista Adolf Eichmann — disse, referindo-se ao principal responsável pela logística dos campos de extermínio de Hitler, que tinha recebido a sentença de morte dias antes, a 2 de dezembro, numa exceção aberta pela lei israelense, que não previa a pena capital.

Eichmann seria enforcado em Jerusalém no ano seguinte, em 1º de junho de 1962.

29. Um juiz esmagado pela responsabilidade

Sob forte pressão popular, a polícia agira e prendera rapidamente os três suspeitos, mas o trabalho de apuração foi incompleto, segundo *O Globo*. As críticas se concentravam em dois pontos. Em primeiro lugar, as investigações giravam somente em torno dos acusados iniciais, sendo que um deles, Dequinha, era um mitômano capaz de confessar roubos que não cometera. Além disso, o inquérito limitava-se a depoimentos de vítimas e testemunhas. A favela vizinha, por exemplo, não merecera qualquer atenção das autoridades.

Ainda assim, o resultado da investigação e da perícia foi suficiente para o Ministério Público denunciar cinco réus: Adilson Marcelino Alves, o Dequinha, e seus "companheiros de ociosidade" Walter Rosa dos Santos, o Bigode, José dos Santos, o Pardal, Regina Maria da Conceição, a Teresa, e Dirce Siqueira de Assis. Em sua denúncia, o promotor Sílvio Duarte Monteiro narrou o drama dos que ficaram presos naquele atoleiro de chamas: "Esse quadro, que adjetivos não bastam para dar colorido, em toda a sua trágica extensão, é um flagrante macabro do maior incêndio circense de que se tem memória e da mais espantosa tragédia que se abateu sobre o país".

Nas alegações finais, o promotor Helênio Verani, que substituiu Monteiro no processo, pediu a condenação dos réus à pena máxima estabelecida na legislação penal para os incendiários: dezesseis anos.

O defensor público Rovani Tavares cuidaria da defesa de Dequinha. Ele atuara no célebre caso da milionária Dana de Teffé, que desaparecera em julho de 1961. O acusado, o advogado Leopoldo Heitor, foi a julgamento quatro vezes, e ele mesmo fez sua defesa, ao lado de Tavares e Ronaldo Machado. Passou nove anos preso e acabou absolvido por júri popular.

Assim que tomou conhecimento de que o incêndio podia ser criminoso, o juiz Jovino Machado Jordão sabia que teria uma grande responsabilidade nas mãos. Como titular da 1ª Vara Criminal, caberia a ele dar a sentença dos acusados "do delito que abalou até outros países". Aos 45 anos, anteviu que sua decisão — qualquer que fosse — provocaria polêmica e geraria críticas. Afinal, como magistrado, era seu papel deixar de lado a emoção e manter a imparcialidade diante "do mais brutal e chocante acontecimento que este país teve notícia", como escreveria mais tarde. Um "crime cujas proporções suplantaram, em suas consequências, as simples infrações penais, para invadir as raias de uma verdadeira hecatombe". A tensão naqueles dias era visível. Os exageros retóricos também.

Durante o tempo que gastou examinando o processo, recebia diariamente telefonemas de pessoas perguntando-lhe que punição aplicaria nos acusados. A dificuldade da tarefa era evidente, e, com o emprego dos excessos verbais, ele a dramatizava ainda mais: "A imensidão da responsabilidade de ser juiz, em caso como o que se narra neste processo, esmaga e apequenina o julgador. [...] Não há surdez que resista ao clamor das vítimas, escolhidas pelo destino no celeiro das esperanças desse estado, em sua maioria. A infância fluminense foi ceifada pela raiz."

No dia 23 de outubro de 1962, pouco mais de dez meses depois da tragédia e de inúmeras noites maldormidas, Jordão proferia sua sentença. Em sua casa, no Ingá, onde se encontrava acamado, vítima de esgotamento, ele botava o ponto final no texto de 35 páginas datilografadas, aproveitando a confissão de Dequinha para ironizar o tratamento que era dado aos bandidos no Brasil:

> O mais repelente dos marginais, o mais inadaptado ao meio social, o mais perigoso dos malfeitores é constitucionalmente garantido e igualado ao cidadão de bem [...] O réu é glorificado pela publicidade e recebe, não se sabe como, uma aura de inocência, mesmo que confesse friamente o mais nefando dos crimes. [...] Há que provar a autoria, mesmo quando o réu insiste em admiti-la.

Mas, apesar da crítica ao sistema judicial e aos meios de comunicação, ele entendia a cautela com que o depoimento de Dequinha fora recebido pela opinião pública, pois era "capaz de confessar crimes imaginários; homem que, ao rememorar os fatos e o incêndio, afirmava que vira um leão pastando; o indispensável bode expiatório de que necessitavam as autoridades para afastar as responsabilidades, oriundas da concessão de alvará para funcionamento do circo, dito em precárias condições de segurança".

O juiz não perdoava o fato de "que o próprio chefe do Executivo estadual de então se travestisse de delegado de polícia para interrogar o acusado com vistas nas filmagens para televisão". Para ele, o governador Celso Peçanha poderia assistir à confissão, mas "nunca assumir o papel de inquiridor".

Jordão valia-se do laudo técnico da perícia,[22] que criticava severamente o Serviço de Censura e Diversões do Estado por ter concedido o alvará de funcionamento do circo sem saída de emergência e a Companhia Brasileira de Energia Elétrica por ter dado como boas as instalações elétricas precárias.

Os peritos inspecionaram todas as hipóteses para o incêndio: as naturais (descargas atmosféricas, combustão espontânea ou decomposição química), as acidentais (defeitos ocasionais ou permanentes de instalação elétrica, centelhas de alguma queima próxima, palito de fósforo ou toco de cigarro) e as propositais.

As causas naturais foram as primeiras a serem rejeitadas. Como eram boas as condições do tempo, eles afastaram a probabilidade de descargas atmosféricas. Também não foi achado no interior do circo qualquer material capaz de sofrer combustão espontânea ou inflamável (os tambores de gasolina encontrados na parte externa e que serviam para a manutenção de tratores e veículos dos donos estavam intactos). Da mesma forma, não existiam substâncias químicas sujeitas a decomposição térmica.

Os motivos acidentais também caíram por terra. As instalações elétricas eram "precaríssimas", não atendiam às condições de segurança, mas todas as ligações estavam intactas, o que provava não ter havido curto-circuito. Sem contar que o foco inicial do incêndio estava, como anotaram os peritos, "situado em zona desprovida de rede elétrica". E a possibilidade de uma centelha lançada por um trem da estação General Dutra ou pela empresa Zimotérmica? O juiz desmoralizou a hipótese: "Não é crível que uma faísca, que não tem proporções nem possibilidades de manter-se acesa por muito tempo, saísse de uma chaminé e fosse levada pelo vento até a lona do circo, e aí continuasse queimando com intensidade tal, capaz de produzir uma chama viva, forte e contínua como a necessária para inflamar a cobertura do circo". Ainda mais num dia "sem ventilação alguma, quando o calor era abrasador, sem que uma só molécula de ar fosse posta em movimento". O último fator acidental também foi abandonado pelos peritos. Para eles, estabelecer como causa a presença de palito de fósforo ou guimba de cigarro "em sinistro de tão grandes proporções é impraticável e insustentável". O juiz argumentou que se um fósforo ou cigarro fosse jogado na lona, deslizaria até o chão. Só havia uma chance de se fixar na cobertura: se ela tivesse sido previamente embebida de combustível. Mas aí já não seria uma causa acidental.

Ele não tinha dúvidas: "Posso afirmar, pelo que vi, senti, estudei, constatei e concluí, que o incêndio do Circo Norte-Americano foi criminoso".

Se o incêndio foi proposital, qual o papel de cada acusado? Primeiro Pardal, Teresa e Dirce, que ficaram do lado de fora do circo. Cabia a Pardal vigiar o local para evitar que alguém surpreendesse Dequinha e Bigode. Já as duas mulheres não tiveram o que o juiz classificou de "participação consciente, querida ou de qualquer forma contributiva ao resultado". Podem ter sido omissas, mas isso "não é coautoria".

Quanto a Dequinha e Bigode, apesar de não ter dúvidas sobre a autoria deles, o magistrado viu atenuantes: "Não há prova nos autos de que Dequinha e seus sequazes tivessem objetivado eliminar vidas, com o ato que praticaram. [... Dequinha] colocou fogo no lado oposto da saída do circo, sem prever que a mecânica do desabamento da lona iria fazer com que esta se projetasse sobre os que abandonavam a casa de espetáculo".

Além disso, a vingança era dirigida contra uma só pessoa — no caso, o porteiro Maciel Felizardo, o Sujinho. Também foi questionada a sanidade mental de Dequinha. Pelo menos três peritos o diagnosticaram como "oligofrênico de grau médio", ou, em linguagem popular, "um imbecil". Segundo o laudo, "não é um doente mental, pela ausência de psicose, mas tem desenvolvimento mental retardado".

A idade mental de Dequinha foi avaliada em seis anos — deficiência devida a uma "encefalopatia infantil", ou seja, um tipo de lesão cerebral que teria sido agravado pelo ambiente social em que sempre viveu, com "vagabundos, amorais, alcoolistas, promiscuidade sexual". Isso teria formado uma personalidade que os peritos médicos consideraram "fortemente subordinada aos processos patológicos mentais, cuja estrutura é condicionada por um grau muito baixo de desenvolvimento da inteligência e impulsos vários, inclusive de natureza agressiva e destrutiva, que lhe confere elevado índice de periculosidade potencial".

Em suma, eles concluíram que Dequinha possuía "compreensão dos fatos que estava cometendo, embora essa compreensão não fosse plena". E, por ter "insuficiente poder frenador" (a falta de um mecanismo interior que o detivesse), não tinha "plena capacidade para se determinar de acordo com essa compreensão".

Dequinha, portanto, não demonstrava total incompreensão do mal praticado, como escreve o juiz.

> A própria motivação de seu ato, embora exagerada na repulsa ao mal que diz ter recebido do empregado do circo (golpe com arame), não é fantástica, e totalmente desprovida de julgamento. Indica compreensão do justo e do injusto, vez que, ao sentir-se agravado pelo ato do empregado, pensou em reagir contra aquele. [...] É parcialmente responsável e dotado de considerável e irreparável periculosidade potencial. [...] Assim, refuto a invocação de irresponsabilidade total.

Era hora finalmente da tão aguardada sentença. Na véspera do anúncio, pela manhã, o repórter Gilberto da Cunha Lopes, da *Tribuna da Imprensa*, ligou para a casa do juiz. Jordão lhe disse que o inquérito policial estava muito bem amarrado, construído e elaborado, e que ele não tivera nenhuma dúvida na sua decisão. Ao *Globo*, o juiz afirmara ainda que a denúncia formulada pelo promotor era, no gênero, "o trabalho mais meticuloso e perfeito" de que tinha memória.

Primeiro, ele condenava Dequinha a seis anos de reclusão, pelo crime de incêndio. Depois, aumentava a punição em um terço porque o fogo fora ateado em edifício "destinado ao uso público". Com isso, a pena subia para oito anos. Mas era reduzida em um terço por causa da "constituição psíquica" do réu, caindo para cinco anos e quatro meses. Como houve mortes, era aplicada em dobro, chegando a dez anos e oito meses. Já que o motivo fora fútil, o juiz a aumentava em cinco anos e quatro meses, totalizando dezesseis anos de prisão. Levando-se em conta ainda o laudo pericial, que atestava o alto índice de periculosidade do acusado, Jordão aplicava medida de segurança de internação em manicômio judiciário por no mínimo seis anos, a ser executada depois de cumprida a pena privativa de liberdade. Dequinha era condenado ainda a pagar multa de 10 mil e taxa penitenciária de cem cruzeiros.

Bigode também recebeu uma pena final de dezesseis anos, além de internação em colônia agrícola pelo prazo mínimo de um ano, depois de integralmente cumprida a pena de reclusão.

A pena de Pardal totalizava catorze anos. Como era reincidente, teria que ficar internado em colônia agrícola pelo prazo de dois anos. Bigode e Pardal foram condenados a pagar o mesmo valor de multa e taxa que Dequinha.

Teresa e Dirce acabaram absolvidas. O juiz não viu nos autos qualquer contribuição efetiva para a prática do delito. Mas elas não se livraram da repreensão do magistrado: "Serão monstros de insensibilidade. Merecerão o nosso desprezo pela falta de qualquer calor humano e de emotividade. Responderão apenas, contudo, perante Deus".

Ao comunicar que recorreria ao Tribunal de Justiça, o defensor público Rovani Tavares disse considerar a sentença "bem elaborada, mas tecnicamente errada":

— A autoria não ficou positivada nos autos. A prova gira em torno da confissão de um débil mental.

Dois anos após o julgamento, Dequinha recebia outra condenação, dessa vez por músicos sertanejos. Ele era classificado pela dupla Garrancho e Graveto de "o maior dos assassinos que o mundo já conheceu". Em 1964, eles lançaram a música "Tragédia do circo", que diz:

> *Foi no dia 17 de dezembro*
> *O dia muito me lembro*
> *E o meu peito ainda dói*
> *Aquele povo que assistia uma comédia*
> *Transformou numa tragédia lá no circo em Niterói*
> *E o circo é local de alegria*
> *Mas nesse maldito dia*
> *Tudo em fogo se transformou*
> *Aquele povo, que assistia alegremente,*
> *Foi morrendo lentamente*
> *Quando o fogo se espalhou*
> *O criminoso foi Adilson Marcelino*
> *O maior dos assassinos*
> *Que o mundo já conheceu*
> *Aquele incêndio, que abalou o Brasil inteiro,*
> *E lá no estrangeiro o povo todo entristeceu*
> *Os que morreram nesse dia tão cruel*
> *Foram todos para o céu,*
> *Cada um tem seu destino*
> *Toda criança que tiveram a negra morte*

Hoje são anjos da sorte
São anjinhos do divino

Neste mesmo ano, outro músico sertanejo, Teixeirinha, conhecido como "Rei do disco" por causa de suas altas vendagens, lançou uma canção de nome quase igual, "Tragédia no circo". O tema era caro ao cantor, que perdera a mãe aos nove anos. Ela sofria de epilepsia e, num dos ataques, caiu sobre uma fogueira e morreu queimada. A perda motivaria o artista a compor "Coração de luto", maldosamente apelidada pelo povo de "Churrasquinho de mãe". A música fez parte do disco de mesmo nome, que vendeu, somente em 1961, mais de um milhão de cópias, batendo o recorde de Roberto Carlos.

Em "Tragédia no circo", com sua longa e pesarosa letra, Teixeirinha canta:

Dezessete de dezembro
Foi triste o que aconteceu
A capital Niterói,
De luto anoiteceu
O Brasil todo chorava,
O mundo se comoveu
Com o grande incêndio do circo
Quantas pessoas morreu
Foi *centenas de pessoas*
Queimadas perderam a vida,
Outras centenas ficaram
Sofrendo a dor dolorida,
Quantas mães ficou *sem filhos,*
E filhos, sem mãe querida
Ó, meu Deus, quanta tristeza
Quantas lágrimas e dores

Quem morreu na maioria
Foi *crianças* quanto *horrores*
Quantas mães que hoje chora
Pelos filhos encantadores
Os que foram e os que ficaram
Aleijados e sofredores
A mais triste mortandade
No circo de diversões
Se foram pro campo santo
Naqueles pretos caixões
Deixando dor e saudade
Enlutando os corações
Chora *as mães e* chora *os filhos*
Chora pai chora irmão
Chora *amigos e parentes*
Chora o povo da nação
Por estes saudosos mortos
Que o fogo fez a traição
As almas subiram ao céu
Deus que tenha compaixão
Queimados que não morreram
E sofreram e têm sofrido
Para não morrer peço a Deus
Que atenda nossos pedidos
Para eles rezar com nós
Pras alma *dos falecidos*

30. A absolvição pública

Na cadeia, Dequinha tinha bom comportamento. Era "faxina", como são chamados os presos de confiança da direção, que executam serviços no presídio. Todos sabiam por que estava lá, mas ele circulava sem ser importunado — a própria administração do presídio e os demais detentos tinham dúvidas sobre sua culpa. O delegado Wilsom da Costa Vieira, que na época do incêndio era titular de Cachoeiras de Macacu e passara três dias recolhendo medicamentos e guarnecendo o terreno do circo para evitar invasões, tinha sido transferido para a delegacia do Fonseca, em Niterói. Volta e meia o time de futebol dos policiais ia à penitenciária Vieira Ferreira Neto jogar uma pelada. O campo era bom e os jogos, disputados. Uma vez, em 1968, faltou um jogador para completar a equipe. Justamente o goleiro. Quem se ofereceu para agarrar foi Dequinha. Como costumava fazer no passado, no Campo da Subsistência, onde se instalou o Gran Circo, destacou-se por um fato:

— Ele se jogava no pé de todas as pessoas. Era uma reação de maluco. Qualquer jogador que chutasse ele pulava — lembra Wilsom.

A 15 de abril de 1969, Dequinha fugiu quando era escoltado até o hospital Antonio Pedro, mas foi recapturado no mesmo dia. Como castigo, ficou um mês na solitária. Por cinco vezes teve negado o pedido de liberdade condicional. No dia 26 de janeiro de 1973, solicitou uma audiência ao diretor do presídio. Queria autorização para permanecer numa chácara que existia dentro da cadeia. Mal conseguiu a permissão e pulou o pequeno muro que dava para a rua. Em casa, mentiu para a mãe, dizendo que fora absolvido porque conseguira dois advogados. Especulou-se que as razões da fuga eram uma jovem vizinha, de quem gostava, ou os ensaios da Escola de Samba Unidos da Viradouro, na quadra do Ipiranga Futebol Clube, perto de sua casa.

Menos de uma semana depois, às 7h40 do dia 31 de janeiro, Dequinha era encontrado morto perto da torre de telecomunicações da Secretaria de Segurança, no alto do morro Boa Vista, onde morava. O número de tiros varia de três — segundo *O Globo* — a treze, conforme *O Fluminense* e o *JB*. Morreu alvejado nas costas, na cabeça e na mão esquerda. Vestia calça preta e camisa branca de tergal. Estava desarmado. Apesar do número de balas, os moradores não pensaram em vingança. É que ninguém na comunidade acreditava que ele tivesse realmente posto fogo no circo. Não era hostilizado e costumava passear despreocupadamente pelo morro — mesmo se tratando de um fugitivo. A versão que ficou é que ele foi assassinado por um PM de plantão na torre. Estaria caminhando numa área considerada de segurança e teria desobedecido às ordens de se afastar.

Apesar de condenado pela Justiça e pelos sertanejos, Dequinha foi absolvido pela maior parte da opinião pública, assim como Bigode e Pardal — o destino desses dois permanece uma incógnita, já que não há registros no Arquivo do Tribunal de Justiça do Estado do Rio de Janeiro. São raros hoje os que acreditam na culpa do trio.

— Eu não tinha nenhum ressentimento pelo Dequinha, não — diz, em sua casa no morro Boa Vista, Iara da Silva Pinho, que perdeu os pais, Estevão e Ivete, e o irmão mais velho, Eduardo, no incêndio. — Ele passava por aqui sempre de cabeça baixa, depois que fugiu da prisão. Era um rapaz de fisionomia comum, moreno, magro, alto, de cabelo cortado reto, até bonito e simpático. Nunca pensei em quem realmente teria sido o culpado.

A maioria dos entrevistados, como o clínico David Telles, que atuou no atendimento às vítimas no Getulinho, aposta em curto-circuito:

— Não creio que tenha sido um incêndio criminoso. Para mim foi acidente.

Nilson Rodrigues Bispo, a primeira pessoa no Brasil a receber pele liofilizada, é da mesma opinião:

— Pegaram um bode expiatório. Acho que Dequinha entrou de gaiato. Tanto que ele foi morto depois de sair da prisão. Queima de arquivo.

O jornalista Mário Dias endossa a tese:

— Era impossível alguém arremessar uma tocha com gasolina na altura do ponto mais alto do circo, onde começou o fogo. Afinal, quem deu o primeiro sinal foram os trapezistas. Tinham que arrumar um boi de piranha — observa ele, que era colaborador da Rádio Continental, trabalhava no *São Gonçalo* e no *Diário Fluminense*, e estava entrando no *Luta Democrática*. — Desde o primeiro dia eu falei para o Rogério Coelho Neto, que cobriu para o *JB*: "Estão acusando esses caras, que para mim são inocentes". Ele dizia: "Tá maluco". Anos depois, sempre que sentávamos para conversar, eu, ele e o Victor Combo, que cobriu pelo *Globo*, eles lamentavam ter feito campanha contra os caras. "Acho que a gente cometeu uma injustiça", comentavam.

Maria José do Nascimento Vasconcelos, a Zezé, que fugiu graças à elefanta Semba, acrescenta:

— Acusaram esses pseudocriminosos, mas foi curto-circuito. Vi uma fagulha no holofote lá no alto, e o fogo. E o dia estava muito quente, a lona esquentou demais.

Luiz Carlos Pereira Rodrigues, aquele menino que não pôde ir à sessão porque foi atingido por um elefante quando jogava bola, lembra dos comentários da época:

— O que se dizia é que pegaram um maluco que tinha ficha na polícia e dois bêbados, e botaram os três como culpados. Falava-se que tinha havido uma conjunção de interesses. Do dono do circo, para escapar de sua responsabilidade civil, e do governador e da polícia, para acharem rapidamente um culpado.

Outras hipóteses, que não o curto-circuito, são levantadas por personagens da tragédia:

— Como a temperatura estava muito alta naquele dia, imagine os raios solares batendo no aço da armação e concentrados num ponto. Pega fogo — diz o engenheiro mecânico Paulo Eduardo Pires de Alvarenga Ribeiro, à época com oito anos, que estava na arquibancada e, ao olhar para trás, viu um buraco se abrindo no toldo exatamente sobre sua cabeça. — Começou uma gritaria, todo mundo fugia de mim, achei que os animais estivessem passando por debaixo da lona e quando me virei vi o círculo de fogo bem em cima.

O jornalista Carlos Ruas, que escrevia e fotografava para o jornal *O Estado*, reforça:

— Meus parentes viram o fogo começar lá em cima, no centro da lona. Dequinha e Bigode não teriam força suficiente para lançar alguma coisa naquela altura. Fazia um calor atípico. Foi combustão espontânea.

O advogado Carlos Augusto Rabelo Vieira, que estava no circo e perdeu o pai, Augusto Cezar Vieira, fundador da rede de supermercados e da galeria Chave de Ouro, e a irmã Ana Maria, acredita em incêndio criminoso, mas livra a cara dos acusados:

— Não foi Dequinha, que era um abestalhado. Parece que o dono do circo tinha se indisposto com o pessoal de uma favelinha que tinha ali por trás. Eu estava do lado diametralmente oposto de onde começou o incêndio quando lançaram algo como uma tocha na lona pelo lado de fora. Vi quando atingiu. O impacto foi semelhante ao de uma bola ou de uma pedra no vidro.

Marlene Serrano, que perdeu o marido, Antônio, e a filha, Valéria, aponta outra possibilidade:

— Disseram que um cidadão botou fogo. Não acredito nisso. Para mim, deve ter sido uma inconsequência de uma ponta de cigarro. Ou uma faísca, porque ali perto tinha a fábrica onde se queimava o lixo. E estava muito calor — ela comenta. — Mas o que importa a verdade? Não vai adiantar nada.

O enterro de Dequinha, no Maruí, reuniu sete pessoas — apenas uma por motivos afetivos. As outras seis encontravam-se ali por razões profissionais. Ao lado da mãe do rapaz estavam um soldado, um fotógrafo, que registrava a cerimônia, e quatro empregados do cemitério, que carregavam o caixão. No caminho, eles cruzaram com uma moça chamada Lenir Ferreira de Queiroz Siqueira e uma funcionária da Associação Fluminense de Reabilitação, Celi, que acabara de perder o sobrinho e chamou a amiga para acompanhá-la ao funeral. O grupo formado pela lavadeira Maria Alves, pelo soldado, pelo fotógrafo e pelos coveiros cumprimentou as duas e seguiu em frente, até o local da sepultura, na parte alta, no local reservado aos indigentes, onde o caixão com o corpo de Adilson Marcelino Alves foi baixado a uma cova rasa, de número 2039, na quadra dez. Perto dali, após enterrar o parente, Celi chamou a amiga:

— Lenir, vem cá. Estão abrindo o caixão para fotografar, vamos lá ver o defunto.

Ela não se animou com a sugestão.

— Ver defunto? Eu, não — rechaçou, e seguiu para a saída.

No trajeto morro abaixo, Lenir foi acompanhada por um dos coveiros que vinham de sepultar Dequinha. O homem puxou papo com ela:

— Minha senhora, mataram um inocente.

— Quem é? — quis saber Lenir.

— Falaram que ele botou fogo no circo — disse o funcionário, apontando para o caixão de Dequinha, sem saber que ao seu lado estava uma mulher que perdera o marido e os dois filhos no incêndio. — Mas não foi ele, não. Ele era doente mental. Era meu vizinho, um homem muito bom, não tinha coragem de matar uma galinha. Se foi ele, foi na maluquice, porque era perturbado. Era um louco passivo. Mas a polícia pegou e arrancou as unhas dele todas. Porque tinha que ter um Cristo. A senhora pode saber que é um santinho que morreu.

Lenir ficou impressionada com a coincidência e acreditou no que o homem dizia. Enquanto refletia sobre a história, lembrou-se de uma cena ocorrida momentos antes e empalideceu:

— Meu Deus do Céu! — gritou, levando a mão à boca.

Deu-se conta de que, na hora em que conversava com Celi, o fotógrafo havia tirado uma foto das duas. Apavorou-se com a possibilidade de ler no dia seguinte a notícia: "Vítima do incêndio no circo acompanha enterro de acusado do crime". Pediu a um amigo que verificasse nos jornais, para evitar a publicação da imagem. Não foi preciso. Não estava previsto sair nada.

O cemitério Maruí foi inaugurado com Felicidade. Esse era o nome da mulher que baixou à primeira sepultura, em 1856. Mais de 150 anos depois, logo na entrada, à direita, um imenso mausoléu guarda os restos do governador Roberto Silveira. Mais difícil é descobrir hoje onde está enterrado Dequinha. Em uma tarde abafada de 13 de maio de 2011, um coveiro apontou a parte alta do cemitério e disse:

— Essa cova que você está procurando fica ali na quadra dez, a quadra da jaqueira — explicou, mostrando um pé de jaca. — É logo acima da quadra nove, que é a quadra do circo.

Percebendo minha hesitação, ele resolveu me acompanhar. Um imenso tapete de capim tornava a tarefa arriscada. Em meio a quedas e escorregões, subíamos e descíamos o morro atrás do lugar onde estava Dequinha. A folhagem cobria todo o espaço, tornando o cenário indistinto. Andávamos por uma terra fofa, poucas vezes interrompida por uma base firme. Mais tarde vim a descobrir que caminhara por sobre covas rasas, cobertas de barro, sem tampa, com bordas de concreto. Uns poucos piquetes — estacas — anunciavam, aqui e ali, uma sepultura. Mas estavam quebrados e com os números escritos à mão muitas vezes apagados. De qualquer forma, serviam de referência.

— A cada dois passos é uma sepultura — ele disse.

Finalmente, após quarenta minutos de procura, com os urubus cobrindo o céu, o coveiro falou:

— Deve ser aqui — estimou, parado em cima de um lugar semelhante a todos os outros.

Logo ao lado, havia algumas pequenas cavidades. Perguntei do que se tratava:

— É de anjo — ele informou.

Traduzindo: eram covas infantis, reservadas para crianças indigentes. Ali perto, o fogo queimava o capim.

— Estamos limpando o terreno — ele disse, antes de se des-

pedir, explicando que o movimento naquele dia estava maior do que o previsto.
— E como faço para descer daqui? — perguntei, diante daquele imenso matagal escorregadio que escondia um sem-número de armadilhas.
— Veja por onde estou indo — e rapidamente desapareceu morro abaixo.

O vento soprava em minha direção, trazendo o fogo para perto. Resolvi acompanhar, deslocando-me à medida que a fumaça se aproximava. Em poucos instantes, as chamas já tinham coberto aquele trecho do Maruí, revelando covas até então escondidas. Numa delas estava o homem acusado de ter incendiado o Gran Circo Norte-Americano. A cena não deixava de ser irônica: a morte simbólica de Dequinha, também pelo fogo, enterrado ao lado de sepulturas infantis, no alto do cemitério, com uma paisagem de 360 graus que incluía o morro Boa Vista, onde ele nascera e fora assassinado.

Mais tarde, o administrador do cemitério, que trabalha há quarenta anos no Maruí, diria:
— Tem trezentas e poucas vítimas do circo enterradas aqui.

Um pouco mais abaixo de onde está Dequinha, pés de goiaba são o único alívio num cenário de resto degradado. A quadra nove, apelidada de "quadra do circo", tem duas áreas bem distintas. Numa, nichos, carneiros e catacumbas, muitos deles quebrados, com inscrições que nada têm a ver com o incêndio. Em outro trecho, pouco mais de vinte sepulturas lembram mortos da tragédia. É nessa região que, logo após o incêndio, cerca de trezentos operários da prefeitura, auxiliados por populares e presidiários, passaram 24 horas abrindo covas rasas às pressas.

Um homem que faz a limpeza do cemitério me diz:

— Ninguém vem visitar. Os do circo que tinham dinheiro foram enterrados lá embaixo. Quando morre mendigo fica aqui.

As sepulturas estão quebradas, com tijolos aparentes, mato se infiltrando por todos os cantos, formigas passeando por cima das lápides e mosquitos infestando o ar. Foram vitimadas pelo tempo, pelas chuvas e pelo descaso. Em uma ou outra dá para vislumbrar um nome e uma data, mas o funcionário tem que passar a mão por cima da sujeira para limpar. Uma delas, de azulejos azuis, indica a morte precoce de uma menina: 8/9/1950-17/12/1961. Outra, de concreto, traz informações mais vagas sobre uma senhora: 1919 a 1961. Numa terceira, de azulejos azul-claros, há apenas a data de morte de um homem: 17/12/1961. Uma sepultura de azulejos amarelos teve todas as letras de bronze arrancadas, para serem vendidas. O retrato em porcelana de um homem, retirado de um túmulo, surge jogado num canto. E pouco mais resta ali dos mortos do circo.

31. Esqueceram-se de Niterói

Uma das questões que se colocaram depois do incêndio do circo era se Niterói deveria esforçar-se ou não para manter viva a memória de sua maior tragédia. O que seria melhor para seu soerguimento? O que fazer, se até contar os mortos era tarefa incerta, já que nunca se saberá de fato o número de vítimas do Gran Circo Norte-Americano? Há quem acredite em cerca de duzentos, uma estimativa conservadora, assim como há quem fale em mais de mil, um cálculo exagerado. Para o advogado Carlos Augusto Rabelo Vieira, filho do fundador da Chave de Ouro, "o saldo não foi menor do que 1500".

Os jornais e revistas da época traziam informações desencontradas. *O Globo* dizia que na manhã do dia 20 a lista oficial registrava 301 mortos e 81 feridos, mas a edição do dia 21 informava que oficialmente eram 246. O *Correio da Manhã* do dia 19 falava em 248 mortos e 420 feridos, 82 deles em estado grave, mas o jornal de dois dias depois comunicava que até as 18h do dia 20 eram 189 óbitos, número que subiu para 211 no dia 30. De acordo com a *Tribuna da Imprensa* do dia 18, dados oficiais apontavam

238 mortos. No dia 19, a quantidade ultrapassara trezentos, e os médicos calculavam que mais de cem queimados não resistiriam. "Até a manhã de hoje, somente no IML de Niterói, tinham sido recolhidos 251 corpos", escrevia o jornal. No dia 21, a *Tribuna* avisava que, segundo informação oficial, havia 362 mortos e 82 feridos em estado grave. Já a revista *Manchete* do dia 30 anunciava: "Quase quatrocentas pessoas morreram no impressionante incêndio". Os cirurgiões plásticos Ramil Sinder e Ivo Pitanguy também estimam em cerca de quatrocentos o número de vítimas fatais.[23]

O prefeito Dalmo Oberlaender estabeleceu a contabilidade de 503 mortos, somando os que foram enterrados num primeiro momento no Maruí, administrado pela prefeitura, aos que iam morrendo no Antonio Pedro e nos hospitais particulares. Mas o número se refere aos que faleceram em Niterói. Além do mais, há famílias que jamais encontraram seus parentes, como foi o caso dos pais de Júlio César Cardoso, de catorze anos, que foi com o irmão Servio e nunca mais deu notícias. Outro complicador: segundo o então deputado Dail de Almeida, corpos foram retirados para sepultamento sem registro no necrotério.

Pessoas incumbidas dessa tarefa confessaram que muitos cadáveres baixaram às covas rasas e aos jazigos sem registro e, talvez, sem qualquer identificação. O médico-legista Mário de Oliveira Muylaert explicava que a dificuldade em precisar o número de mortos originava-se do fato de que qualquer médico fornecia atestado de óbito. Ele não escondia ser "bem maior o número de pessoas que já foram sepultadas, sem que se tenha conhecimento".

Não há consenso também sobre o número de feridos. Ramil e Pitanguy calculam que, dos pouco mais de 3 mil espectadores, cerca de quinhentos sofreram queimaduras de terceiro grau em mais de 20% do corpo, outros quinhentos apresentaram queimaduras superficiais e os demais escaparam praticamente ilesos.

E o que fazer com o espaço que fora ocupado pelo circo e que ficou tão carregado de dor? Durante os primeiros anos, havia ali apenas uma cruz. O governo federal pensou inicialmente em ceder a área para a construção de uma igreja, como era desejo da população. Mas a ideia não foi adiante, talvez porque perto dali já existisse a Igreja de São Lourenço. A União tentou então vender a propriedade, mas, provavelmente por causa do estigma, não surgiram propostas. O Exército, que já ocupava o terreno vizinho com seu Serviço de Subsistência, solucionou o problema erguendo no local um contraponto à tragédia: um hospital.

Assim, no dia 2 de fevereiro de 1968, foi inaugurada a Policlínica Militar de Niterói (PMN), com o objetivo, segundo o Ministério da Defesa, de oferecer assistência médica, odontológica e laboratorial aos "militares da ativa, inativos, pensionistas e seus dependentes", desafogando o fluxo de pacientes que seguia para o Hospital Central do Exército, no Rio.

No começo dos anos 1980, o diretor da Policlínica resolveu construir na parte de cima um refeitório para médicos e funcionários. Pouco depois de feita a obra, apareceram rachaduras no prédio. O terreno não era firme e foi preciso contratar uma empresa para reforçar a estrutura. Mal iniciaram as escavações para ver até onde iam as fundações, os operários encontraram ossadas humanas: fragmentos de quadril e de coluna vertebral, pedaços de tíbia, fêmur, úmero.

Inicialmente se pensou ser um antigo cemitério indígena. Até alguém lembrar que, mais de vinte anos antes, se instalara no terreno o Gran Circo Norte-Americano. Os ossos, especulou-se, seriam partes de esqueletos de vítimas do incêndio, que ficaram cobertos aqueles anos todos. Sem saber o que fazer, a direção contatou o Instituto Médico Legal. Os fragmentos foram ensacados e encaminhados para o cemitério Maruí. Mas a memória da tragédia continua assombrando quem trabalha na Policlínica. Há militares mais supersticiosos que dizem escutar choro de criança e riso de palhaço.

Se por um lado permanecem hoje essas lembranças mal-assombradas, por outro havia na época o temor de que uma espécie de amnésia traumática baixasse sobre a cidade. Em editorial no dia 20 de dezembro, três dias após o incêndio, o *Jornal do Brasil* alertava:

> Corremos o perigo de que dentro de mais algumas semanas, alguns meses, tudo tenha entrado simplesmente para a história, tudo esteja praticamente esquecido. É preciso impedi-lo a todo custo. É preciso criar um "lembrai-vos de Niterói". [...] É preciso que nasça, já, uma era de respeito à pessoa humana, uma era de segurança individual neste país.

O texto encerrava: "Lembremo-nos de Niterói. Urge construir um país onde as crianças possam atravessar, sem medo, as ruas. Um país onde as crianças possam ir, sem medo, ao circo. Um país, afinal, civilizado".

Apesar da conclamação do jornal, pouco a pouco esqueceram-se de Niterói. A cidade começou a retomar seu estado de normalidade e o clima de luto no Natal foi substituído pela atmosfera de festa no Carnaval. Enquanto no Rio as autoridades limitavam a irreverência — o travesti não seria permitido nem em locais públicos nem em recintos fechados —, em Niterói procurava-se devolver alegria às ruas. "O prefeito mandou vestir a cidade. Ela, que andava pobre, sem luz, sem alma, vai se apresentar diferente nos quatro dias de folia. A prefeitura ofereceu ornamentação condigna com despesa mínima, graças à colaboração do artista Aloísio do Vale", noticiava no dia 25 de janeiro *O Fluminense*.

No fim das contas, o saldo foi positivo. "O niteroiense deve se orgulhar do carnaval de 62", escrevia o jornal em sua edição de

8 de março, noticiando que nas ruas, nos clubes, nos bairros, em todas as camadas, o tríduo momesco alcançou excepcional êxito. Em meio aos espectadores que assistiam ao desfile na avenida Amaral Peixoto, estava Luiz Gomes da Silva, o Luiz Churrasquinho. Deitado na ambulância, ele e os poucos queimados ainda hospitalizados no Marítimos levantavam a cabeça e olhavam da janela aberta a festa popular. Por causa do incêndio, Niterói desenvolveu uma espécie de circofobia. As lonas só voltariam à cidade em 1975, com o circo Hagenback. Ao *Jornal da Tarde* do dia 15 de setembro, o empresário Luís Olimecha explicou que razões comerciais e sentimentais justificaram a escolha. Não havia no estado da Guanabara área que pudesse abrigar as instalações, e além disso os donos queriam que a população de Niterói esquecesse as imagens do incêndio. Escaldada com a tragédia anterior, a prefeitura fez uma série de exigências que quase inviabilizaram as exibições. Após demoradas — e compreensíveis — discussões sobre segurança, o Hagenback se apresentou com uma lona à prova de fogo importada da Itália, uma cobertura sustentada por quatro mastros centrais apoiados em estruturas de aço, numerosos extintores de incêndio e seis saídas de emergência. Cada função foi acompanhada por dez bombeiros, e o público prestigiou as sessões.

Com o tempo, o incêndio no circo apagou-se das conversas da população, permanecendo apenas como um trauma.

— No princípio, foi uma convulsão mundial. Depois, nacional. Mais tarde, estadual. Em seguida, municipal — lembra o anestesista Humberto Lauro Rodrigues. — Até que finalmente passaram a dizer: "Esquece isso de circo. Vocês só falam sobre esse assunto. Vamos falar de futebol".

32. O destino de alguns personagens

Entre os muitos personagens que participaram dessa história, alguns merecem destaque especial e o reconhecimento do autor, seja pelo desempenho, pela importância, pelo sofrimento ou pela capacidade de superação.

LENIR FERREIRA DE QUEIROZ SIQUEIRA

Apesar de tudo o que passou, ela acha que existem dois caminhos: o da lamentação e o do sorriso. Optou pelo segundo.

— Tenho que falar bobagem para os outros rirem — diz Lenir, que perdeu o marido, Wilson, e os filhos, Regina e Roberto, na tragédia.

Quando enfrenta algum problema de saúde, sequela do incêndio, não se entrega:

— Recuso a doença e dou uma bronca em santo Antônio: "Não me leva, não, está cedo, tenho ainda muito o que ver, viver e fazer".

Em 1963, foi trabalhar na Associação Fluminense de Reabilitação, a AFR. Mesmo sem dois dedos e com o movimento das mãos comprometido, aprendeu a datilografar. Depois foi para o arquivo e, em seguida, para a portaria, atendendo o público. Lisaura Ruas, que presidiu a AFR, dizia:

— Lenir é o nosso cartão-postal.

Ela prometera que, caso sarasse, cantaria várias vezes o "Magnificat", de Bach. Cumpriu o prometido.

MARLENE SERRANO

No Antonio Pedro, conheceu Conceição, que tinha ido tratar de uma sobrinha ferida no incêndio. Ela ia ser freira, mas desistiu do hábito e passou sete meses no hospital, ajudando vários pacientes, entre eles Marlene. Para dormir, sentava-se na cadeira e encostava a cabeça. Tornaram-se "irmãs" e a sogra de Marlene convidou Conceição para cuidar dela após a alta.

— Ela foi a família que Deus me deu — diz Marlene, que, como muitas vítimas, foi atendida mais tarde na 8ª Enfermaria da Santa Casa de Misericórdia, no Rio, para correção das cicatrizes.

As sequelas do incêndio não foram suficientes para paralisar Marlene, que nunca teve qualquer ajuda psicológica.

— Tenho um ideal de beleza muito apurado. Não gosto da minha figura, mas não transformei isso em um grande problema. Vivencio a vida da forma como me foi dada. Aquela Marlene morreu. Sou outra pessoa.

Mas a falta do marido, Antônio, é uma ferida cicatrizada "superficialmente".

— Se você der uma cutucadinha, ela sangra.

Há poucos anos, ela estava parada perto de onde era o circo quando encontrou a sogra de Lenir.

— Marlene, o que você está fazendo aqui? — quis saber Odete, que perdeu o filho, Wilson, e os netos, Regina e Roberto, no incêndio.

Ela explicou que tinha vindo se encontrar com um conhecido.

— Mas você não está apavorada?

— Apavorada por quê?

— Menina, aqui ficava o circo.

— Nem lembrava mais.

Marlene mudou-se há três anos para Nova Friburgo, por causa do clima mais frio.

— Não me dou bem com o calor. A pele enxertada não transpira como a pele comum — explica.

Está com um tumor benigno na cabeça, mas a cirurgia é muito arriscada. Por conta do problema, teve hidrocefalia e botou uma válvula americana em 2007. O plano de saúde — contra o qual entrou na justiça — não cobriu as despesas e ela teve que pagar 12 mil reais do próprio bolso. Assim como os outros sobreviventes, não recebeu indenização. Em momento algum foi criada uma associação de vítimas do incêndio.

MARIA JOSÉ DO NASCIMENTO VASCONCELOS (ZEZÉ)

Após tomar até seis injeções por dia para combater infecções, a menina da cidade de Rio Bonito que escapou correndo atrás da elefanta Semba carregaria pelo resto da vida o trauma das agulhas, a ponto de não conseguir fazer acupuntura. Nunca fez uma plástica, apesar das cicatrizes. Não teve coragem de operar. Depois de sair do hospital, costumava desmaiar.

— Eu apagava, caía de joelhos, com a cara no chão. Um médico chamou minha mãe e disse: "Olha, sua filha vai ter um problema para toda a vida. Ela passou a sofrer de uma doença chamada epilepsia adquirida". Logo depois do incêndio, nós, as vítimas, fomos tachadas de malucas. Eu era do interior e fui muito discriminada. Tive que sair de três colégios por causa das cicatrizes e dos desmaios. A própria professora chamava minha mãe e dizia: "Sua filha desmaiou. Não sei se isso pega. As crianças estão constrangidas, as mães estão fazendo pressão, a senhora tem que entender". Fomos punidos primeiro pela tragédia, depois pelo preconceito e pelo abandono. Foi cada um por si — diz ela, que superou os problemas e há vinte anos não tem mais desmaios.

Mas, como muitos sobreviventes, nunca voltou a um circo.

— Nem ao Cirque du Soleil. Ganhei dois ingressos e não fui. Por conta do trauma, fez quatro anos de tratamento psicológico, pago pelo tio.

— A gente não teve direito a absolutamente nada.

Sua mãe foi procurada por advogados para entrar com uma ação de indenização, mas a história não foi adiante.

— Não tinha como processar o circo. Porque faliu e era uma empresa americana — diz, imaginando, ainda hoje, que ele vinha dos Estados Unidos.

Fez curso de corte e costura e trabalha como costureira. Graças a sua salvadora, Semba, ela caiu de paixão por elefantes. Tem em sua casa 75 modelos, dos mais variados materiais: madeira, bronze, granito, louça, vidro. Só comprou o primeiro, ao passar pela vitrine da importadora Guanabara e ver uma miniatura em bronze junto com um filhote. Os outros todos ela ganhou.

LUIZ GOMES DA SILVA

Apesar da imobilidade dos dedos da mão esquerda, tornou-se um exímio fotógrafo, por sugestão do cirurgião plástico Jacy Con-

ti Alvarenga. Trabalhou, entre outros lugares, na Secretaria de Educação do recém-criado estado do Rio. Apresentou-se ao jornalista Orivaldo Perin, então assessor de comunicação da secretária Myrthes de Luca Wenzel, autodenominando-se, como de hábito, Luiz Churrasquinho. Constrangido, Perin disse:
— Você aqui é Luiz ou Luizinho.
E encerrou com a história do apelido.
Mais tarde, Luiz foi da assessoria de imprensa de Leonel Brizola nas duas administrações. O governador o considerava um grande fotógrafo. Após perguntar a ele a razão das queimaduras, Brizola passou a só chamá-lo de Pinga-Fogo. Luiz não se importava. O apelido não pegou. O nome Luizinho já estava consolidado.

NILSON RODRIGUES BISPO

O menino de nove anos que perdeu a perna e foi consolado por João Goulart mora desde os anos 1980 em Cuiabá, Mato Grosso, com a mãe, Vasti. Seus pais não processaram a União, o estado, o município ou o circo. Vasti até queria, mas o marido era orgulhoso demais.
— Meu pai dizia: "Quero que eles vão todos para o inferno". Até minha perna mecânica foi ele que comprou, na Alemanha. Nenhum dos outros pais processou. Encararam como um acidente. Eu só fui abrir os olhos quando era rapaz, mas já tinha se passado muito tempo, teria que achar os donos e não sabia como custear o processo. E teria que lutar até contra o governo americano. Desisti — diz Nilson, que também acredita na origem americana do Gran Circo. — Teve só um pai que queria vingança. Era muito revoltado, sua filha de doze anos tinha se queimado. Ele mostrou a arma que tinha na gaveta e disse que iria matar Dequinha de qualquer maneira quando saísse da prisão.

Os pais de Nilson tampouco tiveram qualquer apoio psicológico.
— Tenho problemas seríssimos nos nervos — confirma Vasti, que perdeu o marido em 2003.
— Acho que na época faltou alguém que nos orientasse a procurar tratamento. Minha mãe é muito traumatizada. Ela não assiste nem a filme que tenha incêndio — diz Nilson.
Ele só passou a usar perna mecânica com quase catorze anos. Até então preferia a muleta.
— Eu percorria um quilômetro a pé até o colégio, andava de bicicleta, frequentava academia de judô. Fiz luta para aprender a cair e a me levantar sozinho.
Só deixou a muleta quando ela quebrou e seu pai falou que se quisesse andar teria que botar a prótese.

PROFETA GENTILEZA

Quatro anos após se instalar no terreno do circo, ele saiu em peregrinação pelo país. Tornou-se um símbolo, como diz o professor da UFF Leonardo Guelman:
— Ele nos convida a uma parada no modo de vida que nos entrechoca, na compulsão urbana que nos fragmenta.
Mas tinha um lado moralista, que o levava a condenar batons e minissaias, a ponto de perseguir mulheres nas ruas. "Se a saia sobe, a moral desce, se a saia desce, a moral sobe", dizia. Da mesma forma, criticava os homens que andavam mal trajados, sem camisa: "Peito aberto, o diabo está perto". De qualquer forma, o traço moralizante e o caráter pitoresco de Gentileza, como explica Guelman, nunca retiraram "a densidade de sua pregação".
— Gentileza era de fato paradoxal. Mais recentemente, venho

compreendendo a sua máxima ["Gentileza gera gentileza"] no sentido de "Humanidade gera humanidade".

Gentileza acabou por se fixar no Rio, onde realizou a partir dos anos 1980 uma grande intervenção urbana, com seus 56 painéis nas pilastras do Caju. O profeta, que morreu em 1996, entrou para o imaginário popular e conquistou uma legião de fãs. Um deles foi Gonzaguinha, que lhe dedicou a música "Gentileza", em que canta: "Dizem que ele é um louco/ Eu digo que ele é um profeta". Outra entusiasta é Marisa Monte, que o homenageou na canção "Gentileza", em que lamenta a deterioração de seus escritos, recuperados depois pelo movimento Rio com Gentileza, coordenado por Guelman: "Nós que passamos apressados/ Pelas ruas da cidade/ Merecemos ler as letras/ E as palavras de Gentileza". Um terceiro admirador é Joãosinho Trinta, que criou para a escola de samba Grande Rio o enredo *Gentileza × O profeta do fogo*, sexto lugar no carnaval carioca de 2001.

Como observa o cineasta Dado Amaral, que prepara o longa--metragem *O profeta Gentileza contra o capeta capital*:

— No Brasil, tudo acaba em samba. E a história dele acabou na avenida.

Já em 1966, Gentileza era capturado pelas lentes de um cineasta iniciante: Arnaldo Jabor. Em sua estreia na direção, ele acompanha no curta-metragem *O circo* uma caravana de artistas pelos subúrbios.

— Um dia eu ouvi falar do Gentileza e achei-o nas ruas. No fim, ele fala para a câmara, berra profecias e bobagens, hoje idealizadas... É a melhor parte do filme — diz o diretor.

RICARDO OBERLAENDER

O filho do prefeito da época sonha em fazer um Memorial do Incêndio do Gran Circo Norte-Americano, com projeto de Oscar

Niemeyer, a ser construído bem em frente ao local da tragédia. A ideia divide opiniões.

— Nada de memorial. Não há motivos para você fazer algo relativo a uma coisa trágica. Tinha é que ajudar quem está precisando — rebate Marlene Serrano.

O jornalista Gilberto da Cunha Lopes, que cobriu pela *Tribuna da Imprensa*, concorda:

— Monumento para uma tragédia seria algo como cultuar um velório.

Maria José do Nascimento Vasconcelos, a Zezé, acredita que é tarde demais:

— Não botaram nem uma placa lá. É demagogia fazer isso cinquenta anos depois. Quem precisa de um memorial hoje?

Já Lenir Ferreira de Queiroz Siqueira acha bom lembrar:

— Senão amanhã vão dizer que é lenda. E não é.

Não seria a primeira tentativa. Em 1962, o deputado João Fernandes apresentou um projeto que dispunha em seu artigo 1º: "Fica o Poder Executivo autorizado a erigir um monumento em homenagem à memória dos mortos na catástrofe do Gran Circo Norte-Americano". O marco ficaria localizado no local do circo. A obra nunca saiu do papel.

DANILO STEVANOVICH

Continuou com os circos até sua morte, em 2001. Em 2000, o Gran Circo Norte-Americano se transformou no Le Cirque, sob o comando de Luís Stevanovich Jr., George, Augusto e Robert, filhos do irmão caçula de Danilo, Luiz Stevanovich, falecido em 1995, e de seus netos.

— O nome Le Cirque é em homenagem à nacionalidade francesa da minha avó Maria, que é da família Buglione — diz Augusto. — É uma proposta de circo moderno, renovado, mas sem perder a essência da família. Tem globo da morte, águas dançantes, show de iluminação e som.

Além do Le Cirque, a família tem em atividade o circo Bolshoi e o circo Karton. O Bolshoi é montado por Augusto, que também tem o Le Magic, só de mágicos. Nascido em 1967, seis anos após o incêndio, ele pensa um dia em remontar o Gran Circo Norte-Americano, mas na "forma original". Leia-se, com animais.

A família está às voltas com uma batalha jurídica. Em 2008, o Ministério Público do Distrito Federal e Territórios denunciou o Le Cirque, alegando maus-tratos aos bichos, a partir de relatórios do Ibama, do Ibram (Instituto Brasília Ambiental), da ONG GAP e do jardim zoológico de Brasília. Em 2009, os Stevanovich foram condenados em primeira instância e tiveram 26 bichos apreendidos.[24] Em fevereiro de 2011, um desembargador do Tribunal de Justiça do Distrito Federal absolveu os donos na ação penal e determinou a devolução dos animais. Apesar da absolvição, um juiz decretou que permanecessem sob a posse de zoológicos. O caso aguarda solução judicial. Em 2008, foi lançada no Brasil a campanha "Basta de sofrimento nos circos",[25] da Animal Defenders International (ADI). Quando este livro foi impresso, em 2011, estava na fila para votação no plenário do Congresso Nacional o projeto de lei 7291/2006, que "proíbe a utilização ou exibição de animais da fauna silvestre brasileira ou exótica em circos" em todo o país. O tema deixa Augusto, que é da diretoria da União Brasileira dos Circos Itinerantes (UBCI), indignado:

— No Brasil, somos vistos como carrascos, encarados como bandidos que maltratam os bichos. É um castigo o que estão fazendo com nossos animais. Eles são o nosso orgulho, o nosso maior patrimônio.

SEMBA

Depois de ter sido tratada como heroína ou vilã, a elefanta vive hoje com os filhos de Danilo Stevanovich, Brenda e Danilo, o Danielito, que têm um circo.

Posfácio

Eu só nasceria um ano e dez meses depois daquele domingo de 17 de dezembro de 1961, e só ouviria falar do assunto pela primeira vez quase trinta anos mais tarde. As pilastras cinzas do viaduto do Caju, no cais do porto do Rio de Janeiro, eram cobertas por frases como "Gentileza gera gentileza", escritas numa caligrafia original e com letras repetidas. Diziam que seu autor, o profeta Gentileza, havia perdido toda a família no incêndio de um circo em Niterói. Guardei a informação em algum canto da memória até que, tempos depois, leria o cirurgião plástico Ivo Pitanguy declarar na autobiografia que o atendimento às vítimas do incêndio fora a "experiência que marcou mais fortemente" sua vida.

Ao comentar isso com minha tia, soube que se tratava de um circo tão famoso que mesmo ela, que morava em Nova Friburgo, a 115 km dali, pretendia levar minhas duas primas, de sete e nove anos. Tinha carona, mas desistiu da viagem na última hora, talvez por uma intuição. Várias famílias da cidade foram, e muitos não voltaram. Um vizinho perdeu os dois filhos. Outro viu morrer o único herdeiro. Aquele evento distante no tempo subitamente tornara-se próximo.

Mas por que então escutara falar tão pouco do episódio? Disposto a encontrar a resposta, vi que naquele domingo cada morador de Niterói sentiu como se tivesse perdido alguém no circo — um parente, um amigo, um vizinho, um conhecido. Foi um imenso luto coletivo. Aquela tragédia única na história do país provocara um trauma tão grande que o tema tornara-se tabu na cidade — e este foi um dos principais obstáculos a este livro. Muitas vítimas não queriam se lembrar do assunto. "Por que você não fala que nós somos a quarta cidade em qualidade de vida do país, a Cidade Sorriso?", propôs alguém. E, quando se dispunham a ajudar, haviam bloqueado partes significativas das lembranças. As narrativas se embaralhavam de tal forma que não havia consenso sequer sobre as cores da lona do circo. Pelas fotos em preto e branco, dava para ver as listras. Alguns sobreviventes garantiam que a cobertura era azul, vermelha e branca. Uma confusão comum, já que o nome do circo evocava as cores da bandeira americana. Outros falavam que era bicolor e citavam do bege ao branco, do amarelo ao azul, do laranja ao verde. Houve até quem assegurasse que o toldo era liso, apesar das evidências em contrário.

A origem do fogo também variou conforme o relato. Uns juravam ter começado do lado esquerdo da entrada, mas outros afirmavam ter sido do lado direito. Uns tinham certeza de que as chamas principiaram no alto da lona, mas alguns davam como certo que fora na parte de baixo. Guiei-me pela perícia.

As versões contraditórias perseguiram toda a feitura do livro. Quando não foi possível recorrer às provas técnicas, baseei-me no maior número de informações coincidentes e no bom senso. Até o nome do circo foi motivo de controvérsia. Uma parte dos jornais e revistas usava Gran Circus Norte-Americano, como estava estampado na sua fachada. Outra parte preferia Gran Circo Norte-

-Americano, como vinha escrito no ingresso. Escolhi a segunda opção, após consultar a família Stevanovich.

Usei de vários argumentos para tentar dobrar resistências. Explicava que a ideia era homenagear as vítimas, dar rosto às estatísticas, lembrar os heróis anônimos, servir de alerta, mostrar o episódio para evitar que se repetisse. Era verdade, mas também havia a convicção literária e jornalística de que tinha uma grande história nas mãos, com componentes policiais, políticos, médicos, jurídicos. Era uma trama que misturava oportunismo e solidariedade, drama e heroísmo, dor e superação.

— A memória do circo carrega uma ambiguidade de sentimentos contraditórios — explicam os professores Paulo Knauss e Ana Maria Mauad, da UFF, autores de uma pesquisa pioneira sobre o tema que resultou em artigos e um vídeo.

De um lado, a solidariedade, o orgulho da missão cumprida, a beleza do espetáculo circense. Do outro, a violência da tragédia, o horror da morte, a dor do luto, o circo identificado como um local perigoso. Em 2000, na comemoração dos quinhentos anos do Descobrimento, Knauss preparou um material didático e uma exposição que percorreu Niterói. A mostra era composta de doze imensos painéis. Num deles, havia uma foto discreta do Gran Circo Norte-Americano após o incêndio. Não havia corpos, apenas o picadeiro em cinzas.

— Essa pequena imagem me causou muitos problemas. Em vários lugares, não me deixaram montar o painel. Em outros, a fotografia foi tapada. Teve local em que se discutiu a posição da mostra para que o painel não ficasse exposto na entrada. Chegaram a ligar para minha casa perguntando como tive coragem de exibir essa foto. Mas nas escolas ela não causava celeuma, só nos espaços públicos, como clubes. O incêndio é uma lembrança muito viva na cidade, apesar de não haver um memorial, um feriado ou um herói — diz Knauss.

Uma lembrança muito viva e, ao mesmo tempo, incômoda e sensível. Mas, aos poucos, algumas barreiras foram sendo vencidas. Minha caixa postal começou a se encher de mensagens de pessoas dispostas a romper anos de silêncio, agradecidas por saber que a história seria enfim contada. Uma história que deixou marcas até em quem não estava no circo, como Jorge de Salles Cunha, à época com dez anos, que não esquece as fotos que viu nos jornais e revistas:

— Até hoje tenho um alarme interno contra incêndio que dispara ao menor cheiro ou situação de provável fogo.

Outros desenvolveram traumas por lugares fechados, evitam multidões ou deixaram de comer churrasco por causa do cheiro de carne queimada.

O meio século de distância dificultou, claro, o trabalho. Não raro seguia a pista de um personagem para descobrir que falecera meses antes. Adiava uma entrevista e acabava tendo que cortar o nome da lista. Ainda assim, quase 150 pessoas foram entrevistadas, pessoalmente, por e-mail ou por telefone. Entre elas o governador da época, Celso Peçanha, com 93 anos, o médico argentino Fortunato Benaim, diretor do Instituto Nacional de Queimados da Argentina, com 91 anos, a chefe dos escoteiros, Maria Pérola, com 88 anos, e cinco sobreviventes de especial importância: Lenir Ferreira de Queiroz Siqueira, Marlene Serrano, Luiz Gomes da Silva, Nilson Rodrigues Bispo e Maria José do Nascimento Vasconcelos, a Zezé. Isso me permitiu reconstituir o que se passou há tanto tempo. Desses depoimentos, foram retirados muitos dos diálogos, falas e descrições que apareceram ao longo dessa narrativa, complementados por pesquisas em jornais, revistas, livros e documentos.

Para muitos entrevistados, as conversas funcionaram como catarse. Não raro elas eram interrompidas por crises de choro. Tive acesso a um DVD de uma mesa-redonda sobre o incêndio realizada em 2001 na 24ª Semana Científica da Faculdade de Medicina da Universidade Federal Fluminense. Mesmo tantos anos depois, os médicos foram flagrados enxugando lágrimas, enquanto relatavam suas experiências. Era uma "mesa de carpideiros", como descreveu o cirurgião plástico Ronaldo Pontes, que teve um papel fundamental no atendimento às vítimas.

Outra dificuldade foi dimensionar a participação de cada um no episódio. Houve quem minimizasse seu papel e relutasse em colaborar com o livro — por respeito às vítimas, por modéstia ou por medo de parecer que estava em busca de promoção. Mas houve quem, por soberba, inflasse seu desempenho. Cheguei a conversar com artistas que, mais tarde vim a descobrir, não haviam trabalhado no circo na ocasião.

Foram mais de dois anos de trabalho que nos levaram — a mim e à jornalista Mariana Müller, que me auxiliou — a dois hospitais, dois cemitérios, uma favela, uma policlínica do Exército, uma igreja, um ginásio esportivo, dezenas de casas e consultórios, jornais de São Gonçalo e Niterói e até a um laboratório, o Morales, para cheirar a bactéria pseudomona aeruginosa, que infestou o Antonio Pedro, onde ficou a maior parte das vítimas. Isso porque pacientes queimados são suscetíveis à infecção provocada por ela, que causa um cheiro característico, adocicado, e confere uma coloração azul-esverdeada às áreas infectadas. Percorremos todo o Antonio Pedro e vimos no subsolo um esterilizador da década de 1950. Cada vez que um paciente tinha alta, o colchão descia para ser esterilizado. Já a visita ao hospital Getúlio Vargas Filho, o Getulinho, especializado em crianças, se deu no auge da epidemia de gripe suína.

Ao longo da investigação, encontrei outras pessoas igualmente empenhadas em recuperar essa história. A principal delas é o cineasta Marcelo Paes de Carvalho, da produtora InCartaz Filmes e Eventos, que prepara o documentário *O incêndio do circo: Das trevas à luz*. Nascido no Rio em 1977 e morador de Niterói desde os doze anos, ele percebia como a tragédia estava enraizada na memória coletiva da cidade, em especial entre os mais velhos. Mas, a exemplo do professor Paulo Knauss, ele notava que era um assunto ao mesmo tempo esquecido e presente na lembrança dos moradores. Um acidente pessoal contribuiu para que se decidisse pelo tema. Aos dezoito anos, acampando na vila de Trindade, em Paraty (RJ), Marcelo preparava comida no fogareiro quando foi trocar o refil de gás, que estava com defeito. Na barraca ao lado, havia uma vela acesa. O gás vazou e ele teve 60% do corpo queimado. Saiu do camping em busca de ajuda e entrou num restaurante lotado. Ninguém quis ajudá-lo. Correu desesperado para o meio da rua, parou um carro jogando-se em cima do capô, mas o motorista acelerou e ele caiu no chão. Precisou esperar quarenta minutos até que fosse levado para o hospital em Paraty. Mais tarde, foi removido para a UTI de queimados do Hospital do Andaraí, no Rio, onde passou quarenta dias. A indiferença de quem se recusou a socorrê-lo e a vontade de viver de seus colegas de enfermaria fizeram com que optasse por um foco humanista para seu filme, iniciado em 2005:

— Fujo de questões como "quem é o culpado". A ideia é dar voz aos que se uniram para ajudar as vítimas: médicos, enfermeiros, bombeiros, cidadãos comuns.

A pesquisa me levou ainda a São Paulo para encontrar Silvia, sobrinha do dono do circo, e a Bom Jesus dos Perdões, a 78 km da capital paulista, para ouvir a principal testemunha do incêndio, que vive sozinha num trailer isolado. Santiago Grotto era um dos três trapezistas que tinham acabado de se exibir quando o fogo começou, e o único ainda vivo. Foi provavelmente a primeira pessoa a ver o início da tragédia. Grotto conserva, aos 85 anos, uma memória preciosa.

A memória que ele preserva o país descarta. Os hospitais não guardam mais os registros dos pacientes; rádios e TVs há muito perderam os arquivos; a polícia não tinha mais os prontuários dos suspeitos; a Justiça não localizou os processos; os cemitérios já haviam destruído a lista dos óbitos; bibliotecas encontravam-se em reforma; publicações achavam-se sem condições de manuseio. Ainda assim, passei muitas tardes na Biblioteca Nacional copiando a lápis jornais e revistas da época — as estritas regras de segurança não permitem o uso de canetas. Desse esforço de trabalho de campo e de pesquisa, surgiu uma história que condensa como poucas o pior e o melhor do ser humano.

Notas

1. Segundo a perícia, o circo tinha capacidade para 3400 espectadores.
2. Conforme escrito por Ramil Sinder e Ivo Pitanguy em "Tratamento dos queimados da catástrofe do Gran Circo Norte-Americano", publicado na *Revista Brasileira de Cirurgia*, em outubro de 1964.
3. Segundo noticiou o *Jornal do Brasil* do dia 20 de dezembro.
4. Expressão de Antônio Torres no livro *O circo no Brasil* (Rio de Janeiro/ São Paulo: Funarte/Atração, 1998).
5. *Aconteceu na Manchete: As histórias que ninguém contou* (Rio de Janeiro: Desiderata, 2008, p. 64).
6. "História interrompida: Livro resgata a saga de Roberto Silveira, governador do Rio, que morreu aos 37 anos", por Osmar Freitas Jr. Revista *Isto É*, edição 1768, 20 de agosto de 2003.
7. *Figuras e fatos da medicina em Niterói*, do historiador Emmanuel Macedo Soares. Niterói: 1994.
8. Em 1964, o Hospital Municipal Antonio Pedro (HMAP) viraria Hospital Universitário Antonio Pedro (HUAP).
9. Conforme noticiado na *Tribuna da Imprensa*.
10. De acordo com Pitanguy, a pele liofilizada foi usada em sete pacientes do hospital Antonio Pedro, dos quais dois morreram.
11. Desde 1875, falava-se numa ligação entre Rio e Niterói. Inicialmente, a ideia era construir uma ponte unindo as duas cidades. Mais tarde, surgiu outra opção: um túnel. Em 1961, a dúvida ainda não havia sido resolvida — somente

em 1963 seria criado um grupo de trabalho, que se decidiu pela ponte. A construção, porém, levaria mais onze anos para ficar pronta, sendo inaugurada no dia 4 de março de 1974.

12. *Traitement d'urgence dês brûlures de la catastrophe du cirque de Niteroi (Brésil) et de leurs séquelles* [Tratamento de emergência das queimaduras da catástrofe do circo de Niterói e de suas sequelas], de Ivo Pitanguy, Pontifícia Universidade Católica do Rio de Janeiro. Bélgica, 1963.

13. As estimativas do número de mortos na tragédia variam.

14. Furar a veia com uma agulha para colher sangue, dar injeção ou passar um tubo de plástico para administrar líquidos.

15. A equipe argentina era formada, além de Fortunato Benaim, pela farmacêutica Otilia S. Reibel, pelo anestesista Gustavo Larrea, pelos cirurgiões Maurício Pattin, Vitor Nacif Cabrera, L. Albanese e Carlos Otero, e por nove enfermeiras.

16. *O Globo*, 23/12/1961, p. 6.

17. Segundo os registros, os primeiros associados do Grupo Escoteiro Antonio Pedro foram as irmãs Milena e Cíntia, Lino Branco, de dezoito anos, Sérgio Shinya Tanaka, de treze, Tomaz Carvalho, de treze, Nelson Rodrigues Bispo Sobrinho, de doze, Pedro Paulo Lourenço, de onze, Nilson Rodrigues Bispo, de nove, Antônio Augusto Muniz da Motta, de dez, e Dorival, sem idade anotada. Miguel Ângelo Vital Muniz, de cinco anos, era agregado, por causa da pouca idade — do outro agregado não ficou notícia.

18. No dia 19 de dezembro de 1962, um ano e dois dias após o incêndio do circo e um ano após a morte de Ana Maria no hospital Antonio Pedro, pegava fogo o prédio de dez andares da Chave de Ouro. No térreo, funcionava o supermercado, e na sobreloja e nos demais andares, o magazine. Segundo Carlos Augusto Rabelo Vieira, filho de Augusto, o que se comenta é que foi um incêndio criminoso. A Caixa Econômica Federal alugava uma parte do quarto andar e, de acordo com ele, haveria uma investigação para apurar irregularidades e alguém teria posto fogo no prédio para apagar as provas. O incêndio consumiu todo o edifício. Propagou-se para cima e para baixo, onde havia material inflamável, como roupas, tecidos, brinquedos e móveis.

19. O material não existe mais. Carlos Ruas guardou-o numa caixa no laboratório fotográfico do jornal *O Estado* e fez uma viagem de três meses a Portugal. "Quando cheguei, tinham arrebentado a caixa. Os próprios colegas de jornal pensaram que tinha algo de valor. Abriram e não tamparam. Perdi cerca de mil negativos de Niterói", lamenta Ruas.

20. Um dos mortos mais ilustres do São Miguel é o mais famoso palhaço brasileiro, Carequinha. Nascido em Rio Bonito, em 1915, George Savalla Gomes mudou-se em 1937 para São Gonçalo, de onde não saiu mais, até sua morte, aos

noventa anos, em 2006. Ele costumava brincar: "Moro perto do cemitério. Quando eu morrer, não vou dar trabalho a ninguém. Vou a pé para lá".

21. No livro *Luiz Carlos Sarmento: Crônicas de uma cidade maravilhosa* (Rio de Janeiro: E-papers, 2008, disponível em: <www.e-papers.com.br>), organizado por José Amaral Argolo e Gabriel Collares Barbosa, o jornalista e radialista Raul Giudicelli contou num artigo publicado na *Última Hora* em 25 de setembro de 1976 que a equipe da *Fatos & Fotos* passou quase 48 horas sem dormir, preparando a edição. As notícias eram contraditórias: "Umas falando em cigarro aceso, outras em curto-circuito, e só alguns palpiteiros aventavam a hipótese de crime premeditado". Mas Sarmento afirmava: "Isto foi crime". Giudicelli escreveu que Sarmento teve uma ideia. Pegou centenas de fotos feitas durante a construção dos caixões e dirigiu-se para a casa da mãe de Dequinha. Partiu do raciocínio de que o criminoso sempre volta ao local do crime. Na residência de Maria Alves, perguntou se ela tinha fotografias do filho. Maria negou. Sarmento exibiu-lhe as fotos feitas no estádio Caio Martins. A mulher olhou uma por uma e, de repente, gritou: "É este!". Giudicelli disse que o reconhecimento, pela mãe, da presença do ex-empregado suspeito nas fotos do local do incêndio confirmava a previsão do repórter. "E, quarta-feira, publicamos, com exclusividade, as fotos do desequilibrado que enlutou o país", relatou ele, que se lembrou ainda de alguns títulos que Sarmento criou: "Epopeia de fogo" e "Criancinha de joelhos suplica para o elefante em chamas: 'Não mate a mamãe!'".

22. O laudo foi assinado pelos peritos Geraldo Netto dos Reys e Luís Carlos de Azevedo, e pelo delegado Paulo Paciello, diretor da Polícia Técnica de Niterói, e endossado pelo engenheiro Gustavo Luís Gruls de Macedo Soares, perito em incêndios e chefe do Serviço de Engenharia da Perícia da Guanabara.

23. Também em "Tratamento dos queimados da catástrofe do Gran Circo Norte-Americano".

24. Um elefante africano, quatro indianos, um hipopótamo, um rinoceronte branco, uma zebra, dois camelos, dois chimpanzés, duas lhamas, duas girafas e dez pôneis.

25. Mais informações no site da Animal Defenders International (ADI): <http://www.ad-international.org/adi_brasil/>.

Agradecimentos

Este livro começou a tomar forma num encontro com Paulo Knauss, professor do departamento de história e pesquisador do Laboratório de História Oral e Imagem (Labhoi) da Universidade Federal Fluminense, também diretor-geral do Arquivo Público do Estado do Rio de Janeiro. Junto com Ana Maria Mauad, pesquisadora do CNPq, professora do departamento de história e pesquisadora do Labhoi, ele coordenou em 2002 um projeto sobre o incêndio com vários desdobramentos: um curso com treinamento de alunos e pesquisa de fontes na imprensa, a produção de um vídeo e a redação de alguns artigos. Knauss me cedeu todo o material, incluindo entrevistas e fotos que serviram de ponto de partida. Sem ele, o livro teria me consumido ainda mais tempo e esforço.

No começo, esteve a meu lado na pesquisa Fred Raposo, a quem devo o impulso inicial. Em seu lugar, entrou Mariana Müller, que com seu entusiasmo, sua energia e sua entrega ajudou a tornar este livro realidade. Também agradeço a Fernanda Miranda, por sua colaboração.

Os médicos tiveram papel crucial nesse trabalho. Recorri a

eles incessantemente para tirar dúvidas e esclarecer pontos nebulosos. Tenho uma especial dívida de gratidão para com Carlos Caldas, Edgard Stepha Venâncio, Geraldo Chini, Márcio Torres, Olympio Peçanha e Ramil Sinder. Também agradeço aos outros médicos que entrevistei: Alcir Chácar, Carlos Augusto Bittencourt (o Gugu), Dacio Jaegger, David Telles, Edgard Alves Costa, Ewaldo Bolivar de Souza Pinto, Fortunato Benaim, Guilherme Eurico Bastos Cunha, Heraldo Victer, Herbert Praxedes, Humberto Lauro Rodrigues, Ivo Pitanguy, Jacy Conti Alvarenga, José Benedito Neves, José Luiz Guarino, Luiz Augusto de Freitas Pinheiro, Liacyr Ribeiro, Neide Kalil, Nilton Espinoso Monte, Paulo César Schott, Ronaldo Pontes, Rubens Baptista da Silva, Sulaiman Bedran e Waldenir Bragança.

Diversos outros médicos e estudantes de medicina que não estão citados no livro atenderam às vítimas do incêndio. Eis alguns nomes: Abílio Pinheiro, Adalmir Dantas, Adele Hahibohm Martins Ribeiro, Angelo Andrioli, Antônio Ribeiro de Jesus, Antonio Siqueira, Carlos Tortelly Costa, Ciro de Moraes, Cleber Regal, Eunice Damasceno, Flavio Pies, Jairo Pombo do Amaral, Jarbas Porto, José Augusto de Castro, José Fernando Barbosa Siqueira, José Ranzeiro Filho, Luiz Rogério Pires de Mello, Murilo Lisboa, Riutiro Yamani, Rubem Leite, Sonia Varella, Spartaco Bottino e Vinício Mariano. Espero corrigir as possíveis omissões futuramente.

Ao longo de dois anos, muitos sobreviventes tiveram a generosidade de compartilhar suas lembranças comigo. Agradeço a Carlos Augusto Rabelo Vieira, Damião José Pereira Netto, Eduardo Lages, Eliana Custodio Teixeira, Fred Cabral Pereira, Heloisa Richard, Iara e Iraci Silva Pinho, Jurema Guedes, Lenir Ferreira de Queiroz Siqueira, Luiz Fernando Vaz Porto, Luiz Gomes da Silva, Maria Dulce Gaspar e seu irmão Beto Barcellos, Maria José Vasconcelos (a Zezé), Mário Sérgio Duarte, Marlene Serrano,

Martha Carvalho, Nelson Aguiar Filho, Nilson Rodrigues Bispo, Paulo Eduardo Pires de Alvarenga Ribeiro, Ricardo Oberlaender, Servio Túlio Garcia Cardoso, Vanda Abbudi e Vicente de Percia. Outros sobreviventes não foram personagens do livro, mas suas memórias ajudaram de forma fundamental a reconstituir o período. São eles: a professora Deise, Idoardo Figueiredo dos Santos e sua irmã Marta, José Nicolau, Laizer Fishenfeld, Otto Triebe de Mello, Ricardo Côrtes, Vlady Guimarães e sua mulher Lídia Machado Guimarães, e Sebastião Inácio da Silva Filho.

Maria Pérola Sodré e Jacy Gomes da Silva (filho de Luiz Gomes da Silva) foram dois dos meus companheiros mais assíduos nessa viagem de volta a 1961. Eles tiveram uma participação inestimável.

Duas famílias foram essenciais para a feitura deste livro: a dos Stevanovich e a dos Peçanha. Augusto, Fabio e Silvia Stevanovich, além de Santiago Grotto, viúvo de Nena Stevanovich, ajudaram-me a reconstituir a história da tradicional família circense. Fabio (www.circotradicao.com.br) e Silvia chegaram a me recepcionar em São Paulo e a me levar para conhecer Grotto. Celso Peçanha, sua mulher, Hilka, dona de uma memória extraordinária, e seus filhos Lucia e Claudio também me deram uma importante contribuição. Em 2009, passei uma agradável tarde com a família. Em agosto de 2011, levei um susto com a notícia do falecimento de Hilka, mesmo sabendo sua idade. Ela era daquelas pessoas a quem não se imagina que a morte vai chegar. Como disse sua filha Lucia: "Viveu até 91 anos nos ajudando no mundo". A eles e a muita gente.

Ao longo do trabalho, fui muitas vezes surpreendido por alguma ajuda inesperada, como a de Evanildo Fernando Santos de Almeida, que me mostrou a edição especial da revista *Flagrante!* dedicada ao circo. Também sou profundamente grato a José Marques, do Instituto de Arte e Comunicação Social (IACS) da UFF, que me cedeu uma cópia do vídeo com a mesa-redonda dos médicos que atuaram na tragédia, realizada em 2001 na 24ª Semana Científica da Faculdade de Medicina da UFF, e do vídeo *O incêndio do Gran Circus Norte-Americano*, do Labhoi.

Não posso deixar de registrar a colaboração especial do tenente-coronel médico Luiz Antonio Lopes, que serviu por duas vezes na Policlínica do Exército, a primeira entre os anos 1980 e 1987, e a segunda entre 1999 e 2002. Ele foi indispensável para que eu pudesse contar os fatos relacionados à Policlínica.

Graças à boa vontade de Wilson Aquino, tive acesso a um documento indispensável: uma cópia da sentença do juiz, além do vídeo com o *Linha Direta Justiça* dedicado ao incêndio. Seu então colega no programa, Ângelo Tortelly, também me deu dicas preciosas.

Nelmyr de Araújo Fogaça e Ézio Machado Ribeiro, dois dos funcionários mais antigos do Antonio Pedro, permitiram-me reviver aquele momento dramático do hospital. Sou grato ainda a José Carlos Tedesco, da assessoria de imprensa do Tribunal de Justiça do Estado do Rio de Janeiro, que se empenhou para recuperar os processos referentes ao caso. Infelizmente, descobriu-se que estão definitivamente perdidos. O professor Henrique Mendonça, do núcleo de história de São Gonçalo da UERJ, e o jornalista Jorge César Pereira Nunes auxiliaram-me na parte referente a São Gonçalo. Henrique também cedeu-me uma cópia do vídeo que dirigiu, *17.dez.1961: Marcas de um evento — O Grande Circo Norte-Americano e São Gonçalo*.

Esse livro também não existiria sem o jornal *O Globo*. O meu muito obrigado a Paulo Luiz, Ricardo Braule e Souza Lima, do CDI, e Marcelo Campos, da Agência O Globo. E a meus colegas de redação Ancelmo Gois, Arnaldo Bloch, Artur Xexéo, Isabel Kopschitz, Joaquim Ferreira dos Santos e Orivaldo Perin. E a Rodolfo Fernandes (in memoriam), Ascânio Seleme, Helena Celestino,

Isabel De Luca, Fátima Sá, Nani Rubin e Bernardo Araujo, pelo estímulo, paciência e compreensão. Espero que o livro esteja à altura de todos.

Agradeço a Marcel Souto Maior, que leu uma versão inicial e fez valiosas observações. Igualmente relevante foi a ajuda do subtenente Antonio Mattos, historiador do Corpo de Bombeiros, que me serviu de fonte para esclarecer o resgate às vítimas. Também foram importantes as participações de Osmar Leitão, na época secretário da prefeitura de São Gonçalo, que me detalhou a construção do cemitério São Miguel, e de Irma Lasmar, jornalista e assessora de imprensa da Câmara de Dirigentes Lojistas de Niterói e da Academia de Medicina do Estado do Rio de Janeiro, pelas muitas sugestões de entrevistados. Meu reconhecimento a Cesinha, que me guiou pelo morro Boa Vista, e a Leonardo Guelman, maior autoridade do país sobre o profeta Gentileza. Sem eles, parte fundamental deste livro teria ficado de fora.

Numerosas pessoas deram longas entrevistas ou depoimentos, que de alguma forma estão representados no livro, ainda que seus nomes não apareçam. Meu muito obrigado a Abel Rodrigues, Ana Maria Henriques, irmã Ângela (Maria Aparecida do Nascimento), Anja Kessler (fotógrafa), Charles Milner, Ciro Mendonça da Conceição e seu pai Telmo, Doracy Campos (palhaço Treme-Treme), Fernando Félix Carvalho (presidente da Academia Gonçalense de Letras), Flávia Machado (filha de Luiz Machado, o Luiz Pardal, voluntário na fabricação de caixões), Gamba Jr., Hedilane Coelho, Israel Figueiredo Junior, José Dornas Maciel e seu sócio Carlos Alberto, José Moura, Laís (irmã de Lenir Ferreira de Queiroz Siqueira), Lindalva Cavalcante, Lucia Helena M. de Almeida, Marcelo, Péricles e Ricardo (filhos do então delegado Péricles Gonçalves), Marcelo Salim de Martino, Nelli Rocha Gomes (Associação Fluminense de Reabilitação, in memoriam), Olegário Júnior (jornalista da *Última Hora*), Oliria Regina Guimarães de

Barros, Raul Campello (equilibrista), Roberto (filho do médico Romeu Marra), Rubens Nogueira, Salomão Guerchan, Serginho Santos, Sérgio Jordão (filho do então juiz Jovino Machado Jordão), professora Silvinha (que prepara tese sobre o papel da mídia em três tragédias: o incêndio do circo e os deslizamentos no morro do Bumba e em Nova Friburgo, no primeiro mestrado em defesa civil do país, da faculdade de engenharia da UFF), Tania Regina Souza Maranhão, Vicente Coutinho Filho, Victor Abramo e Nelson Mario José Assad.

Muitas outras pessoas permitiram que este livro se tornasse realidade, fosse esclarecendo dúvidas, identificando equívocos, fornecendo dados, contribuindo com informações, dando conselhos, pistas e orientações, fazendo comentários ou lendo trechos do original: Aline Vitor, Ana Claudia Ribeiro e Sandra Moreira (Editora E-papers), Anahi Guedes (relações com a imprensa da Nestlé), André Lins (www.inesqueciveljesse.com/jesse), Andreza Prevot, Assueres Barbosa, Cacá Diegues, Denise Schittine, Diego Barreto (jornal *O São Gonçalo*), Edilaine Vieira Costa (Serviço de Gestão de Acervos Documentais do Museu da Justiça), Emmanuel Macedo Soares, Eugenio Ramos de Pinho e Vânia Ferraz (jornal *O Fluminense*), Fernanda Pizzotti, Fernando Pitanga, Flávio Dealmeida, Francisco Domingues Pereira (diretor de comunicação social da Associação Fluminense de Reabilitação), George Moura, Getúlio Alves Cardoso (administrador do cemitério Maruí), Guilherme Fiuza, Gustavo Almeida, Hernani Heffner, Isabela Marinho e sua tia Edna, Isabele de Matos (DGCON/SEGAP), Itamar de Almeida (inspetor penitenciário e diretor do presídio Vieira Ferreira Neto), Jean Souza (assessor de imprensa da Fundação Biblioteca Nacional), Jéssica Schumacher, João Daniel Rassi (advogado que ajudou a destrinchar a sentença do juiz), Johenir Jannotti Viégas (diretor da divisão de acesso à informação do Arquivo Público do Estado do Rio de Janeiro), José Amaral Argolo, José Leon, desembargador José Muiños Piñeiro Filho, Jourdan Amora (dono da *Tribuna*), Júlia Motta, Katia Ines Boscato, Kennedy Caldas, Lisaura Ruas (in memoriam), Ludmila Pereira, Luiz Fernando Dias, Lucia Ramos, Luiz Macedo (sobrinho de João Goulart), Luiz Paulo Horta, Luiz Rocha Neto, Luzia (secretária do doutor Ivo Pitanguy), Marcelo Raposo, Marcelo Torgado, Márcia Peçanha, Maria Ignez Innocencio Côrtes, Maria Inês (diretora do Getulinho), Mariana Pinto Bazilio, Marta Rocha (ex-miss Brasil), Maurício Nascimento da Costa, Mauro Cardoso, Mauro Motta, Mégui Moraes (Revista *Proteção/Emergência*), professora Mercedes Mathias, Milton Selles, Nelson Pallut, Otávio Dias, Patrick Moraes, Philippe Bueno (ffc1902.com.br/v1/), Ranulfo Pedreiro (do *Jornal de Londrina*), Ricardo Dias, Roberta Iluar Martins Teixeira, Roberta Oliveira, Rodrigo Bonioli Alves Pereira, Rolf Rasp (PY1RO), Ronald Castro (DGCON/SEGAP), Ronaldo Rocha, Ronaldo Vainfas, Rosane Fernandes (diretora do núcleo de comunicação social da UFF), Ruy Gardnier, Ruy Guerra, Sandra Gouvêa, Sandra Proença (coordenadora de comunicação da prefeitura de São Gonçalo), Sara Celeste Cordeiro, Tarcísio Rivello (diretor do Antonio Pedro), Terezinha da Costa Vieira e seu marido (Firmindo Fernando da Costa Filho), Thiago Silveira de Almeida (jornal *O São Gonçalo*), Tião Camargo (saudadesertaneja.blogspot.com), Victor Grinbaum e Victor Lomba.

Tive a sorte de um dia conversar com Luiz Schwarcz sobre esse projeto. Ele não só apostou logo na ideia como leu uma versão inicial e fez comentários essenciais. Também tive a felicidade de ter como editora Marta Garcia, leitora atenta e rigorosa, que fez observações oportunas e precisas. E agradeço a Lígia Azevedo, que preparou os originais, enxugando excessos e dando mais clareza ao texto.

Minha família passou dois anos ouvindo a mesma explicação para meus afastamentos. É chegada a hora de compensar o sumiço. Obrigado Elisa Ventura, Zenir, Rita, Dora e Antonio Erthal. E obrigado a Silvia Krutman, Joviano Rezende Neto, Itzhak Roditi e Sonia Maria de Vargas, por terem, como novos integrantes da família, me dado o indispensável suporte.

Agradeço a meus pais, por tudo, sempre.

Agradeço a minha mulher, Ana, pelo encorajamento e pelo apoio permanentes, ainda que isso implicasse um marido ocasional e em noites, feriados, folgas e fins de semana perdidos. Mesmo nas ausências, ela esteve presente o tempo todo. E agradeço à minha filha, Alice, nascida pouco depois que comecei o projeto. Toda vez que ouve a palavra "trabalho", ela diz: "Papai". Quando minha sogra lhe contou a fábula da cigarra e da formiga, ela logo identificou o pai com a formiga. Está na hora de Alice fazer novas associações.

Bibliografia

ARTIGOS

ARGOLO, José Amaral. "As luminárias do medo: Jornalismo e violência no Rio de Janeiro".
MATTOS, Antonio. "Tragédia no circo: Incêndio no Gran Circus Norte-Americano".
Memória Escoteira, órgão informativo do Centro Cultural do Movimento Escoteiro, ano VI, n. 33-4, mar./jun. 1999.

LIVROS

ARGOLO, Amaral e BARBOSA, Gabriel Collares (orgs.). *Luiz Carlos Sarmento*: Crônicas de uma cidade maravilhosa. E-papers, 2008.
BARROS, J. A. e GONÇALVES, José Esmeraldo (orgs.). *Aconteceu na Manchete*: As histórias que ninguém contou. Rio de Janeiro: Desiderata, 2008.
GUELMAN, Leonardo. *Univvverrsso Gentileza*. Rio de Janeiro: Editora Mundo das Ideias, 2008.
PEÇANHA, Celso. *A planície e o horizonte*: Memórias inacabadas. Rio de Janeiro, 2006.
PINHEIRO, Luiz Augusto de Freitas (coord.). *Em cantos guardados*: Pelos caminhos da medicina e da vida. Niterói: Editora Academia Fluminense de Medicina, 2009.

PITANGUY, Ivo. *Aprendiz do tempo: Histórias vividas*. Rio de Janeiro: Nova Fronteira, 2007.

____. *Les chemins de la beauté: Un maître de la chirurgie plastique témoigne*. Paris: Editions JCLattès, 1983.

SOARES, Emmanuel de Macedo. *Figuras e fatos da medicina em Niterói*. Niterói, 1994.

SÜFFERT, Rubem. *Curtas histórias para nossa reflexão*. Impisa Editora, 2006.

TAVARES, Rui. *O pequeno livro do grande terramoto*. Lisboa: Edições tinta-da--china, 2005.

TORRES, Antônio. *O circo no Brasil*. São Paulo: Funarte, 1998.

XAVIER, Chico. *Cartas e crônicas*: Espírito Irmão X. Rio de Janeiro: Federação Espírita Brasileira, 2009.

PERIÓDICOS

Foram consultados os periódicos *Correio da Manhã, O Cruzeiro, O Dia, Fatos & Fotos, O Fluminense, O Globo, Jornal do Brasil, Luta Democrática, Manchete, Flagrante!, O São Gonçalo, Tribuna da Imprensa* e *Última Hora*.

BOLOGNESI, Mário Fernando. "O corpo como princípio". Trans/Form/Ação, São Paulo, v. 24: p. 101-12, 2001.

FERREIRA, Marieta de Moraes. "As eleições de 1958 e o crescimento do PTB". CPDOC e FGV, Centro de Pesquisa e Documentação de História Contemporânea do Brasil.

FREITAS JR., Osmar. "História interrompida: Livro resgata a saga de Roberto Silveira, governador do Rio, que morreu aos 37 anos". *Isto É*, ed. 1768, 20 ago. 2003.

GEYGER, Rafael. *Espetáculo de horror*. Revista Emergência, n. 16, ago./set. 2009.

KNAUSS, Paulo. "A cidade como sentimento: História e memória de um acontecimento na sociedade contemporânea — O incêndio do Gran Circus Norte--Americano em Niterói, 1961". *Revista Brasileira de História*, v. 27, n. 53, jan./jun. 2007.

____. "Fogo sob as cinzas: Maior tragédia da história do país, o incêndio do Gran Circus Norte-Americano, em Niterói, continua vivo na memória de sobreviventes e testemunhas". *Revista de História da Biblioteca Nacional*, ed. 46, jul. 2009.

KNAUSS, Paulo e MAUAD, Ana Maria. "Memória em movimento: A experiência videográfica do Labhoi". *História Oral*, v. 9, p.143-58, Rio de Janeiro, 2006.

PITANGUY, Ivo e SINDER, Ramil. "Tratamento dos queimados da catástrofe do

Gran Circo Norte-Americano". *Revista Brasileira de Cirurgia*, v. 48, n. 4, 1964.

SETÚBAL, Sérgio. "Antecedentes históricos do Hospital Universitário Antonio Pedro". Disponível em: <http://labutes.vilabol.uol.com.br/pagina09.html>.

PALESTRAS

COSTA, Carlos Eduardo Moreira da. "Recuperando a narrativa: Vídeo e história, o incêndio do Gran Circus Norte Americano, Niterói 1961". X Simpósio Regional da ANPUH-RJ, Imagens do Trauma na História, 14-18 out. 2002.

MAUAD, Ana Maria. "Palavras e imagens de um acontecimento: o incêndio do Gran Circus Norte-Americano, Niterói, 1961". X Simpósio Regional da ANPUH-RJ, Imagens do Trauma na História, 14-18 out. 2002.

PIRES, Ana Flávia Cicchelli. "Na mira da história: O incêndio do Gran Circus Norte-Americano, Niterói, 1961". X Simpósio Regional da ANPUH-RJ, Imagens do Trauma na História, 14-18 out. 2002.

PITANGUY, Ivo. *Traitement d'urgence dês brûlures de la catastrophe du cirque de Niteroi (Brésil) et de leurs séqueles.* Bruxelas, 1963.

VÍDEOS

DANIEL, Erica G.; MAUAD, Ana Maria; MULDER, Eduardo; PIMENTEL, Tarsila; PIRES, Ana Flávia Cicchelli. *O incêndio do Gran Circus Norte-Americano.* Laboratório de História Oral e Imagem (Labhoi) da UFF.

Linha Direta Justiça: O incêndio do Gran Circus Norte-Americano. Exibido em 29 jun. 2006.

MENDONÇA, Henrique. *17.dez.1961: Marcas de um evento — O Grande Circo Norte-Americano e São Gonçalo.* Memória em movimento de São Gonçalo — Grupo de Pesquisa História de São Gonçalo: Memória e identidade. UERJ/FFP.

Mesa-redonda na 24ª Semana Científica da Faculdade de Medicina da Universidade Federal Fluminense, 2001.

SITES

IBGE. Disponível em: <www.ibge.gov.br/home>.

Radioamador Brasil. Disponível em: <www.radioamador.org.br>.

Créditos

CRÉDITOS DO CADERNO DE IMAGENS

pp. 1, 2 (abaixo) e 7: *O Fluminense*
pp. 2-3, 4, 8, 13, 14-5, 17, 18, 19 (abaixo), 21, 22, 25, 26 e 30: DR/ revista *Flagrante!*
Reprodução: Francisco Moreira da Costa/ Lume Foto
pp. 5, 9, 11, 16, 19 (acima), 27 e 31: Arquivo/ Agência O Globo
pp. 6 e 12: Arquivo CPDoc/ JB
pp. 10 e 28-9: Arquivo Nacional
pp. 20 e 23: Arquivo O Cruzeiro/ EM/ D. A. Press
p. 24: DR/ Lenir. Foto de Francisco Moreira da Costa
p. 32: Foto de Leonardo Guelman

CRÉDITOS DAS CANÇÕES

"Coração de luto"
© Copyrights by Teixeirinha/ Editora Musical Bela LTDA. (Fermata do Brasil)

"Tragédia no circo"
© Copyrights by Garrancho e Graveto

Todos os esforços foram feitos para determinar a origem das imagens e das canções deste livro. Nem sempre isso foi possível. Teremos prazer em creditar as fontes, caso se manifestem.

Índice onomástico

Abbudi, Vanda, 61
Abelardo, primo dos irmãos Cardoso, 205
Abreu, Gouveia de, 236
Aguiar, Onésio Antônio de, 79
Alarcão, José Gonzaga, 240, 243
Albanese, L., 296n
Alberto, marinheiro, 111
Albuquerque, Gumercindo do Nascimento, 101
Aldeia, Odyr, 108-9, 112, 119, 129, 130
Almeida, Abílio de, 218
Almeida, Geraldo Firmino de, 238
Alvarenga, Jacy Conti, 140-2, 281-2
Alves, Adilson Marcelino ver Dequinha
Alves, Geraldo, 17
Alves, Maria, 55, 247-8, 268, 297n
Amaral, Dado, 199, 284
Amarildo, jogador, 52, 218
Angela (sobrevivente), 31-2

Antônio, Dom, 85, 224
Araujo, Maria Lidia de Oliveira, 219
Argolo, José Amaral, 297n
Assis, Dirce Siqueira de, 242-4, 254, 258, 260
Astillita, palhaço, 18, 56, 70, 73
Augusto, João, 65
Aurélio, Marco, 233
Aylton, sr., 38-9
Azevedo, Luís Carlos de, 297n

Bach, Johann Sebastian, 165, 279
Baldansa, José, 76
Barbosa, Gabriel Collares, 297n
Bedran, Youssef, 114-5, 118
Benaim, Fortunato, 125-7, 176, 201, 291, 296n
Benigna, Maria, 155-6, 160, 164
Bernardino, José, 36, 168, 169
Beto (menino sobrevivente), 31-2
Beto, amigo de Ricardo Oberlaender ver Porto, Carlos Alberto Vaz

Bigode, 236-8, 240, 242-7, 252, 254, 258, 260, 265, 267
Bispo Sobrinho, Nelson Rodrigues, 296n
Bispo, Nilson Rodrigues, 65, 90, 109, 181, 227, 266, 282, 291, 296n
Bispo, Vasti Rodrigues, 181-3, 227, 282-3
Bittencourt, Carlos Augusto, 106, 114, 126
Bouças, Victor, 34
Braga, Rubem, 241
Bragança, Waldenir, 19, 124, 150
Branco, Lino, 296n
Brandão, Teixeira, 248
Brito, Raimundo de, 223
Brizola, Leonel, 223, 282
Bruno, filho de José Bernardino, 36, 168
Buglione, Maria, 44, 285

Cabrera, Vitor Nacif, 296n
Cala, ursa, 56
Caldas, Carlos, 104, 129, 189
Caldas, Hervê Teixeira, 185
Camacho, gigante, 45
Câmara, Hélder, Dom, 224
Campos, Dirceu, 79
Campos, Teresa Souza, 84
Cândida, d., 83
Cardoso, Júlio César, 204-6
Cardoso, Nilton Gomes, 228
Cardoso, Servio Túlio, 204-6
Carequinha, palhaço, 39, 47, 296n
Carlos, Roberto, 23, 262
Carrero, Tonia, 11
Carvalho, Jairo, 33
Carvalho, Marcelo Paes de, 292
Carvalho, Martha, 33

Carvalho, Tomaz, 120, 131, 166, 183, 188, 210, 296n
Catão, Lourdes, 84
Cebolinha (anão), 17
Celi, amiga de Lenir, 268-9
China, jogador, 218
Chini, Geraldo, 90, 114, 117, 119
Churrasquinho, Luiz *ver* Silva, Luiz Gomes da
Cíntia e Milena, irmãs, 296n
Clovis, marido de Angela, 32
Coelho Neto, Rogério, 266
Combo, Victor, 266
Conceição, Avany Passos da, 143-4
Conceição, Regina Maria da, 243-4, 254, 258, 260
Cony, Carlos Heitor, 84
Corrêa, Lilian, 37
Correia, Elsio, 228
Costa, Álvaro Vicente da, 64
Costa, Edgard Alves, 108-9, 123, 127
Couto, Darci, 67, 227
Couto, Ísis, 67
Cunha, Guilherme Eurico Bastos da, 114, 131
Cunha, Jorge de Salles, 291
Cunha, Lauri, 141
Cunha, Noé, 186

Damião (sobrevivente), 251
Dante Alighieri, 145
Datrino, José *ver* Gentileza, profeta
Datrino, Maria Alice, 199
Datrino, Paulo, 192
DeMille, Cecil B., 47
Dequinha, 42, 43, 55, 83, 234-261, 264-71, 282, 297n
Dias, Mário, 66, 266
Dias, Walter, 222
Didi, jogador, 217

Dirce, companheira de Pardal *ver* Assis, Dirce Siqueira de
Dirce, mãe de Hubert, 54
Djalma (vítima), 35-6, 235
Doré, Gustave, 145
Dorival, escoteiro, 296n
Duarte, Mário Sérgio, 29

Ebrenz, Francisco Nélson da Costa, 34
Edinho, filho de d. Esmeralda, 52
Edmundo, irmão de Floriano, 54
Edy, filha de d. Esmeralda, 52
Eichmann, Adolf, 253
Elza, enfermeira, 164-5
Emilia, Stevanovich, 44, 73
Eneida *ver* Souto, Eneida
Esmeralda, sra., 52, 54

Faria, Pache, 190
Felizardo, Maciel, 43, 55, 57, 233-5, 239, 245, 258
Fernandes, João, 285
Figueiredo, Rita de Cássia, 117
Finkelstein, Rafael, 80
Floriano (sobrevivente), 52, 54
Fontes, Geremias Mattos, 213, 215
França, Ícaro, 218
Frederich, Wilson, 236

Gagarin, Yuri, 9-10
Garrancho e Graveto, dupla sertaneja, 261
Garrido, Vicente, 210
Garrincha, 52, 217-8
Gentileza, profeta, 11, 20-1, 192-9, 283-4, 288
Gesmundo, Victor, 31
Gilmar, jogador, 217
Girão, Manuel Ferreira, 76

Giudicelli, Raul, 297n
Golias, Ronald, 225
Gomes, Ernesto, 62
Gomes, Maria Cordeiro, 136-7, 140
Gomes, Maria Nazaré, 62
Gonçalves, Péricles, 80, 233-4
Gonzaguinha, 284
Gordon, Lincoln, 107
Goulart, João, 10, 88-90, 182, 219, 282
Grotto, Santiago Grotto, 15-6, 29-31, 73, 293
Guasti, José Hermínio, 100, 114, 117
Guedes, Jurema, 208-10
Guedes, Sydnéa, 209
Guelman, Leonardo, 193-4, 283
Guerra, Newton, 248
Gugu *ver* Bittencourt, Carlos Augusto
Guimarães, Almir, 100, 106, 126, 175
Guinga *ver* Porto, Ricardo Augusto Vaz
Gullar, Ferreira, 246

Havelange, João, 218
Heitor, Leopoldo, 255
Herbert, pai de Hubert, 54
Herivelto, filho de d. Esmeralda, 52
Heston, Charlton, 47
Hildo, marido de d. Esmeralda, 52
Hubert, humorista, 54
Humberto (vítima), 61-2

Imbassahy Filho, Eduardo, 119

Jabor, Arnaldo, 284
Jaegger, Dacio, 121, 129
Jane (elefanta), 37
Jango *ver* Goulart, João
Jeolás, Luiz Carlos Coelho Neto, 133-6
Jessé, cantor, 183

Joãosinho Trinta, 284
Jordão, Jovino Machado, 255-6, 259-60

Kadafi, Muamar, 113
Kalil, Calixto, 98, 103, 121, 149
Kalil, Neide, 98
Kennedy, Jacqueline, 9
Kennedy, John, 9, 230
Knauss, Paulo, 111, 290, 293
Kubitschek, Juscelino, 225, 229
Kubitschek, Sara, 218

Lages, Eduardo, 23, 250
Lair, vizinha de Beto, 202
Lanzetti, Carlos, 205
Larrea, Gustavo, 296n
Leitão, Osmar, 213
Lélia, Lúcia, 170
Liana, d., 132
Lima, Haroldo Cristóvão de, 65
Lima, Marta Rocha Xavier de ver Rocha, Marta
Lima, Ronaldo Xavier de, 10
Lion, Pierre, 129
Lisa (elefanta), 37
Lollobrigida, Gina, 226
Lopes, Fernando José Caetano, 174
Lopes, Gilberto da Cunha, 259, 285
Lopes, João, 76
Lourenço, Pedro Paulo, 296n
Lucia, Peçanha, 219
Lucinda, irmã de Dequinha, 245
Lucinha (sobrevivente), 210-1
Luiz Alberto (sobrevivente), 33
Luiz, padre, 49, 154, 166

Macedo, Américo José, 28
Machado, João, 119

Machado, Ronaldo, 255
Maciel, Alarico, 87, 210
Magalhães, Eudoro, 252
Mansur, Simão, 171
Maranhão, Baltazar, 52-4
Maranhão, Vilma de Souza, 53
Maria Dulce (menina sobrevivente), 31-2
Maria Pérola ver Sodré, Maria Pérola
Maria, Sandra, 82
Mariete, cunhada de d. Esmeralda, 52
Marinho, Roberto, 111
Marra, Romeu, 66, 134
Martins, Alcides Lopes, 215
Martins, Antônio Carlos Nunes, 215
Martins, Dagoberto Nunes, 214
Martins, Jacintho Lopes, 215
Martins, Mário Lopes, 215
Mary (elefanta), 37
Mauad, Ana Maria, 111, 290
Menezes, Maria Anna Prestes de, 217
Mestrinho, Gilberto, 119
Milena e Cíntia, irmãs, 296n
Milner, Isac Jacob, 213
Miranda, Ary, 248
Monte, Marisa, 284
Monteiro, Sílvio Duarte, 254
Moraes, Mário de, 86, 214
Moreira, Joaquim Pacheco, 137
Moreira, Ruy Santana, 79
Moringa, Toninho, 251
Mosquito, palhaço, 18
Motta, Antônio Augusto Muniz da, 190, 296n
Müller, Mariana, 292
Müller, Pedro, 10
Muniz, Miguel Ângelo Vital, 296n
Muylaert, Mário de Oliveira, 274

Nádia (vítima), 123
Naegele, José, 55
Nazareth, prima dos irmãos Cardoso, 204
Nelson, primo de Nilson Bispo, 182
Nena, trapezista, 15-6, 19, 27, 29, 31, 44, 72-3
Neves, Beatriz, 118
Neves, José Benedito, 118
Neves, Maria Lúcia, 118
Neves, Tancredo, 10, 89, 96-7
Nicéa, noiva de Luiz Gomes da Silva, 143
Niemeyer, Oscar, 284-5
Nilton, dr., 68-9
Nóbrega, Carlos Alberto de, 225
Nóbrega, Manuel de, 225
Nolasco, Ângelo, 89
Nunes, Belmiro Cláudio, 17
Nunes, Lutterback, 215
Nunes, Nilton de Souza, 79

Oberlaender, Dalmo, 25-6, 88, 90, 97, 99, 212-3, 221, 274
Oberlaender, Ricardo, 25-7, 99, 202, 213, 284
Oberlaender, Tuta, 27, 202
Olimecha, Luís, 277
Oliveira, Angela, 208
Oliveira, Cláudio Martins de, 69
Oliveira, Dalmo, 74
Oliveira, João Rodrigues de, 243
Oliveira, Maria dos Prazeres, 208
Oliveira, Maria José Martins de, 141
Oliveira, Paulo, 208
Oliveira, Waldomiro Félix de, 223
Otero, Carlos, 296n

Paciello, Paulo, 73, 78, 297n

Pardal, 242-7, 252, 254, 258, 260, 265
Parreiras, Aracy, 118
Parreiras, Ari, 118
Passo, Antônio do, 218
Passos, Rosa Teixeira, 187
Pattin, Maurício, 296n
Peçanha, Celso, 19, 88, 90, 95-6, 104, 107, 171, 207, 212, 217, 219, 221, 225, 238, 240-1, 256, 291
Peçanha, Hilka, 91, 171, 216, 218-9
Peçanha, João Batista, 67
Pelé, 217, 218
Pepe, jogador, 217-8
Percia, Vicente de, 39, 201
Pereira, Fred Cabral, 226
Perez, Heitor, 252
Perin, Orivaldo, 282
Picolo, Nélson, 224
Pim, Maria, 192
Pinheiro, Luiz Augusto de Freitas, 135, 137, 142
Pinho, Darci, 38
Pinho, Eduardo, 38-9, 201, 266
Pinho, Estevão Silva, 37, 39, 201, 266
Pinho, Iara, 38, 266
Pinho, Iraci, 38-9
Pinho, Ivete, 38-9, 201, 266
Pinho, Joaquim, 214
Pinho, Paulo César, 38
Pinto, Astolfo Barroso, 250
Pinto, Ewaldo Bolivar de Souza, 108, 129-31
Pinto, Ferreira, 171
Pitanguy, Ivo, 103-4, 107-14, 119-20, 126, 128-30, 188, 189, 222, 274, 288, 295-6n
Pompeia, jogador, 52

Pontes, Ronaldo, 104, 106, 108, 114, 121-3, 203, 292
Porto, Carlos Alberto Vaz, 26-7, 201
Porto, Fernando Vaz, 26, 27
Porto, Lúcia Vaz, 28
Porto, Ricardo Augusto Vaz, 26-8
Praxedes, Herbert, 105, 117, 175
Praxedes, Inês, 117

Quadros, Jânio, 9, 10, 88, 92, 225
Queiroz, Rachel de, 225

Regina (girafa), 47, 57, 62
Reibel, Otilia S., 296n
Reys, Geraldo Netto dos, 72-3, 297n
Ribeiro, Liacyr, 113, 129
Ribeiro, Paulo Eduardo Pires de Alvarenga, 267
Ribeiro, Sílvio, 76
Richard, Heloisa, 60
Risso, Carlos Guida, 210, 220
Rocha, Marta, 10
Rocha, Nélson, 248
Rodrigues, Epitácio, 141
Rodrigues, Ercília Antônia, 55
Rodrigues, Humberto Lauro, 115, 277
Rodrigues, Luiz Carlos Pereira, 35, 267
Rodrigues, Nilson Bispo, 90
Rodrigues, Paulo, 55
Rodriguez, Juan Raul *ver* Mosquito
Rodriguez, Oscar Raul *ver* Astillita
Rogéria, transformista *ver* Pinto, Astolfo Barroso
Rosita, ursa, 56
Rossi, Ugo, 206, 220
Roxo, Henrique, 253

Ruas, Carlos, 203, 267, 296n

Sá, Valter Olegário de, 69
Salazar, Alcino, 253
Sanches, Vicente, 15-6, 29, 31
Sandra, sobrinha de Eneida, 24-5, 138
Santinia, madre, 128
Santos, Elson Reginaldo dos, 143
Santos, José dos *ver* Pardal
Santos, Neir Gomes dos, 79
Santos, Nilton, 217
Santos, Walter Rosa dos *ver* Bigode
Sarmento, Luiz Carlos, 250, 297n
Schmidt, Augusto Frederico, 229
Schmith, piloto, 141
Sebastião, bombeiro, 26-8, 99
Semba (elefanta), 16-7, 22, 36-7, 168, 267, 280-1, 287
Serrano, Antônio, 49, 58, 149, 151, 279
Serrano, Maria Eduarda, 59
Serrano, Maria Laura, 49
Serrano, Marlene, 49, 58-9, 145, 152, 160, 162, 183, 201, 210, 268, 279, 285, 291
Serrano, Valéria, 49, 58
Shepard, Alan B., 10
Silva, Álvaro José da, 79
Silva, Angela Pinto da, 208
Silva, Aurélio Francisco da, 208
Silva, Jorge, 246
Silva, Luiz Gomes da, 24-5, 137, 138, 140, 143-5, 277, 281-2, 291
Silva, Severino Marcelino Gomes da, 139-40, 144
Silveira, Roberto, 86, 88-9, 91-2, 119, 143, 221, 270, 295n

Silvia, aramista, 73
Silvia, sobrinha de Danilo Stevanovich, 293
Sinder, Ramil, 103, 109, 112, 114, 119, 274, 295n
Siqueira, Aline, 148
Siqueira, Antônio, 141
Siqueira, Lenir, 48, 147, 152-67, 268-9, 279, 285, 291
Siqueira, Maria Barbosa, 147
Siqueira, Odete, 48, 155-7, 161, 163, 280
Siqueira, Regina, 47-8, 57, 152-4, 159, 163, 280
Siqueira, Roberto, 48, 57, 152, 154, 159, 163, 280
Siqueira, Roberto, 164
Siqueira, Valéria, 147
Siqueira, Wilson, 47-8, 57, 153-6, 158-9, 163, 280
Soares, Gustavo Luís Gruls de Macedo, 297n
Sodré, Maria Pérola, 19, 172-83, 190-1, 291
Sousa, Antônio de, 78
Souto, Eneida, 24, 25, 138
Souto, Sebastião Maia, 24
Stevanovich Jr., Luís, 285
Stevanovich, Antonietta *ver* Nena
Stevanovich, Augusto, 44, 285
Stevanovich, Brenda, 287
Stevanovich, Danielito, 287
Stevanovich, Danilo, 41-2, 44-6, 70, 73-4, 80-1, 85, 236-7, 245, 285, 287
Stevanovich, Dimitri, 44
Stevanovich, Emilia, 44, 73
Stevanovich, Esteban, 44
Stevanovich, família, 73, 79, 233, 290
Stevanovich, George, 285
Stevanovich, José, 44
Stevanovich, Juan, 44
Stevanovich, Julio, 44
Stevanovich, Luís, 44, 285
Stevanovich, Nora, 46, 237
Stevanovich, Osvaldo, 18, 45, 73, 75
Stevanovich, Pedro, 44
Stevanovich, Robert, 285
Stevanovich, Suzana, 31, 44
Sujinho *ver* Felizardo, Maciel

Tanaka, Sérgio, 183, 190, 210, 296n
Tavares, Rovani, 255, 261
Tavares, Rui, 225
Teffé, Dana de, 255
Teixeira, Morgana, 185
Teixeirinha, cantor sertanejo, 262
Telles, David, 114, 131-2, 222, 266
Teresa, companheira de Bigode *ver* Conceição, Regina Maria da
Teresa, filha de Floriano, 54
Tiago, filho de José Bernardino, 36, 168
Torres, José Alves, 213
Torres, Márcio, 89, 114, 119

Valmir, irmão de Vilma, 54
Vasconcelos, Josefa, 169
Vasconcelos, Maria José do Nascimento, 36-7, 141, 168-70, 267, 280, 285, 291
Veiga, Carmen Mayrink, 84
Veiga, Molulo da, 118
Venâncio, Edgard Stepha, 114, 123, 133, 220
Verani, Helênio, 255
Viana, Segadas, 253

Vieira Filho, Augusto Cezar, 202
Vieira, Ana Maria, 202-3, 268, 296n
Vieira, Ângela Maria, 202-3
Vieira, Augusto Cezar, 202, 210, 268, 296n
Vieira, Carlos Augusto Rabelo, 202, 268, 273, 296n
Vieira, Marilia, 202-3
Vieira, Waldemar, 171
Vieira, Wilsom da Costa, 221, 264
Vilma (vítima), 54

Wallace, Corky, 32
Wanderley, menino, 55

Wenzel, Myrthes de Luca, 282
Williams, Esther, 43

Xavier, Chico, 231

Yoga (elefanta), 37

Zagalo, jogador, 217-8
Zé Maria, jogador, 52
Zezé *ver* Oliveira, Maria José Martins de
Zezé *ver* Vasconcelos, Maria José do Nascimento
Zito, jogador, 217

1ª EDIÇÃO [2011] 2 reimpressões

ESTA OBRA FOI COMPOSTA EM MINION PELO ESTÚDIO O.L.M./ FLAVIO PERALTA E IMPRESSA EM OFSETE PELA GRÁFICA BARTIRA SOBRE PAPEL PÓLEN SOFT DA SUZANO S.A. PARA A EDITORA SCHWARCZ EM AGOSTO DE 2021

MISTO
Papel produzido
a partir de
fontes responsáveis
FSC® C105484

A marca FSC® é a gxarantia de que a madeira utilizada na fabricação do papel deste livro provém de florestas que foram gerenciadas de maneira ambientalmente correta, socialmente justa e economicamente viável, além de outras fontes de origem controlada.